全国中医药行业高等教育"十四五"创新教材

高等中医药院校通识教育系列教材

劳动教育

（供中医药高等院校及相关院校通识教育课程用）

主　编　禄保平

全国百佳图书出版单位

中国中医药出版社

·北 京·

图书在版编目（CIP）数据

劳动教育 / 禄保平主编. --北京：中国中医药
出版社，2025.9. --（高等中医药院校通识教育系列
教材）.
ISBN 978-7-5132-9724-0

Ⅰ. G40-015
中国国家版本馆 CIP 数据核字第 2025FN5594 号

中国中医药出版社出版

北京经济技术开发区科创十三街 31 号院二区 8 号楼
邮政编码　100176
传真　010-64405721
三河市同力彩印有限公司印刷
各地新华书店经销

开本 787×1092　1/16　印张 12　字数 277 千字
2025 年 9 月第 1 版　2025 年 9 月第 1 次印刷
书号　ISBN 978-7-5132-9724-0

定价　52.00 元
网址　www.cptcm.com

服 务 热 线　010-64405510
购 书 热 线　010-89535836
维 权 打 假　010-64405753

微信服务号　zgzyycbs
微商城网址　https://kdt.im/LIdUGr
官 方 微 博　http://e.weibo.com/cptcm
天猫旗舰店网址　https://zgzyycbs.tmall.com

如有印装质量问题请与本社出版部联系（010-64405510）

全国中医药行业高等教育"十四五"创新教材

高等中医药院校通识教育系列教材

编审委员会

全国中医药行业高等教育"十四五"创新教材

高等中医药院校通识教育系列教材

《劳动教育》编委会

主　　编　禄保平（河南中医药大学）

副主编　程开艳（河南中医药大学）

　　　　　卢　萍（河南中医药大学）

　　　　　牛　乐（河南中医药大学）

　　　　　李永菊（河南中医药大学）

编　　委　（以姓氏笔画为序）

　　　　　马丽亚（河南中医药大学）

　　　　　王金淼（河南中医药大学）

　　　　　王晓辉（河南中医药大学）

　　　　　张玉敏（河南中医药大学）

　　　　　林永青（河南中医药大学）

　　　　　苗晋鑫（河南中医药大学）

　　　　　周　浩（河南中医药大学）

　　　　　韩永光（河南中医药大学）

　　　　　樊　香（河南中医药大学）

前 言

在新医科建设背景下，通识教育教学担负着新的历史使命。为培养具有专业素养和人文精神、全面和谐发展的高素质中医药人才，自2014年起，河南中医药大学开始探索适合中医药院校教育的通识教育教学改革。

截至目前，我校通识教育教学改革大致经历了三个阶段：改革与探索阶段（2014—2017），主要是贯彻通识教育理念，初步构建通识教育课程体系，建设通识教育师资队伍，探索构建通识教育教学运行机制和评价体系；完善与发展阶段（2018—2020），学校加入郑州市龙子湖高校园区六所高校联合组建的课程互选学分互认联盟，完善通识教育课程体系，改革考试评价体系；深化与提高阶段（2021至今），学校着力推动大类人才培养模式改革，成立通识教育研究中心，推进师资队伍建设，重塑通识教育课程体系，加强通识教育系列教材建设。学校通识教育注重突出中医药文化特色，将中国传统文化和中医药文化课程纳入通识课程，并坚持"五育"并重，将美学教育、劳动教育、国家安全教育等课程纳入通识课程模块，初步构建起了具有河南中医药大学特色的通识教育课程体系。2022年，学校启动建设具有高等中医药院校特色的通识教育教材，遴选立项建设一批高等中医药院校通识教育系列教材。

本套教材首批共12本，包括《汉字文化》《五运六气基础》《中外科技史》《劳动教育》《中国古代文学经典导读》《化学与生活》《旅游地理与华夏文明》《大学生自我管理》《生活中的经济学》《本草文化赏析》《中国饮食文化》《中医药人工智能及实践》。本套教材在我校各专业通识教育教学中使用，同时适合其他中医药高等院校及相关院校本科生、研究生通识教育课程教学使用。

在编写过程中，我们参考了其他高等院校的教材及相关资料。限于编者的能力与水平，本套教材难免有诸多不足之处，还需要在教学实践中不断总结与提高，敬请同行专家提出宝贵意见，以便再版时修订提高。

高等中医药院校通识教育系列教材编审委员会

2024 年 3 月

编写说明

马克思曾说过："任何一个民族，如果停止劳动，不用说一年，就是几个星期，也要灭亡。"劳动是人类生存发展的前提与基础，是人类社会历史的根本决定力量。进入 21 世纪，随着人工智能技术、信息技术、生物技术等一系列现代技术的出现，劳动形态、劳动形式、劳动方式均发生了变化，这就对新一代劳动者提出了更高的要求。新时代的劳动者除了要具备基本的艰苦耐劳精神，还要掌握能够引领劳动、创新劳动的前瞻性劳动素养。

习近平总书记在 2018 年全国教育大会上指出："要在学生中弘扬劳动精神，教育引导学生崇尚劳动、尊重劳动，懂得劳动最光荣、劳动最崇高、劳动最伟大、劳动最美丽的道理，长大后能够辛勤劳动、诚实劳动、创造性劳动。"2025 年 4 月，习近平总书记在庆祝中华全国总工会成立 100 周年暨全国劳动模范和先进工作者表彰大会上发表重要讲话："要深入践行社会主义核心价值观，大力弘扬劳模精神、劳动精神、工匠精神。"

为适应新时代的劳动要求，2020 年 3 月 20 日，中共中央、国务院审议通过并颁布了《关于全面加强新时代大中小学劳动教育的意见》，将劳动教育纳入新时代教育体系。在新时代高等教育深化改革的背景下，劳动教育作为培养全面发展人才的重要环节，被赋予了新的内涵与使命。作为即将走入社会的劳动群体，大学生必须通过劳动教育这一根本途径去增强劳动技能、提升劳动素养，形成正确的劳动观，以劳动教育涵养德育、智育、体育、美育的多维度发展。

中医药学根植于中华文明的沃土，数千年来以"知行合一"为治学之本，以"仁心济世"为立医之魂。从神农尝百草的躬身实践，到历代医家采药炮制的匠心劳作，中医药学的每一次发展与突破，都深深镌刻着劳动实践的印记。对于高等中医药院校的学子而言，劳动不仅是锤炼意志、塑造品格的熔炉，更是深入理解中医药理论精髓、传承中医药文化的重要路径。

　　本教材是根据河南中医药大学教育教学改革的最新发展情况，顺应学校通识教育课程劳动教育的开设而编写的配套教材。作为劳动教育的重要载体，本教材的编写立足于中医药教育的特殊性与时代性，以"传承不泥古，创新不离宗"为宗旨，力求将劳动教育与中医药院校特色深度融合，注重理论与实践的结合，强调知识向能力的转化。本教材的主要内容分为三部分：理论教育篇、实践教育篇和安全教育篇，其中理论教育篇包括第一章概述、第二章劳动者素质和劳动伦理与品质、第三章劳动能力、第四章劳动精神，实践教育篇包括第五章专业实验实训、第六章校外专业实习、第七章勤工助学、第八章志愿服务、第九章创新创业，安全教育篇包括第十章劳动安全和第十一章劳动法规。

　　本教材的编写成员主要来自河南中医药大学，汇聚了中医药、生物医药、思政教育、管理、计算机等专业领域的专家学者。第一章概述由程开艳编写，第二章劳动者素质和劳动伦理与品质由周浩编写，第三章劳动能力由王晓辉编写，第四章劳动精神由樊香编写，第五章专业实验实训由马丽亚编写，第六章校外专业实习由张玉敏编写，第七章勤工助学由王金淼编写，第八章志愿服务由林永青编写，第九章创新创业由苗晋鑫编写，第十章劳动安全和第十一章劳动法规由韩永光编写。此外，卢萍负责第一、第三、第八章的统稿工作，牛乐负责第五、第六、第十、第十一章的统稿工作，李永菊负责第四、第七、第九章的统稿工作。在教材编写过程中，禄保平、程开艳先后5次对教材的结构、逻辑关系、体例、案例选取、文稿风格等进行统稿、审稿，尽力使之连贯和完善。本教材在编写过程中还得到了中国中医药出版社相关领导和编辑的帮助和支持，在此一并表示感谢！

　　本教材的编写团队倾注心血，力求让本教材兼具时代性、专业性与实用性。但受限于编写时间与认知水平，教材中难免存在不足之处，恳请广大师生、同行不吝指正，以便再版时修订提高。我们期待这本教材能够成为同学们成长路上的良师益友，助力大家在劳动实践中成长为医德高尚、医术精湛、兼具人文情怀与劳动精神的新时代中医药人才，为中医药事业的传承与发展贡献力量。

《劳动教育》编委会

2025 年 6 月

目 录

中篇　实践教育

下篇 安全教育

上篇 理论教育

第一章 概 述 ▷▷▷▷

【学习目标】

巩固 劳动的概念、分类与价值，劳动教育的总体目标、主要内容、发展历程等主要知识点。

培养 树立正确的劳动观，积极参加劳动教育，提升劳动能力。

扩展 树立远大的劳动目标和人生目标，发扬为实现目标而不懈努力的奋斗精神。

【案例导入】

张简斋（1880—1950，以下称"简老"）是民国时期最有影响的中医之一，也是当时首都的"首席名医"。简老祖籍安徽桐城，出生于南京城南鞍辔坊中医世家。简老祖上三代行医，得益于世代真传，年轻时医术就崭露头角，在医界颇负盛名，有"南张北施（施今墨）"之称。

1925年春夏之交，南京地区突然暴发了一场大瘟疫，百姓暴毙者无数。当时南京城内的几大名中医也积极投身救治，均用清凉之剂予以治疗，但收效甚微；鼓楼医院（美国教会主办）里多位知名西医及上海、苏州等多地的美国医生也全力参与救治，但无奈疫情着实凶猛，南京城每天都要死人逾百，寿材店的生意都好得出奇，古都金陵危在旦夕。就在大家都束手无策之时，简老自告奋勇，挺身而出，在城南三山街坐诊，以小柴胡汤为基础，另辟蹊径地采用辛温宣散之法抗击瘟疫，竟使很多患者沉疴立起，很快康复。南京中医界为之轰动，绅商各界紧急筹资采购柴胡等中药材几十石，统一交予简老监制，"泰和生号"等十几家中药店在简老的指点下日夜赶制抗疫汤剂，奋战月余，终于控制了疫情，南京城转危为安。在这场抗击瘟疫的斗争中，简老声名大振，被尊称为"南京二张"之一（另一位为张栋梁），不久又被尊称为"南张北施"。

在抗战期间，简老在重庆石灰市一带悬壶。他的生活规律与众不同，每天中午起床，吃点心、抽烟，然后下午1时许开始接诊，"午餐"一般要到傍晚才吃，且常常在诊案上将就吃完，也就是四碟小菜、二两面条而已，直到晚上 10 点，一天的门诊方才结束。这时简老会上楼吃晚饭，与来访的名流政要品茗畅谈，养足精神后于午夜 12 点开始外出看诊。简老的出诊阵势颇为壮观，能在午夜时分约到简老出诊者多非富即贵，简老以路线远近安排顺序，一般前车一动，后面长长的车队就会尾随而动，车灯映照下，宛如一条长龙，在 20 世纪三四十年代的重庆堪称午夜的一道奇景。因其出诊规律为百姓所熟知，所以在出诊途中，常有贫苦重患拦车急请出诊，简老必下车探视，虽陋巷破屋、臭秽难闻也面无难色，倾心救治，直到凌晨五六时才能回寓所休息就寝。此时简老已身心俱疲，常常和衣而卧。其悬壶济世之不易，由此可见一斑。

简老一向心系贫苦大众，不论是在午夜的出诊途中还是在白日的门诊期间，他对达官贵人和贫苦大众都一视同仁，悉心诊治，甚至对于贫苦者在疗程上尽量缩短，以减轻他们的负担。简老每次的诊费是半个银圆，只抵同时期其他中医名家的一半。对于特别贫困者，他的诊所每天免费送 10 个号，对于他们的药费，简老也会在处方上注明半价或免费，由药店定期来和他结算差额。

简老平日忙于应诊，对于自己的临床学术经验一直没有进行系统的总结与梳理，虽在晚年时一度也想过要整理自己的医案，但出于各种原因一直未能如愿。这使得简老没有医著传世，不能不说是近代中医界的一大憾事。

（资料来源：金陵医星张简斋. 上海中医药报. https://mp.weixin.qq.com/s?__biz=MzI1NDg4NDA4Mw==&mid=2247511116&idx=1&sn=1e5a2d4d632d395213a1e4e8e6816ec6&chksm=ea3c8dd0dd4b04c6fc9b2f45dcc1067f73356d6bf3b64d239c3afc6926718dfc7b2d92268cda&scene=27）

问题：

1. 简老悬壶济世创造了哪些价值？
2. 简老悬壶济世属于哪种类型的劳动？
3. 简老悬壶济世的过程给了你怎样的启示？

第一节　劳动认知

一、劳动的概念

劳动是人类获取生存资料及满足各种需求所进行的具有目的性的活动。在社会生产中，劳动是重要的组成部分，它不仅是人类社会存在的基础，也是社会发展的源泉和重要动力。劳动的概念在历史上经过多次演变与界定，其最早的定义来自古希腊哲学家亚里士多德，他将劳动定义为"一种用来治愈身体或获取生产品的手段"。随着社会制度的变迁，劳动的概念也开始逐渐丰富和深化。在封建社会中，劳动被赋予了特殊的意义，成为一种阶级制度下人们不可缺少的责任和义务，同时是享受封建特权的方式之一。到了资本主义社会，劳动被进一步解放，成为一种市场化的交换行为，劳动者的权利和利益也得到了更多的保障。

然而，劳动不仅仅是一种经济行为。在 19 世纪的工人运动和社会主义理论的影响下，劳动开始被认为是一种社会存在和社会理念，其中包括了经济、政治、文化等多个方面的因素。劳动者不仅是生产资料的使用者，更是生产过程的主体，具有自由和民主的权利，应该能够自我决策和掌握生产过程的方向和结果。总的来说，随着社会的不断发展和进步，劳动的概念也呈现出越来越复杂和多元的特点。它不仅是一种经济活动，也是社会生活的重要组成部分，是实现自我价值和社会价值的重要途径。劳动者需要不断地学习和创新，才能适应市场的需求，推动社会的发展。同时，社会也需要加强对劳动者的保护和支持，创造更加公正、透明和稳定的劳动关系，为劳动者提供更好的发展环境和机会。

目前对劳动概念的认识和理解有广义和狭义之分。狭义的劳动是指具有一定劳动知识和技能的人或人群使用劳动工具，以获取劳动成果为目的而对外部对象实施改造的活动，如修建房屋、种植农作物等。广义的劳动是指生产和生活中的劳动，以及许多需要人们智力参与的劳动，如脑力劳动、服务劳动等。

【知识拓展】

古汉语中的"劳动"

"劳"，繁体字形为"勞"，会意字，《说文解字》中对其释义的繁体原文为"劇也。从力，熒省。熒，火烧门，用力者劳"，字面意思为火灾烧屋时用力救火的人十分辛苦，即十分勤苦的含义。在古汉语中，"劳"有劳动、辛勤、疲劳、勤奋、烦劳、功劳等含义。"动"，繁体字形为"動"，形声字，《说文解字》中对其释义的繁体原文为"作也。从力重聲"，"凡人起身必行走，故動之古文从辵；行動必用力，故動又从力"，指起身行动。在古汉语中，"动"有运动、变动、感动、行动、动物等含义。

"劳动"一词最初见于《庄子·让王》"春耕种，形足以劳动；秋收敛，身足以休食"句中，作"活动、劳作"之义，亦见于《三国志·魏书·华佗传》"人体欲得劳动，但不当使极尔"句中。从使用语境可看出，此时"劳动"主要指体力劳动。

二、劳动的基本类型

劳动作为普遍的人类实践活动，其形态繁多、形式各异，可以按照不同的标准进行分类，常见的分类方式有以下几种。

（一）按照劳动的性质分类

按照性质分类，劳动可以分为体力劳动和脑力劳动。体力劳动指的是以体力消耗为主的劳动，是需要借助人体肌肉、骨骼等组织完成的劳动。体力劳动是劳动最基本、最常见、最直接的形式，也是最初的形式。人类最原始的劳动不论是采集植物果实，还是渔猎动物，主要是体力的消耗。即便是近现代经济生活中的劳动，仍离不开体力的耗费，比如借助机械工具搬运、挖掘等。

脑力劳动指的是以脑力消耗为主的劳动，是需要借助人的智力、思维等能力进行的劳动。人的劳动总离不开脑力的耗费，即使在原始的采集和狩猎活动中也不例外。劳动是有目的、有计划、有意识的活动，脑力耗费自始至终与人类的劳动相伴同行。

体力劳动是脑力劳动的基础，脑力劳动支配体力劳动，两者共同创造劳动价值。在具体劳动中，体力劳动和脑力劳动共同存在，人的任何劳动都是体力和脑力同时消耗的过程。随着机械化、自动化等形式的发展，体力劳动的比重逐渐减少，而脑力劳动越来越重要，其比重逐渐增加。

（二）按照劳动的用途分类

按照用途分类，劳动可以分为生产劳动和非生产劳动。生产劳动是指通过人类的体力和智力活动，利用各种生产要素（如劳动力、资本、技术等）进行生产过程中的各种工作的活动。它包括物质生产、非物质生产、有形生产、无形生产等不同领域和形式的劳动。生产劳动可以分为直接劳动和间接劳动两种形式。直接劳动是指直接参与到产品的制造和加工过程中的劳动，如工人操作机器、装配产品等。间接劳动是指为直接劳动提供必要条件和支持的劳动，如管理、设计、销售等环节的劳动。

非生产劳动是"生产劳动"的对称，指直接或间接进行非物质资料生产的劳动。非生产劳动不是人类社会一开始就有的，而是生产劳动的劳动生产力能够提供剩余产品以后才出现的，它以物质资料的生产为基础。随着物质资料生产的发展，人们对精神生活、医疗保健、生活服务的需求相应增长，非生产劳动也有扩大的趋势。自人类社会出现非生产劳动以后，非生产劳动与生产劳动一样都是社会分工体系中不可缺少的部分。非生产劳动主要包括人们从事的基础科学研究、教育、文学艺术、医护、商品买卖和商业广告、生活服务等活动。

生产劳动为非生产劳动提供了存在和发展的条件，而非生产劳动又为生产劳动的发展提供了精神动力和智力支持。

（三）按劳动的复杂程度分类

按复杂程度分类，劳动可以分为简单劳动和复杂劳动。简单劳动通常指在一定社会条件下，不必经过专门的学习和训练，每个正常的劳动者都能从事的劳动。复杂劳动则是指需要经过专门的学习和训练后，掌握一定知识和技能的劳动者才能从事的劳动。

在同样的时间内，简单劳动和复杂劳动所创造的价值量是不同的，复杂劳动在同一劳动时间内创造的价值量可以是简单劳动的数倍。同时，简单劳动和复杂劳动的区分是相对的，主要是由社会分工和科技发展水平的差别及科技在生产中的应用程度决定的。随着科学技术的进步和文化教育水平的提高，过去的复杂劳动可以转变为现在的简单劳动，而且随着从事脑力劳动的科技人员和管理人员的增加，复杂劳动在劳动中所占的比重不断增大，所创造的价值在社会总价值中的比重也不断增大。

以上是常见的几种劳动分类方式，除此之外还有很多其他的分类方式，如按照劳动的时间、劳动的收入、劳动的技能等分类。总之，劳动分类是为了更好地理解劳动的本质和特点，为劳动者提供更好的服务和保障。

第二节 劳动价值

一、劳动的个人价值

劳动作为普遍的人类实践活动，其形态繁多、形式各异，其可以按照不同的标准进行分类，常见的分类方式有以下几种。

(一) 劳动是知识的源泉

劳动是人们获取知识的重要途径之一。通过劳动实践，人们积累了许多实用的知识，并且通过不断积累经验和知识，推动社会进步。在劳动中，人们不断学习实践，摸索探究新的思路和方法，形成了自己的经验，根据这些经验不断完善和创新自己的工作，大大提高了工作效率。正是在不断的劳动中，从实践中获得的知识和经验积累，才使社会慢慢地进步。

(二) 劳动是培养个人社交能力的途径

劳动需要合理分工、紧密合作。在人类所有的活动中，劳动是最重要、最基本的活动形式，大多数劳动需要以集体的形式进行，参与劳动的人在劳动中形成的人际关系，如同事关系、同学关系等，是人生中非常重要的人际关系，也是人类基本的社会关系。在这一过程中，人们通过交流、合作、共享，学会与他人和睦相处，进而培养自己的社交能力，与他人建立良好的人际关系。

(三) 劳动促进个人全面发展

劳动是人类社会发展的基础，也是人的全面发展的重要途径。通过劳动，人们可以促进身体、智力、情感和精神等方面的全面发展，提高自身的综合素质和能力。

1. 劳动促进身体健康 通过劳动，人们的身体可以得到锻炼和修复，增强体质，提高免疫力。劳动过程中，人们需要进行不同程度的体力活动，如搬运重物、打扫卫生、耕种等。这些活动可以增强肌肉力量和耐力，使身体更加健康。而劳动中的各种姿势和动作也能够锻炼身体的柔韧性和协调性，防止运动损伤和疾病的发生。

2. 劳动促进智力发展 劳动可以帮助人们积累知识和技能，提高智力水平。在劳动中，人们需要不断学习和掌握新的技能，比如制作产品、管理工作、解决问题等。这些技能的学习和掌握需要不断地思考和总结，促进了人们的思维能力和创新能力的提高。此外，劳动还能够帮助人们发现和解决问题，提高逻辑思维和解决问题的能力。

3. 劳动促进情感发展 劳动可以帮助人们建立和加强社会关系，增强情感交流和团队合作能力。在工作中，人们需要与同事、上下级、客户等建立良好的沟通和合作关系，共同完成工作任务。这种合作过程中，人们需要相互信任、理解和支持，从而增强了彼此之间的感情联系。此外，劳动还可以让人们感受到工作的成就感和自我价值感，增强自信心和自尊心。

4.劳动促进精神发展　劳动可以帮助人们激发动力，提高心理健康水平。在工作中，人们需要面对各种挑战和压力，如工作任务的完成、客户的满意度、绩效的评估等。这些挑战和压力可以激发人们的工作热情和动力，从而提高工作效率和质量。同时，劳动还可以让人们感受到工作的乐趣和成就感，缓解压力和焦虑，保持精神健康。

（四）劳动使个人实现自我价值

劳动是实现自我价值的重要途径。人类是有尊严的生命体，每个人都有自己的特长和才能，通过劳动可以发挥自己的潜能，实现自我价值。劳动不仅能满足个人的物质需求，更能让人们感受到自己的存在和存在的意义，使人获得精神上的满足。只有在辛勤的劳动中，人们才能够领悟到产品背后的价值和生产过程中的艰辛，进而更好地为社会和人类作出贡献。不断的发展创新不仅促进了经济发展，还促进各个领域涌现出了更多具有创意的杰出人才，使得各个行业更趋向成熟，也使个人不断提高自己的技能和能力，不断超越自己，实现自我完善和自我超越。

二、劳动的社会价值

（一）劳动是人类社会存在和发展的基础

为了维持生命，人类和动物一样需要食物和水，但人类的生存需要与动物的有所不同。动物的生存需要出于本能，如羊吃草、狼吃羊，这是它们为了维持生存所形成的习性。而人类的生存需要非常广泛，并且不断发展变化。人类生存不仅需要物质财富，还需要精神食粮，这二者都需要通过劳动来创造。因此，一方面人类生存所需要的食物、衣服、住房等基本的物质生活资料只有通过生产劳动才能获得；另一方面，为了追求更好的物质和精神享受，人类通过非生产劳动，不断总结经验并进行创新活动，推动科学技术和社会文化不断发展，促进人类社会不断进步。

（二）劳动是创造社会财富的途径

社会财富是指劳动者在生产过程中创造的具有使用价值的劳动产品，包括自然资源、劳动产品和知识技术等。自然界蕴含着丰富的水、空气、阳光、土地、树木等人类生存和发展的必要自然物，但是除了空气、阳光等极少数自然物可以比较直接地满足人类的需要，更多的自然物并不能直接构成人类赖以生存和发展的社会物质财富。这就需要人们通过劳动，改变自然物原本的形态和性质，将其转化为人类可以利用的物质财富。也就是说，创造社会物质财富必须具备两个条件：一是客观存在的自然物，二是人类有目的的劳动。

（三）劳动是推动人类社会不断发展的力量

人类在生产劳动实践中不断积累生产经验，改进生产工具和生产技术，从而推动了生产力的发展、生产方式的变革和整个社会历史的进步。回顾人类社会的发展史，从原始社会到奴隶社会、封建社会，再到现代文明社会，人类社会的物质文明和精神文明总是在不断发展、进步和完善。美国历史学家、人类学家路易斯·亨利·摩尔根在《古代社会》一书中，根据人类"生存技术"的进步程度，将人类社会历史进程划分为蒙昧时代、野蛮时代、文明时代3个时代。恩格斯曾这样概括人类社会发展的3个时代：蒙昧时代是以采集现成的天然产物为主的时期；野蛮时代是学会经营畜牧业和农业的时期，是学会靠人类的活动来增加天然产物生产的时期；文明时代是学会对天然产物进一步加工的时期，是真正的工业和艺术产生的时期。

第三节　新时代劳动教育

习近平总书记在2018年全国教育大会明确提出，要努力构建德智体美劳全面培养的教育体系，首次将劳动教育纳入党和国家的教育方针，确立了劳育与德智体美"四育"并举的地位，为高等中医药院校劳动教育的顺利推进和有效实施提供了方向指引。2020年，中共中央、国务院印发《关于全面加强新时代大中小学劳动教育的意见》（以下简称《意见》），教育部印发《大中小学劳动教育指导纲要（试行）》（以下简称《纲要》），从目标和内容、关键环节和评价、规划与实施、条件保障与专业支持等方面进行系统全面的指导，为劳动教育的推进和实施提供了方案蓝图。习近平总书记对劳动教育的重要论述和针对劳动教育两份专门文件的出台，标志着党和国家把劳动教育提升到前所未有的战略高度，为新时代劳动教育作出顶层设计和全面部署，劳动教育被赋予新的时代意义和重大使命。

一、新时代劳动教育的重要意义

（一）实现中华民族伟大复兴的必然要求

劳动是人类最基本和最重要的社会实践。在我国社会主义革命、建设和改革进程中，正是依靠全体人民的辛勤劳动和艰苦努力，使中国从一个积贫积弱、一穷二白的落后国家一跃成为当今世界第二大经济体。习近平总书记指出，中华民族伟大复兴，绝不是轻轻松松、敲锣打鼓就能实现的；全面建成小康社会，进而实现中华民族伟大复兴的中国梦，必须依靠知识，必须依靠劳动，必须依靠广大青年。大学生的视野开阔、思想先进，具有创新精神和现代文化知识素养，是实现中国梦的中坚力量。高校加强劳动教育可以坚定他们为中国特色社会主义奋斗的信心和决心，积极参加劳动、投身建设，将个人理想融入国家富强、民族复兴的伟业之中，在劳动中积累经验、发现契机、提高创新思维能力，真正汇聚起"劳动托起中国梦"的强大动力。

（二）落实立德树人根本任务的重要支撑

劳动教育是培育和弘扬社会主义核心价值观的根本途径，也是高校开展立德树人工作的重要载体。大学生正处于世界观、人生观、价值观形成和确立的关键时期，也是人格发展与完善的重要时期，大学生通过劳动过程可以体验生活的甘苦，体会收获和快乐，锤炼意志品质，将内化于心的思想理念和价值追求外化到具体的行动上，以持续奋斗的精神投身于中国特色社会主义的伟大实践。

（三）培育德智体美劳全面发展的时代新人的现实需要

新时代劳动教育作为国民教育体系的重要内容，具有树德、增智、强体、育美的综合育人价值，是人才培养的重要基础。劳动教育可以培养大学生热爱劳动、依靠劳动自我生存与创造价值的道德品质和人格品质，在日常生活劳动、生产劳动和服务性劳动等劳动过程中掌握必要的生存和生活技能，提高学生的创新思维和创造能力。劳动教育是促进大学生身心健康的重要手段。通过参与劳动教育实践活动，促进大学生强健体魄，塑造坚强的心理素质，丰富大学生对于人生的理解，使其在劳动创造中形成发现美、体验美、鉴赏美、创造美的意识和能力，从而提高大学生的审美能力和人文素养。劳动教育将理想与现实对接，促使大学生从现实客观世界中寻求人生意义，正确认识自我，提高心理适应能力和人际关系处理能力。

二、新时代劳动教育的主要内容

（一）劳动教育理论知识

1. 劳动观念　劳动观念是劳动者对劳动的根本看法和态度，它直接决定着劳动者的价值判断和行为选择。劳动观念的正确与否对大学生的学习、生活、择业、就业等方面有重要影响。习近平总书记强调，要加强对广大青少年的教育，让劳动最光荣、劳动最崇高、劳动最伟大、劳动最美丽的观念蔚然成风。高校的劳动教育工作要始终坚持马克思主义劳动观的引领作用，引导大学生正确理解劳动对于世界和人类发展的本源性价值，尊重劳动、尊重劳动者。要弘扬新时代劳模精神、劳动精神和工匠精神，坚持把劳动奉献社会作为人生价值的标准，激励大学生自觉将个人理想融入国家和民族的伟大事业中，通过辛勤劳动、诚实劳动、创造性劳动创造幸福生活。

【知识拓展】

总书记心系"平凡"

党的十八大以来，习近平总书记多次阐释劳动的时代意义，倡导人民以辛勤劳动托举中国梦。这既传承了中华民族"功崇惟志，业广惟勤"的传统美德，也进一步彰显了新时代的马克思主义劳动观。中国特色社会主义进入新时代，社会的主要矛盾已经从

"人民日益增长的物质文化需要"变为"人民日益增长的美好生活需要",从"落后的社会生产"变为"不平衡不充分的发展",这切实体现了生产力发展带来的社会变化。因此,无论是物质文化需要还是美好生活需要,都需要每一个劳动者以辛勤劳动来获取,正所谓"民生在勤,勤则不匮"。

习近平总书记发表二〇一九年新年贺词时曾饱含深情地说:"这个时候,快递小哥、环卫工人、出租车司机以及千千万万的劳动者,还在辛勤工作,我们要感谢这些美好生活的创造者、守护者。"2019年2月1日,习近平总书记走进位于北京市前门石头胡同的快递服务点,看望仍在工作的快递小哥时说,"快递小哥"工作很辛苦,起早贪黑、风雨无阻,越是节假日越忙碌,像勤劳的小蜜蜂,是最辛勤的劳动者,为大家生活带来了便利。2023年全国两会期间,全国人大代表、湖北顺丰速运江汉分部经理汪勇提交了《关于设立"中国快递员节"的建议》,建议把每年的2月1日设立为"中国快递员节",激励和鼓舞广大快递从业人员做勤劳的"小蜜蜂",做最辛勤的劳动者,做美好生活的创造者、守护者。

(资料来源:近镜头 | 总书记心系"平凡". https://m.gmw.cn/baijia/2022−06/01/35781799. html;全国人大代表汪勇:建议设立"中国快递员节". http://dianzibao.cb.com.cn/html/2023−03/06/content_324956.htm)

2. 劳动精神 劳动精神是劳动者在创造美好生活的劳动实践中所秉持的马克思主义劳动观及其所体现的精神风貌。培育新时代大学生的劳动精神,首先要培育辛勤劳动和艰苦奋斗的实干精神,引导学生树立"劳动光荣,奋斗幸福"的坚定信念,在埋头苦干、真抓实干中实现自身价值。其次要培育其追求卓越的创新精神,新时代劳动教育要主动适应科技发展和产业变革新趋势,结合劳动新形态、产业新样态,不断深化产教融合、创新人才培养模式,在日常的思维、实践训练中注重培养创新意识,进而更好地服务经济社会发展,满足人民对美好生活的向往。最后要培育大学生的奉献精神,通过公益劳动、志愿服务等帮助大学生形成助人为乐的美德,强化社会责任感,不仅可以避免其在劳动中出现唯利是图、斤斤计较的功利取向,还能够成就高尚的道德品格,提升精神境界。

3. 劳动品质 尽管当下人工智能技术已经被应用到很多行业,甚至部分替代了人类劳动,然而对于一些对专业技术要求较高的抽象劳动及需要环境适应性、情感交流能力的个性化劳动,人类很难被取代。因此,高校要对大学生进行劳动习惯的养成教育,让劳动成为其日常性的、持续性的实践活动,内化为稳定的、自动化的行为倾向,培养大学生自觉自愿、安全规范、坚持不懈的劳动习惯,激发其参与劳动的热情。

4. 劳动能力 劳动能力是指个体完成从事一定劳动所必须具备的知识、技术、技巧及综合运用这些知识、技术、技巧的能力。大学生即将加入新型劳动者的行列,是否具备生存发展需要的劳动知识与技能必将影响其未来职业的选择和发展。新时代开展劳动教育要结合人工智能时代劳动内容、形式与关系变化的特点,适时更新劳动教育的内容,加强劳动伦理、数字技术、劳动规范、职业实践、经济发展规律等相关知识的学习，培养大学生对于劳动多学科、多维度的认识，为进一步掌握劳动技能提供前提和基础。

（二）劳动教育实践活动

高校是大学生走向社会岗位前的最后一站，在大学生就业过程中起纽带作用。高校的劳动教育实践活动要对接大学生未来的工作岗位，有目的地训练大学生的劳动技术能力，满足未来发展的需要。一是通过生产劳动教育，进行教学计划内的专业技能训练，如教学实验、专业实训、毕业实习等，注重提高大学生的创新能力、团结协作能力及社会适应能力，为其实现自身可持续发展提供基本保证。二是通过参加日常生活劳动和自我服务性劳动，让大学生亲身经历、体验真实劳动情景，掌握必要的生活自理技能，包括选择和创造喜欢的生活方式、科学规划与管理生活、树立合理的财富观和消费观等。这不仅是深化知识学习的需要，也是学生健康发展、适应社会生活的重要基础。

1. 日常生活劳动教育　日常生活劳动教育主要是指导大学生处理日常生活事务，包括洗衣服、刷鞋子、叠衣服、整理衣柜、擦窗户、扫地、拖地、倒垃圾、洗碗筷、铺床、洗床单被套、整理杂物等保持宿舍整洁的事务，以及适当装饰宿舍等。结合开展新时代校园爱国卫生运动，培养大学生良好的生活习惯和卫生习惯，强化自立自强意识，养成终身劳动的好习惯。

【知识拓展】

从小做家务的孩子：更优的成长轨迹与未来前景

美国心理学家威兰特对波士顿地区 490 名孩子进行了 20 年的跟踪研究，研究表明，爱做家务的孩子和不爱做家务的孩子相比，长大以后的失业率比例为 1∶15，犯罪率比例为 1∶10，且爱做家务的孩子平均收入要比不爱干家务的孩子高出 20% 左右。实践证明，从小做家务、热爱劳动的孩子能吃苦、有才干，对生活充满自信，人际交往能力也强于不爱劳动的孩子。

2. 生产劳动教育　通过生产劳动教育，让大学生在工农业生产过程中直接经历物质财富的创造过程，体验从简单劳动、原始劳动向复杂劳动、创造性劳动的发展过程，学会使用劳动工具，掌握相关技术，感受劳动创造的价值，增强产品质量意识，体会平凡劳动的伟大。后文将从专业实验实训、校外专业实习等方面进行重点介绍。

3. 服务性劳动教育　服务性劳动教育是指劳动者运用特定的设备和工具，直接满足消费者对服务产品的需要的劳动。对大学生来说，服务性劳动是利用所学知识、技能等为他人和社会提供服务，并在实习、实践的岗位上实现人生价值、提高劳动素养，比如自觉参与教室、食堂等校园场所的公共卫生保洁、绿化美化和管理服务等，结合"三支一扶""大学生志愿服务西部计划""青年红色筑梦之旅""三下乡"等社会实践活动开展服务性劳动。这有助于推动大学生接触社会，增强社会责任感，彰显无私的奉献精神。后文将从勤工助学、志愿服务和创新创业等方面进行重点介绍。

（三）劳动教育相关保障

1. 劳动安全 劳动教育是实践性很强的教育活动。学校和家长都希望大学生能够走出校门，多参加实践活动和公益活动，成为有知识、有能力的合格人才，但是劳动实践活动可能存在一定的安全隐患，高校需要构建科学合理的安全保障机制，推动劳动实践活动的顺利开展。

（1）重视安全教育 高校要高度重视大学生安全意识的培养，使安全教育、应急反应教育成为指导大学生参加社会实践活动前的必修内容，在实践过程中穿插安全知识教育活动，提高学生的安全防范意识。

（2）科学评估风险 高校要科学评估劳动实践活动中可能出现的风险，尽量不安排学生去一些存在较大安全隐患的场所参加劳动实践，并认真排查、清除学生劳动实践过程中的各种隐患，特别是治安问题、用餐不卫生、辐射、疾病传染等；要在劳动场所配备一些简单的工具设备和防护用品，必要时也可在大型活动现场安排一定的医护人员，强化对学生劳动过程的安全监督。

（3）购买校方责任险 有条件的学校要购买校方责任险，用以预防和妥善处理一些实践过程中不可预测、突发的安全事故，使学校在开展实践活动时能减少后顾之忧，保障学生和学校的合法权益。

2. 劳动法规 劳动法律法规与劳动者息息相关，大学生最终是要从校园走向社会成为一名劳动者，因而劳动法律法规教育是必不可少的，也是十分重要的。作为社会主义法治国家的公民，作为一名社会劳动者，大学生在劳动教育过程中应加强劳动法律法规的学习，努力提高自己的法治素养和培养法治思维，争做尊法、学法、守法、用法的先进模范。

（1）普及劳动相关法律知识 普及劳动相关法律知识是提高大学生法治素养的基础，是培养大学生法治意识和指导法律实践活动的前提。帮助学生了解与其日常生活和工作密切相关的法律法规，如劳动合同的签订、试用期期限、离职规定等的法律要求，学习维护广大劳动人民合法权益的《中华人民共和国劳动法》（以下简称《劳动法》）、《中华人民共和国劳动合同法》（以下简称《劳动合同法》）、《中华人民共和国劳动合同法实施条例》（以下简称《劳动合同法实施条例》）等法律文件。

（2）培养法制观念 法制观念是指人们对法律现象在理性认识的基础上形成的重视、遵守和自觉地执行法律的思想观念。

（3）养成法律习惯 当面临问题的时候，大学生能够自觉依照法律的规定去思考、分析和解决相关问题，具有讲法律、讲证据、讲程序的思维方式和行为习惯，将劳动法律法规落实到自己的日常生活中。

第四节　劳动教育的发展历程

劳动教育承载着培养时代新人的历史重任，是落实全国教育大会精神的重要体现，是实现课堂教学与实践活动相结合的必然要求，其在塑造学生正确劳动价值观、提高综合素质、促进身心健康成长等方面发挥着至关重要的作用。系统梳理新中国成立以来劳动教育政策的演进脉络，归纳总结 70 多年来劳动教育政策的基本经验，可以得出针对性的启示，以优化完善我国的劳动教育政策，推进劳动教育的有效实施。依据劳动教育政策自身的发展规律和我国的几个重要历史时期，将新中国成立以来劳动教育的目的、内容和实施途径划分为以下 3 个历史阶段。

一、劳动教育发展的探索时期（1949—1976 年）

1949 年，《中国人民政治协商会议共同纲领》明确了新中国的文化教育政策，提倡国民爱祖国、爱人民、爱劳动、爱科学、爱护公共财物。新中国国民教育五大公德沿袭马克思主义劳动观和中华民族传统文化中的勤劳美德，奠定了"劳动"在教育事业中的地位。1954 年，部分地区的学校开始尝试组织学生参加义务劳动，以探索开展学生的劳动教育，这是新中国进行学生劳动教育最早的实践尝试。1955 年，教育部与共青团中央发布《关于在全国中、小学生中开展种植活动的通知》，提出在全国中小学生中开展种植活动，开始逐步拓展劳动教育的形式。1957 年，毛泽东同志指出要使受教育者在德育、智育、体育几方面都得到发展，成为有社会主义觉悟的有文化的劳动者。这明确指出了我国的教育方针，虽并未将"劳育"直接提出，与德育、智育、体育并列探讨，但其已将"成为劳动者"归为教育的目的。1957 年，教育部发布《教育部关于增设农业基础知识课的通知》，本着理论与实践相结合的原则，通知对初中生劳动教育的时长和培养内容做了清晰的规定。同年，教育部又发布了《教育部关于在农村小学五、六年级增设农业常识和农业常识教学要点的通知》，通知规定了小学五、六年级的劳动教育时长，并指出教育内容可根据各地农业生产实际和时令具体设置，旨在为新中国培养一批有文化的"新农民"。从 1949 年到 1957 年，我国的教育事业得到了长足发展，但是关于劳动教育一直未得到足够的重视。1957 年底，全国学校实行勤工俭学制度，试图将学校教育同劳动生产结合起来，以打破长期以来学校忽视劳动教育的风气。1957 年至 1959 年，国家对劳动教育进行了深入探讨，丰富了劳动教育的内容。但随后的十多年间，劳动教育的发展相对缓慢。

这一时期的探索之路为改革开放后劳动教育的快速发展提供了宝贵的经验。在这些宝贵经验中，最为突出的是 1959 年之前的探索，在强化劳动教育时尤为注重贯彻理论与实践相结合的原则。

二、劳动教育发展的重建与改革时期（1977—2011 年）

1977 年，邓小平同志指出："尊重知识，尊重人才……不论脑力劳动，体力劳动，都是劳动……脑力劳动和体力劳动更分不开来。"这一讲话深化了大家对劳动的认识，为我国改革开放后的劳动教育政策奠定了基调。1978 年通过的《中华人民共和国宪法》再次重申了教育要同生产劳动相结合。1980 年 5 月，教育部发布《关于部属高等学校生产实习问题的通知》，该通知再次强调高校学生在生产实习获得生产管理知识、增长独立生产能力的重要性，对各高校开展实习安排中所面临的渠道、场所、住宿等问题作出了指示。1981 年，《关于建国以来党的若干历史问题的决议》中清晰地指出要"坚持德智体全面发展……脑力劳动与体力劳动相结合的教育方针"。这是对教育政策的探索经验的总结，充实了劳动教育的内涵。至此，我国的劳动教育发展进入改革期。

从 20 世纪 80 年代开始，我国教育事业改革的步伐越来越坚定，其中劳动教育的发展也越来越快。1981 年 4 月，教育部颁布《全日制六年制重点中学教学计划（试行草案）》《全日制五年制中学教学计划（试行草案）的修订意见》。文件提出，在中学教育阶段开设劳动技术课，强调要让学生手脑并用，培养其劳动观念和习惯，推动德智体美全面发展。1982 年，为了更好地落实文件提出的开设劳动教育课的要求，教育部颁布《关于普通中学开设劳动技术教育课的试行意见》，对开设劳动技术教育课的目的、意义，课程开设所需遵循的原则、内容和要求，时间和组织安排及师资培训、教材等方面做了详细的意见指导，对中学贯彻实施劳动教育方针有着较强的指导性和实践性。同年，为了更好地开展中小学勤工俭学的工作，教育部联合财政部出台暂行办法，规范了全国中小学勤工俭学财务管理工作。1983 年，国务院批转教育部等部门关于推进勤工俭学工作的请示，并指出勤工俭学是强化学生劳动教育的有效举措，要继续推进，将其提高到新水平上。1999 年，《中共中央　国务院关于深化教育改革全面推进素质教育的决定》颁布，提出要面向全体学生推进素质教育，强调教育要与生产劳动相结合，加强与改进对全体学生的生产劳动和实践教育，培养学生爱劳动的习惯和艰苦奋斗的精神。2010 年，国务院印发《国家中长期教育改革和发展规划纲要（2010—2020 年）》，再次强调教育要同劳动生产和社会实践相结合，注重知行统一，要加强劳动教育，培养学生热爱劳动、热爱劳动人民的情感。这一纲要为我国这 10 年间的教育改革发展提供了行动指南，奠定了劳动教育发展的基调。

在此时期，我国的劳动教育通过一系列的政策出台得以重建和改革。可以清晰地发现，这一时期劳动教育的内容得到了极大丰富，除了之前探索时期的体力劳动，更加注重脑力劳动。尤其进入 21 世纪后，我国依据时代发展的需要，提出素质教育，劳动教育被纳入其中。这一时期对于劳动教育的认识为后期国家的政策制定奠定了基础。

三、劳动教育发展的深化改革时期（2012 年至今）

在这一时期，中国特色社会主义进入新时代，我国开始深度强化青年学生的劳动教育。2015 年，教育部、共青团中央同全国少工委印发了《关于加强中小学劳动教育的意见》，该意见丰富了劳动的内涵，指明了劳动教育的主要目标及开展相关教育活动的关键环节。2018 年，习近平总书记在全国教育大会上提出要培养德智体美劳全面发展的社会主义建设者和接班人。这是新中国成立以来第一次将"劳育"同其他四育并列写入党的教育方针当中，五育并举，劳动教育被提高到前所未有的高度。2020 年，中共中央、国务院发布《关于全面加强新时代大中小学劳动教育的意见》，文件明确了加强劳动教育的基本原则和相应的教育体系，为新时代青年学生劳动教育的开展提供了明确的思路。

在此时期，对劳动教育的重视被提到了前所未有的高度，劳动教育在内容上更加丰富，更贴合时代需求，也更加强调创新劳动。同时，这一时期也明确了劳动的育人功能，即树德、增智、强体、育美。树德在于树立艰苦奋斗、克勤克俭的美德，增智在于增进劳动带来的智慧，强体在于体力劳动带来身心的强健，育美在于培育劳动的创造之美。

70多年来，劳动教育的发展从探索期走向新时代的深化改革期，在内容上也不断得到丰富。新时代的教育方针正是在此基础上，以加强劳动教育为突破口，以提高国民综合素质为着眼点，系统推进素质教育，构建全面育人体系。当代正在接受高等教育的大学生不仅要努力学习专业知识，还应该积极地参与社会实践，将自身所学与社会实践结合起来，提升自身的劳动能力。同时，大学生要勇于开拓进取，抓住时代机遇，敢于创新。唯有青年一代拥有正确的马克思主义劳动观，不懈奋斗，我们第二个一百年的辉煌才能够实现。

【实践活动】

寻找"最美劳动者"

1. 活动目的　培养医学生的职业素养和劳动精神。

2. 活动过程

（1）阅读以下文字并完成活动要求。

有这样一群人，他们爱岗敬业，数十年如一日地钻研着技能，靠着传承和创新，凭着专注和坚守，在各自领域追求着工作上的极致，即便是在平凡岗位也演绎了精彩人生。

您身边的"最美劳动者"都有谁呢？他们做什么工作？需要什么劳动工具？给我们的生活又带来了什么？请用自己的手机记录下点滴的发现。

（2）进行分组思考与讨论。

（3）小组代表进行课堂展示。

3. 活动总结　通过对给定目标进行讨论，认识到掌握一定的劳动技能固然重要，而更为重要的是，能够领悟劳动教育的意义，体会到劳动的价值，切实感受到劳动光荣、劳动让人幸福、劳动让身心全面发展。

4. 活动评价　根据小组讨论和课堂展示情况进行小组成绩的评定。

【思考题】

1. 医学生在日常生活中可以从事哪些劳动？
2. 医学生如何进行劳动与教育的融合？
3. 新中国成立以来劳动教育的发展经历了哪些阶段？

第二章　劳动者素质和劳动伦理与品质　▷▷▷▷

【学习目标】

巩固　掌握劳动者的素质要求，理解劳动伦理的概念，提升学生的劳动品质。

培养　实现主动劳动、诚信劳动、合作劳动的能力。

扩展　牢固树立劳动最光荣、劳动最崇高、劳动最伟大、劳动最美丽的观念；体会劳动创造美好生活，认识到劳动不分贵贱，热爱劳动，尊重普通劳动者，培养勤俭、奋斗、创新、奉献的劳动精神；具备满足生存发展需要的基本劳动能力，形成良好劳动习惯。

【案例导入】

我要为中医药事业奋斗一生

对于首届国医大师路志正来说，推动中医药事业传承与发展，始终是他的心头事。他躬耕不辍，从事临床教研工作 80 余年。年逾百岁的他，还带教博士生及传承人，参加中医学术活动等，尽全力发挥光和热。回顾往昔岁月，他曾作为抗美援朝巡回医疗队成员，利用银针发挥自己学术专长；下乡寻访，发掘推广许多宝贵的中医经验；参与多种流行病调研，最早认定中医治疗乙脑的成果；参加血吸虫病中医防治，提出"西医杀虫、中医治水"的原则及方案；赴内蒙古包头市包钢医院支边，以温病火毒论治重症烧伤，经中西医合作取得满意疗效。1983 年之后，路志正多次赴港澳台地区，以及东南亚、欧美 20 余个国家，进行学术交流、诊病疗疾活动，为推进中医药海内外传播作出突出贡献。

他独树一帜，从脾胃论治胸痹心痛；发展湿病理论，发明燥痹；强调心身同调，药食并用，针药兼施，杂合以治。20 世纪 80 年代初，他参与创办广安门医院内科研究室，开展中医急症与疑难病研究。自 1980 年，路志正组织全国中医药学会痹病学组（中华中医药学会风湿病分会前身），制定痹病诊断、疗效评定标准，拟订统一科研方法，研发 5 种系列新药，主编《痹病论治学》《实用中医风湿病学》《路志正风湿病学》等多部书籍。2009 年 5 月他被评为首届"国医大师"；2019 年，荣获"全国中医药杰出贡献奖"。

路志正说："我一生都在为中医药事业奋斗，尤其是年老之后更加觉得中医药需要振兴，中医药事业需要后继有人。国家非常重视中医药的发展，为我们提供了很好的发展平台，我们一定要把握好时代的机遇，开创中医药更加美好的未来。"

（资料来源：我心向党｜路志正：我要为中医药事业奋斗一生．广安门医院．https://

baijiahao.baidu.com/s?id=1704062115285474035&wfr=spider&for=pc）

问题：

1. 什么是正确的劳动品质？

2. 为什么要劳动？

3. 新时代正确的劳动品质应该是什么？

第一节　劳动者素质

关于劳动者的概念，不同学科有不同的表述，社会学将其定义为"一个包括中小资产阶级、公务员、知识分子、自由职业者、工人、农民、渔民和手工业者在内的多阶级政治集合"，哲学将其定义为"参加劳动并以自己的劳动收入为生活资料主要来源的人"，法律将其定义为"达到法定年龄，具有劳动能力，以从事某种社会劳动获得收入为主要生活来源，依据法律或合同的规定，在用人单位的管理下从事劳动并获取劳动报酬的自然人"。马克思在《资本论》中曾说过："我们把劳动力或劳动能力，理解为人的身体即活的人体中存在的、每当人生产某种使用价值时就运用的体力和智力的总和。"因此，劳动者可以理解为拥有劳动能力并以从事某种社会劳动获得收入为主要生活来源的人。而要拥有劳动能力并以从事某种社会劳动获得收入为生，需要劳动者在劳动过程中具备以下 3 个基本素质。

一、爱岗敬业

爱岗敬业是劳动者应具备的基本素质之一，它反映的是劳动者对自己职业的态度。爱岗敬业表现为劳动者热爱岗位，对工作恪尽职守，任劳任怨。爱岗敬业要求劳动者干一行爱一行，不断钻研进取，尽责履职，精益求精。劳动者只有爱岗敬业才能坚守岗位，在岗位上发挥自己的聪明才智，把工作做好、做精、做细，才能在岗位上有所建树。爱岗敬业的劳动者具有积极的工作态度，能全身心投入工作中，在工作中寻找乐趣，而不是以应付的态度对待工作；具备良好的业务能力，能保质保量完成工作，不出纰漏，不拖后腿；还能服从上级安排，特别是对于上级交代的、自己不熟悉的工作，有攻坚克难的精神，保证工作任务的完成。

二、诚实守信

诚实守信指为人处世时实事求是、信守诺言，是劳动者必须具备的基本道德品质。在劳动中，诚实守信是基本的劳动态度和职业素养，也是职场的"通行证"。那些文过饰非、弄虚作假、偷工减料的人即使能得逞一时，总有一天也会被人们识破，最终无法在职场和社会立足。

任何人要想获得财富和幸福，只有通过诚实守信的劳动来实现。诚实守信是社会全面发展的重要基础，也是个人心理健全的主要表现。诚信劳动要求我们不投机取巧、不好高骛远，而是运用自己的体力与脑力，脚踏实地去完成劳动、实现梦想。

（一）遵守规范

古人常言"人无信不立""言不信者行不果"，意思是一个人如果不讲信用，做事就不会有好结果，就会在社会上寸步难行，没有立足之地。诚实守信是中华民族的传统美德，是为人之本，也是成事之本。诚信劳动的首要前提就是遵守规范，一是遵守社会规范，二是遵守劳动规范。

1.遵守社会规范 诚信劳动要遵守社会规范，这要求我们在劳动中，一要遵纪守法，自觉学法、懂法，合法劳动；二要明礼诚信，行为举止、待人接物应该文明礼貌，与人交往应该信守承诺；三要团结友善，与人和睦相处，互助友爱；四要勤俭自强，勤奋工作，俭朴节约，积极进取；五要敬业奉献，恪尽职守，兢兢业业，克己奉公，服务社会。

随着社会的转型和多元文化价值观的冲击，作为社会道德规范，诚实守信对于个人成长和社会发展愈发重要。对个人而言，诚实守信是成就梦想的基石，一个人只有诚信劳动才能立足于社会，赢得尊重，通往成功；对社会而言，诚实守信是推动社会发展的动力。我国经济、军事、科学、教育、医疗事业的不断发展及社会的不断进步，与无数诚信劳动者的卓越贡献和忘我拼搏是密不可分的。我国社会的和谐稳定与人民生活水平的持续改善，以及各个领域取得的巨大成就，无不证明了诚实守信推动社会文明高速发展。

2.遵守劳动规范 韩非子说："万物莫不有规矩。"这句话的意思是万事万物都有其准则法度。孟子说："不以规矩，不能成方圆。"这句话的意思是生活处处需要规范，人们遵守规范，生活才会有秩序。可见，遵守规范是人们生活的基本要求。劳动就是具有规范性的，诚信劳动要求劳动者在劳动过程中遵守团队或组织制定的劳动规范，履行个人职责，合理合法地劳动。

劳动规范的制定通常是为了保障生产安全、提高劳动质量和劳动效率。遵守劳动规范主要体现在以下两个方面。

一是在劳动过程中讲诚信。在劳动中，自己的事情自己做，杜绝偷工减料、投机取巧、坑蒙拐骗、窃取劳动资料和他人劳动成果等行为；遵守规章制度，严格按照规范流程操作，按时按质地完成劳动任务。

二是对劳动过程中涉及的他人、团体和组织讲诚信。对客户讲诚信，真诚对待；对团队成员讲诚信，开诚布公，精诚合作；对上级领导讲诚信，信守承诺，说到做到。

（二）实事求是

实事求是指从实际情况出发，不夸大，不贬低。诚信劳动不仅要求劳动者在法律法规和国家政策允许的范围内从事各种劳动，还要求劳动者在失误面前勇于担责，实事求是地认识和对待自己的劳动过程与劳动成果。

在不同的劳动中，劳动环境和劳动条件有所差异。即使是同样的劳动环境和劳动条件，由于人的能力大小不同，产生的劳动效果也会有所不同。但只要在劳动中遵纪守法，做人纯粹，做事实在，对自己的劳动过程和劳动成果不夸大其词、弄虚作假、投机取巧、坑蒙拐骗，不侵占他人的劳动成果，不损害集体的劳动利益，我们就问心无愧。

从古至今，关于做人做事的正确态度，实事求是都是最基本的要求。孔子在教导子路时说："知之为知之，不知为不知，是知也。"荀子在论述行为的标准时说："能之曰能之，不能曰不能，行之至也。"欧阳修在《代人上王枢密求先集序书》中提到写好文章必须遵循的基本原则："言以载事，而文以饰言，事信言文，乃能表见于后世。"意思是言辞能够记载事件，文采可以装饰言辞，事情记录得真实可信，同时语言又有文采，这样的文章才能够呈现给后人看。可见，不管是为人处世，还是钻研学问，古人都追求实事求是，当代青年更应该实事求是、诚实守信。

三、精进不休

精进指的是专心努力上进，休指停止，精进不休指的是人不停追求进步，强调的是劳动者在业务上孜孜不倦、精益求精、刻苦钻研的精神和态度。劳动者之所以要具备精进不休的职业素养，一是符合岗位需要，任何劳动者都不是一开始就能胜任工作岗位的，都要经历从了解到熟悉再到胜任的过程，而在这个过程中，劳动者需要有精进不休的工作精神。如果缺乏这种精神，人们可能只是了解岗位，或者只是熟悉岗位，很难做到胜任岗位。胜任不了岗位，其生产出来的产品就容易出现不符合设计要求的问题，这样既造成资源的浪费，又会对劳动者的工作造成影响，甚至会导致其失业。二是行业进步的需要，任何行业都需要不断发展和改进，否则就会消亡。一个行业的发展和改进往往是由精进不休、业务精良的劳动者推动的。这类劳动者了解行业情况，熟悉岗位需求，能够展望行业前景。他们在自己的岗位上不断进行探索和尝试，以期找到行业发展之路，从而推动整个行业的进步。

劳动者除了应具备以上 3 个基本素质之外，还应具备专注和创新的精神。专注可以使劳动者心无旁骛，专心致志地关注自己所从事的领域，不被外界的诱惑所迷惑，不因名利失去自我，更容易创造出巨大的成绩，为人民和社会造福。创新使劳动者不会墨守成规，敢于尝试和创造。人类社会发展的每一次巨大飞跃都伴随创新，蒸汽机的发明、电子计算机的应用等，都是劳动者不断创新的成果。在大力倡导创新型国家建设的今天，劳动者想要有所建树，必须坚持走创新驱动发展的道路，也只有创新才能推动社会更快地进步，成就高素质的劳动者。

【名家名言】

热爱劳动吧。没有一种力量能像劳动，即集体、友爱、自由的劳动的力量那样使人成为伟大和聪明的人。

——高尔基

第二节　劳动伦理

一、劳动伦理的概念及理解

劳动伦理是对道德现象的概括，主要是指在劳动中人与其他要素之间应当遵守的道德准则和行为规范。劳动者在劳动过程中遵循基本的道德准则和行为规范，可以使劳动成果更好地满足人类需求。劳动伦理可以从以下 3 个方面加以理解。

（一）人类在改造自然界时的劳动伦理

人类从最初无意识的劳动到后来有意识的劳动，发展到今天形式繁多的现代劳动，都不可避免地在与自然界的紧密联系中进行。人类在改变自然界的同时也在改变着自己，这两种改变的程度、方式和方向基本取决于人。人类在遵守自然规律的基础上开展劳动，生产有使用价值的商品，产生劳动价值，使自然界为人类服务。因此，人类对自然界改造的前提必须是尊重自然、遵循自然规律。

通过劳动，人类和自然界进行了物质或能量交换，生产出对人类有价值的产品。但劳动不是一味地向自然索取，更不是以破坏自然为代价达到自己的目的，而是合理地利用自然的各种资源，达到人与自然的和谐相处，否则必然会遭到自然的报复。然而人类面临的问题在于，我们使用的传统能源都是不可再生的。20 世纪中期以前，人类的劳动造成对自然无节制的索取，破坏了生态平衡，资源浪费和环境污染加剧了人与自然的矛盾，可以说那时的人类对自然界的改造是没有遵循劳动伦理的。

20 世纪中期以来，随着科学技术发展，人类在改造自然界时越来越占据主导地位，人类通过各种劳动方式加大对自然界的改造力度，之前无法实施的工程、无法改变的环境，现在都可以轻而易举地实施和改造。但伴随人类改造自然力度的加大，人类对自然的破坏也在加剧，而这也使得人类自身面临着自然的"威胁"与"报复"。在遭受大自然的数次惩罚后，人们开始反思自己的行为并逐渐认识到要适度开发自然资源。对于自然资源和自然环境，人类不能一味地利用、索取，还需注意加强保护、合理开发，因此可持续发展之路成为必然选择，劳动伦理也成为人类对自然进行改造时需要考虑的要素之一。

（二）人类在构建社会时的劳动伦理

人类在构建社会时的劳动伦理主要涉及劳动关系，劳动关系可以理解为人们在劳动过程中建立的社会经济关系。在原始社会时期，人们在劳动过程中的关系相对简单，主要可分为交往关系、协作关系、两性关系和分配关系。人们在处理以上关系时逐渐形成了个人与个人、个人与群体间无任何约束力的、约定俗成的道德，也就是萌芽状态的劳动伦理。这种劳动伦理在当时是无意识形成的、无法律约束的、自发遵守的道德准则和行为规范，它奠定了现代劳动伦理的基础。随着社会发展、社会分工趋于细化，原始社会时期形成的劳动伦理发展成为现代劳动伦理。现代劳动伦理建立在社会分工细化和整个社会协作的基础上，离开了现代社会分工和协作，就没有现代劳动伦理。所以，现代劳动伦理涉及的主要是职业关系。

马克思提出，劳动首先是人和自然之间的过程，是人以自身的活动为中介，调整和控制人和自然之间的物质变换的过程；人自身作为一种自然力与自然物质相对立；为了在对自身生活有用的形式上占有自然物质，人就使他身上的自然力——臂和腿、头和手运动起来；当他通过这种运动作用于他身外自然并改变自然时，也就同时改变他自身的自然。因此，人类通过劳动而创造保障生存和生活必备的条件，他们在改变自然和自身的同时，也创造了社会财富，而一切社会财富的创造都是通过劳动来实现的。每一种劳动的结果都是产生劳动产品，劳动产品的生产才能体现劳动的价值。人类的劳动产品分为物质产品和精神产品，人类劳动所创造的财富包括物质财富和精神财富。物质产品是精神产品产生的基础，精神产品又可以反作用于物质产品，提高和改善物质产品的品质，推动创造更多的物质财富。没有物质产品、物质财富这两个基础，也就没有精神产品、精神财富的产生。所以，在物质产品和物质财富的生产、累积过程中，必须重视职业关系，加强劳动伦理，否则整个人类社会就不可能产生优秀的精神产品和丰富的精神财富，也就创造不出五彩斑斓的文化。

（三）人类自身成长时的劳动伦理

只有进行劳动，人类才能生存生活下去，才能实现自身的价值。人类进行劳动不仅可以得到自己生存生活所需的一切资源，还能在劳动过程中展现自己独特的一面，获得更多的社会认可，这种认可一方面是物质上的，包括物质产品奖励、个人物质财富的积累等；另一方面是精神上的，包括各种荣誉、周围人的褒奖和肯定等。个人通过劳动创造了财富，满足了社会和他人的需要，促进了社会的发展和人际关系的和谐；而对个人参加劳动的社会认可，则使其身心愉悦，干劲十足，产生更多劳动的意愿，进而推进个人的进步和发展。

劳动是人类占有自然物、改造自然物以达到符合人类生存生活需要的过程。人类的生存生活离不开劳动，只有进行劳动，人类才能创造生存所需要的各种资料；只有进行劳动，人类才能创造更加美好的各种资料。人在劳动中形成了各种各样的劳动关系，道德对于这种劳动关系的维系是具有约束力的。因此，个人注重劳动伦理，提高道德水准，才能建立良好的劳动关系，促使个人的天性得到更好的发挥，才能得到更好的展现，进而保证自身的全面发展。从这个意义上来说，个体劳动者必须注重提高自己的劳动素质，加强自身的劳动伦理。只有这样才能创造和谐的劳动局面，进一步促进劳动者自身的成长和成才。

总之，劳动伦理影响人类与自然、个人与社会的关系，以及个人的成长。因此，在劳动过程中，人类既要处理好个人与自然、个人与社会的关系，又要注意个人成才的问题，这就需要我们保护自然、爱护自然，走可持续发展的道路；还要自觉担负起社会责任，注重劳动伦理，履行社会职责。同时，通过劳动实现自身发展，促进自身的提升、进步，最终达到个人自由而全面的发展。

二、劳动伦理的演变

从原始社会到社会主义社会，从原始劳动到现代劳动，人类生产生活实践促使社会分工越来越细，劳动种类越来越多，劳动伦理也经历了不同的发展阶段。

（一）原始社会的平等劳动

原始社会时期，面对各类自然灾害和凶猛野兽的侵袭，人类虽然过着群居生活但力量仍然渺小。若要在残酷的自然界中生存下去，人们必须依靠集体力量，这便要求原始社会的人类进行集体劳动。这种集体劳动表现为生产资料共用、共同作息、共同狩猎、平分食物等，并在这个过程中产生了原始的劳动伦理。但由于原始社会人们的聚集是以部落和氏族为单位的，所以那时的劳动伦理一般只存在于本部落和氏族内，无法适用于其他部落和氏族。

由于原始社会的劳动工具简陋、劳动效率低下，通常是一个部落或氏族的全部年轻劳动力集体进行劳动。而由于生产力水平低下，所以产生的劳动成果也较少，这个时候最简单、有效的办法就是采取平均分配的办法分配劳动成果。因为那时人们发现，任何一个年轻劳动力不参加劳动，劳动成果都会减少；任何一个人对劳动成果多拿多占，其他人必定要挨饿。因此，原始社会逐渐形成了勤劳、勇敢、团结、互助等劳动伦理，这种劳动伦理调节和规范了原始人的劳动关系，确保了氏族和部落的稳定，以及原始社会向前发展。

（二）奴隶社会的奴役劳动

相对于原始社会，奴隶社会的社会生产力虽然仍十分低下，但有了一定的发展，表现为劳动工具的改进和产品有了剩余。于是，逐渐产生了私有观念，私有制社会出现。奴隶社会时期，生产资料由原来的共有变为少数人私有，劳动出现脑力劳动和体力劳动的分工。伴随阶级的出现，阶级对立也出现了。原始社会末期，强大的氏族或部落打败弱小的氏族或部落而发展成奴隶主阶级，弱小的氏族或部落成为奴隶，这样就逐渐形成了奴隶社会。在奴隶社会，一方面，奴隶完全依附于奴隶主，无人身自由，无生存权利，奴隶除了吃饭睡觉，其他时间全都在奴隶主的压迫下劳动，而且所有的劳动成果都由奴隶主享有；另一方面，奴隶主不参加任何劳动而占有全部生产资料和劳动成果，并完全占有劳动者——奴隶本身，他们使用暴力压榨、强迫奴隶进行劳动，自身过着骄奢淫逸的生活。那时的劳动是不被尊重的，被认为是下等人进行的活动，同样劳动者也遭到鄙视。虽然劳动在奴隶社会不被尊重，但总体而言，劳动伦理还是有一定的进步，表现为在战争中被俘虏的奴隶不会被直接杀死，而是有了一线生机，间接地保护了劳动力。奴隶社会产生了早期的政治、法律、宗教、艺术、哲学、道德等思想，推动了意识形态的产生和发展，其中也包括劳动伦理的发展。

（三）封建社会的劳役劳动

在封建社会，地主占有土地但并不完全占有农民，地主将土地出租给农民耕种，然后收取地租。地租可以是货币，也可以是实物。地主少量参与劳动，主要劳动者是农民。农民占有少量土地和生产资料，并有一定的人身自由。在奴隶社会，奴隶被迫参加劳动，奴隶主强迫奴隶劳动。在封建社会，农民自愿或半自愿参加劳动，只要按期缴纳地租，农民可以自由地安排劳动时间和劳动强度，而且有了少量的财物。同时，除了变卖劳动成果换取财物，农民还可以通过出卖劳动力（即打短工）换取财物。因此，作为劳动者的农民，其劳动积极性比奴隶社会的奴隶有了一定程度的提高。单纯从劳动的角度看，与奴隶社会相比，封建社会有了很大的进步，主要表现在以下几点：①相对于奴隶而言，农民有一定的人身自由，并且他们不完全从属于地主，有了一些人格尊严。②奴隶对自己的劳动成果没有任何支配权，农民对自己的部分劳动成果享有处置权，因此农民的劳动积极性比奴隶要高。③因为农民劳动的积极性提高了，农民在劳动过程中进一步培养了勤劳朴素、吃苦耐劳的品质，并逐渐形成了良好的劳动伦理，这种良好的劳动伦理又进一步规范和调节了劳动。因此，封建社会劳动伦理的形成和发展于封建社会的生产劳动实践，同时也推动了封建社会经济的发展。

（四）资本主义社会的雇佣劳动

到了资本主义社会，绝大部分农民失去土地等生产资料，沦落为一无所有、只能依靠向资本家出卖劳动力为生的雇佣工人，地主和一小部分农民发展成资本家。雇佣工人的人身是自由的，但是他们没有生产资料。资本家拥有生产资料，但需要雇佣工人才能进行生产活动。雇佣工人向资本家出卖劳动力换取劳动报酬（工资）来维持生计，资本家支付工资购买雇佣工人的劳动力进行企业生产。这种雇佣关系看起来平等，但雇佣工人劳动产生的价值比他拿到的工资要多，而多出来的价值（剩余价值）被资本家无偿占有了。资本主义社会的雇佣劳动关系将剥削隐藏得更深，更不容易被雇佣工人察觉，它对雇佣工人的控制更为有效。资本主义社会雇佣劳动的基本特征在于榨取剩余价值，其劳动伦理是利己主义。

资本主义社会的劳动伦理具有两面性：一是消极性，与封建社会劳动伦理相比，资本主义社会劳动伦理的调节和规范作用有了明显衰落。二是积极性，劳动伦理在资本主义社会有了一定的发展，为社会主义社会共同劳动的产生奠定了基础。

（五）社会主义社会的共同劳动

社会主义社会的共同劳动是建立在生产资料公有制基础上的、消灭了剥削制度和剥削阶级的劳动所有制形态，它包含比以往任何劳动所有制形态都进步的劳动伦理。这体现在社会主义社会中人民是国家的主人，国家开展的一切活动都是围绕人民。马克思在《政治经济学批判大纲》中强调，"真正的自由劳动"应具备以下特征：①劳动具有社会性。②这种劳动具有科学性，同时又是一般的劳动，这种劳动不是作为用一定方式刻板训练出来的自然力的人的紧张活动，而是作为一个主体的人的紧张活动，这种主体不是以纯粹自然的、自然形成的形式出现在生产过程中，而是作为支配一切自然力的活动出现在生产过程中。由此可见，社会主义社会的共同劳动具有社会性和科学性的特征。社会性是指在社会主义国家，全体人民共同占有生产资料，劳动者能够自由地共同劳动；科学性是指与原始社会、奴隶社会、封建社会、资本主义社会相比，社会主义社会的劳动工具和劳动手段有了很大提高，拥有高度发达的科学技术，并且能将之合理地运用到生产过程中。而且在社会主义社会，原始劳动、强迫劳动、被迫劳动或受剥削劳动彻底转变为自愿劳动。由此可见，在社会主义社会的共同劳动中，劳动伦理不仅包括以往社会所有的优秀劳动品质，还包括自由，这种自由不仅是劳动者人身的自由，而且包括劳动强度、劳动时间等和劳动相关的一切因素的科学性和合理性，更加符合人自由而全面发展的需求。

【名家名言】

在重视劳动和尊敬劳动者的基础上，我们有可能来创造自己的新的道德。劳动和科学是世界上最伟大的两种力量。

——高尔基

第三节 劳动品质

提升劳动者的劳动品质，应当正确引导劳动者积极进行劳动课程学习，将理论与劳动实践充分结合起来，坚持在学中做、在做中学，让劳动者在生产生活和社会劳动服务中自觉养成良好的劳动习惯和劳动品质。

一、勤俭节约

勤俭节约为倡导崇尚俭朴、克勤克俭的精神品质。中国古人讲"历览前贤国与家，成由勤俭破由奢"，就是强调要勤俭节约，这是历史经验的总结，充满智慧。从古至今，勤俭节约这一劳动品质一直被弘扬、推崇和传承。然而，在当前社会中，由于人们物质生活条件大大改善，一些劳动者的勤俭节约思想观念逐渐淡化。在这些劳动者看来，勤俭节约只是革命年代不得已而为之，现在生活水平大幅提高，提倡勤俭节约已不合时宜。他们认为，在日常生活中，浪费点无碍大局，不要要求得那么严。而且吃穿讲档次、戴名牌表、穿品牌衣服、开豪华车，才能彰显自己的家境、地位与能力。殊不知，这种想法和行为在无形中会造成奢侈浪费的不良风气，形成拜金主义、享乐主义的错误观念，养成攀比、炫耀、骄奢的恶习。美国学者丹尼尔·贝尔指出："各种文明的兴衰史上都出现过这样引人注目的现象，即在崩溃之前，社会总要经历一个个标志着衰落的特定阶段……这些递变的顺序是从朴素到奢侈，从禁欲到享乐……享乐主义的生活缺乏意志和刚毅精神。更重要的是，大家争相奢侈，失掉了与他人同甘共苦和自我牺牲的能力。"在勤工助学劳动实践中，劳动者要养成崇尚俭朴、克勤克俭的精神品质，真切感受劳动成果的来之不易，明白"俭则约，约则百善俱兴；侈则肆，肆则百恶俱纵"的道理，认识到财富是辛勤劳动的结晶。

二、吃苦耐劳

吃苦耐劳为倡导勤劳肯干、踏踏实实的优良品格，强调要有刻苦攻坚、不怕困难的毅力和决心。吃苦耐劳是中华民族的传统美德，我国一直倡导做人要能过困苦的生活，能经得起劳累的磨炼，反对好吃懒做、好逸恶劳。毛泽东同志曾说过："历来纨绔子弟考不出好成绩，安贫者能成事，嚼得菜根百事可做，我们会考出好成绩！"在革命年代，先辈们高扬吃苦耐劳的精神旗帜，改变了旧中国的落后面貌；在建设年代，前辈们发扬吃苦耐劳的优良品格开创了社会主义现代化建设的新局面。新时代的劳动者要想迅速成长成才，要想干出一番大事业，必须有"吃苦在前，享受在后"的精神。

三、自强自信

自强自信为倡导奋发向上、开拓进取、不屈不挠、勇于超越的精神品质。"艰难困苦，玉汝于成"，只有自强自信、勇敢前进，才能变阻力为动力，最终实现突破，取得成功。

在中华优秀传统文化中，"精卫填海""夸父逐日""大禹治水""愚公移山"等不屈不挠的故事，以及"因时而变""随时而制""与时俱进""与日俱新"等精神，激励着一代又一代中国人勇于进取、不懈奋斗。每个人在一生中都要面对各种各样的困难和压力，虽然这会给我们带来痛苦、打击，给学习和生活造成困扰，但只要我们具备自强自信的精神品质，正确地认识和对待这些挫折、困难，就有可能使坏事变为好事。劳动者在劳动实践中，可以发现自己在知识储备、实际操作能力、组织管理能力、随机应变能力、社会交往能力等方面的不足，以便逐渐适应激烈的竞争环境和紧张的工作状态，从而激发学习动力和热情，自觉调整并完善自己的知识结构，提高综合能力。劳动者在参加劳动实践时，要努力学会在挫折中磨砺坚强的意志，在困难中提升自身的能力素养，积极解决问题，不断发展进步。

四、尊重劳动

尊重劳动，不仅表现为对作为社会劳动主体的劳动者的尊重，还表现为对劳动者的劳动创造成果的尊重。习近平总书记在庆祝"五一"国际劳动节暨表彰全国劳动模范和先进工作者大会上指出："在我们社会主义国家，一切劳动，无论是体力劳动还是脑力劳动，都值得尊重和鼓励；一切创造，无论是个人创造还是集体创造，也都值得尊重和鼓励。全社会都要以辛勤劳动为荣、以好逸恶劳为耻，任何时候任何人都不能看不起普通劳动者，都不能贪图不劳而获的生活。"在实习实训中，劳动者要尊重并爱惜自己或他人的劳动成果，对自己或他人的劳动成果怀有崇敬之心；要尊重并敬畏劳动者的艰辛和投入，对劳动者付出的努力和辛勤怀揣着感恩之心。

五、崇尚劳动

崇尚劳动不仅表现为善于欣赏劳动，牢固树立劳动最光荣、劳动最崇高、劳动最伟大、劳动最美丽的观念，还表现为对劳动有科学的态度，认识到劳动价值有大小，劳动分工无贵贱。在实习实训中，劳动者要体认到劳动是财富的源泉，也是幸福的源泉，正是因为劳动创造，我们拥有了历史的辉煌和今天的成就。要摒弃鄙视简单劳动、体力劳动的偏见，不能在普通劳动者面前表现出高人一等的架势，更不能歧视从事一般性劳动的人。

六、热爱劳动

热爱劳动表现为对劳动具有深厚挚爱、依恋之情，也表现为焕发劳动热情，通过劳动创造更加美好的生活。习近平总书记在同中华全国总工会新一届领导班子集体谈话时指出："要在全社会大力弘扬我国工人阶级的优秀品质，大力宣传劳动模范和其他典型的先进事迹，加强对广大青少年的教育，让劳动最光荣、劳动最崇高、劳动最伟大、劳动最美丽的观念蔚然成风，让全体人民进一步焕发劳动热情、释放创造潜能，通过劳动创造更加美好的生活。"在实习实训中，劳动者要在情感上接受劳动、热爱劳动，坚决杜绝不愿劳动、不爱劳动，以及总想不劳而获、少劳多获的错误观念；要积极投身劳动实践，将劳动与自我价值、社会价值的实现紧密结合起来。

【名家名言】

劳动永远是人类生活的基础，是创造人类生活和文化幸福的基础。

——马卡连柯

【实践活动】

活动一：致敬普通劳动者——劳动最光荣

劳动没有高低贵贱之分，任何一份职业都很光荣，任何的劳动，只要付出了都会有收获，都应让人尊重。

1. 活动主体　以小组为单位，每组 8～10 人。

2. 活动过程　组织"致敬普通劳动者 — 劳动最光荣"的主题活动。致敬形式不限。

活动二："我劳动我光荣"的环境保护活动

1. 活动目的　通过实践活动，进一步提高生态环境保护意识、团结凝聚大学生力量，倡导大家积极投身到环境建设中去，共同营造良好的生活氛围。同时，促进大学生体验劳动知识、学习劳动技能。

2. 活动主体　以小组为单位，每组 8～10 人。

3. 活动过程

（1）寻找身边需要处理的污染问题。

（2）以小组形式开始讨论，确定要解决的污染问题。

（3）针对污染问题寻找保护环境措施。

（4）各小组汇报交流，并做记录。

4.活动总结　完成实践活动，结合各小组实际，落实解决方案。

【思考题】

1.你能说出5个赞美劳动人民的诗句吗？这些诗句具体想表达的情感是什么？

2.在五一劳动节期间，你是通过哪些实际行动来致敬劳动者的？在行动过后你有哪些收获或感触？给你带来了哪些启示？

3.你认为日常生活中劳动的意义在哪里？

4.部分大学生存在这样的现象：上课睡觉，抄袭作业，饭菜稍不满意就只吃几口甚至不吃就倒掉，拿着生活费去网吧等。你是怎样看待这些现象的？

5.刚入职场，你觉得是薪资重要还是学习新的技能重要？为什么？

6.在日常生活中，有哪些好的习惯能助力低碳环保行动？

第三章 劳动能力 ▷▷▷▷

【学习目标】

巩固 理解劳动能力的概念，熟悉劳动工具的历史，探究劳动能力的重要性。

培养 批判性思维和创造力。

扩展 学习如何设定个人发展目标，规划自己的职业道路，评估并提升自身的劳动能力，并在职业生涯中取得持续发展和成功。

【案例导入】

2020 年 7 月 31 日，习近平总书记郑重宣布："北斗三号全球卫星导航系统正式开通！"这标志着我国建成了独立自主、开放兼容的全球卫星导航系统，中国北斗走上了服务全球、造福人类的时代舞台。习近平总书记强调："26 年来，参与北斗系统研制建设的全体人员迎难而上、敢打硬仗、接续奋斗，发扬'两弹一星'精神，培育了新时代北斗精神，要传承好、弘扬好。"在北斗系统研制建设的过程中，北斗人秉承航天报国、科技强国的使命情怀，团结协作、顽强拼搏、勠力创新、攻坚克难，实现了从无到有、从有到优、从区域到全球的历史性跨越，一次又一次刷新中国速度、展现中国精度、彰显中国气度，孕育了自主创新、开放融合、万众一心、追求卓越的新时代北斗精神。新时代北斗精神具有强大的鼓舞和激励作用，指引我们接续走好攀登科技高峰、建设航天强国的新长征路。

1994 年，北斗一号卫星导航试验工程正式立项建设，我国科学家陈芳允院士提出的"双星定位"设想正式付诸实施。此后，我国开展了持续的技术攻关和研制。2000 年，北斗一号构建起兼具定位授时和短报文通信服务的双星定位系统，使我国成为继美国、俄罗斯之后世界上第三个拥有卫星导航系统的国家。北斗一号建设为我国卫星导航系统发展奠定了坚实的技术基础，培养和锻炼了队伍，使我国卫星导航系统建设步入快车道。从北斗一号服务我国及周边地区，到北斗二号服务亚太地区，再到北斗三号服务全球，二十六载风雨兼程、九千日夜集中攻关，中国的北斗逐步成为世界的北斗、一流的北斗。

北斗系统研制建设初期，国内星载原子钟停留在实验室原理试验阶段。北斗青年人勇挑重担，不分昼夜刻苦钻研，攻克一个个难关，终于研制出性能优异的原子钟。北斗三号卫星性能要求高，每颗卫星的电子设备有数百台，涉的元器件有几十万个。摆在北斗人面前的困难是国产产品起步晚，没有经过大量应用验证。困难激发了北斗人勇挑重担、报效祖国的豪情，纷纷表示"国家需要就是我们的奋斗目标""全力以赴、自主投入，一定保质按期完成任务"。大家从设计源头做起，每一台单机、每一种元器件和原材料都立足自主可控，最终实现了单机产品、核心元器件、原材料全部国产，避免了被国外"卡脖子"的困局。事实证明，只要我们锲而不舍、不懈钻研，就没有什么困难能够难倒我们。

（资料来源．陈忠贵．传承好弘扬好新时代北斗精神．新华网．https://www.xinhuanet.com/politics/20220701/499eaeda760c4458940e1005c09f1e10/c.html）

问题：

1. 北斗人的精神是什么？
2. 北斗系统研制过程给了你怎样的启示？
3. 在科技进步的今天需要具备哪些劳动能力？

第一节　劳动能力概述

一、劳动能力定义与组成要素

（一）劳动能力的定义

1. 劳动能力的概念　劳动能力是指一个人在特定条件下能够进行工作、承担职责和完成工作任务的能力和潜力。它是人们通过体力和智力所具备的一种资源，可以用来从事各种职业和工作任务。它涵盖了一个人的体力、技能、知识和智力等方面的因素。劳动能力不仅包括实际工作的能力，还包括能够适应不同工作环境的能力。

当前社会对劳动能力的定义已经从传统的技能和知识为主转向更加综合和多维度的定义。随着科技和社会的不断变革，人们需要不断学习和适应新知识和技能。终身学习能力成为一种重要的劳动能力，能够帮助个人在不断变化的工作环境中保持竞争力。随着创新驱动经济的发展，创新和创造能力变得越来越重要。个体需要具备开拓精神、创新思维和解决问题的能力，以推动企业和社会的发展。同时，随着数字化时代的到来，个体需要具备良好的数字技能，能够理解和应用数据，从中获取洞察力和决策能力，数据驱动能力对于在各行各业中取得成功也变得越来越重要。当前社会变化快速，个体需要具备适应不确定性和变革的能力，具备灵活性和适应性，以应对各种挑战和变化。社会对劳动能力也提出了更高的要求，个体需要具备社会责任感和可持续发展意识，还要关注环境保护、社会公益和社会公正等方面，为社会作出贡献。此外，个体需要具备多元化的能力和素质，以适应快速变化的现代社会，并在职业发展中取得成功。

2. 劳动能力的重要性　劳动能力是经济和社会发展的基石，对于个体和社会来说都具有重要的意义。通过不断培养和发展劳动能力，个体能够获得更好的就业和职业发展机会，提高自身收入和福利，实现自我价值和成就感。同时，劳动能力的增强也有助于促进社会的稳定和发展，提高整体生活水平，推动社会进步。

（1）经济发展 劳动能力是经济发展的基础和动力。没有充分发挥的劳动能力，生产活动就无法进行，经济就无法增长。个体和社会通过劳动能力创造价值，促进生产力的提高和经济的繁荣。

（2）就业和职业发展 拥有良好的劳动能力可以提高个体的就业机会和职业发展机会。用人单位倾向于选用具备相关技能和能力的个体，他们能够快速适应工作环境，提高工作效率和质量。

（3）个人收入和福利 良好的劳动能力通常与更高的收入和福利相关联。投资培养和发展劳动能力，有助于提高个体的就业能力和市场竞争力，从而获得更好的收入和福利。

（4）自我实现和成就感 通过劳动能力的不断发展和提升，个体能够发掘个人潜能，充分发挥自己的才能，从而获得成就感和满足感。劳动能力的提升还可以帮助个体在职业和社会生活中获得更大的自主权和认可。

（5）社会稳定和发展 劳动能力的发展对于社会的稳定和发展至关重要。充分发挥劳动能力的个体能够为社会作出贡献，提高整体生活水平，促进社会公平和社会进步。

（二）劳动能力的组成要素

劳动能力的组成要素涉及体力和健康、智力和技能、经验和知识、专业能力和素质，以及沟通和协调能力等方面。这些要素相互作用和相互支持，共同构成个体在工作和职业发展中所能发挥的能力和潜力。

1. 体力和健康 体力和健康状况是劳动能力的基础。身体健康和良好的体力状况为个体从事体力劳动和执行职责提供了先决条件，健康状况的差异会影响个体的工作效率和能力。对于体力劳动职业，如建筑工、清洁工、搬运工等，个体需要通过身体的运动来完成工作任务，身体健康和良好的体力状况是这些职业中的基本要求。如果个体存在体力上的问题或健康状况不佳，可能产生工作效率的下降而无法胜任这些职业。体力健康状况对于其他职业的工作效率也起着重要作用。无论是生产线工人、农民、服务人员还是办公室员工，良好的体力和健康状态能够提高工作效率、减少工作疲劳并改善工作表现。良好的体力和健康状况还有助于个体更好地应对工作中的压力，工作压力包括长时间的工作、重负荷的工作任务、身体上的劳累等。体力和健康状况良好的个体能够更好地应对这些压力，并持久地保持工作的稳定和高效。一些工作环境可能对个体的身体健康提出挑战，如高温、寒冷、噪声、尘土等，良好的体力和健康状况使个体具备更强的身体适应能力，能够更好地适应不同工作环境的要求。良好的体力和健康状况还可以降低患病风险，减少工作意外的发生，提高生活质量和幸福感。

体力和健康对于劳动能力至关重要。它们不仅直接影响着体力劳动职业者的工作能力，还通过提高生产效率、应对压力、身体适应能力及提供总体健康和福利等方面，影响着其他类型职业者的工作能力和综合表现。因此，个体需要重视保护自己的体力和健康，以提高劳动能力和工作质量。

2. 智力和技能　智力和技能是劳动能力的核心要素，它们提供了解决问题、创新、学习和适应工作环境的能力。同时，智力和技能也是个体在特定领域或职业中展现专业能力和成就的基础。高智力水平使个体能够更快地掌握新的知识和技能，并将其应用到实际工作中。拥有良好的技能意味着个体可以更高效地适应不同的工作环境和变化，因为他们具备快速学习新要求的能力。

智力是个体处理信息、理解问题和制定解决方案的基础能力。凭借较高的智力水平，个体能够迅速识别和理解问题，通过逻辑推理、分析和综合思考找到最优解决方案。智力还能帮助个体对信息进行评估和权衡利弊，从而做出明智的决策。技能是劳动能力的具体体现，它们是个体在特定领域或职业中所具备的专业知识和技能，包括通过教育、培训和实践获得的技术技能、操作技能、管理技能等。拥有高水平的技能意味着个体能够以高质量和高效率完成工作任务，并为组织和社会创造价值。例如，外科医生需要高度的智力来分析和解决复杂的医学问题，同时需要精湛的技术进行手术操作。智力帮助医生在诊断病情和制定手术方案时进行综合分析，而技能则保证他们能够准确、安全地执行手术，在困难和紧张的情况下保持冷静和高效。

智力和技能的结合可以激发个体的创造力和创新能力。创造力是指个体能够产生新的想法、有独创性的思维和解决问题的能力。技能则提供了实现创造性想法的能力，使其能够将创新转化为实际成果。科学家通过智力思考和深入研究，通过技能运用实验技术和研究方法，发掘新的科学发现或技术突破。他们凭借高智力水平，分析和探索复杂的研究问题，并利用自己的专业技能设计和实施实验方案。这种结合激发了科学家的创造力和创新能力，推动了科学和技术的进步。智力和技能的结合为个体提供了开展创新工作、提出新方法和解决方案的能力，从而推动组织和社会的发展。

3. 经验和知识　经验和知识是劳动能力的核心组成要素，包括个体所具备的相关专业知识、技术及操作的相关经验。经验和知识的水平和广度影响着个体在特定领域或职业中能够作出的贡献。

具备丰富经验和专业知识的劳动者能够更快、更准确地完成任务。经过多年的实践和学习，积累了解决问题的方法和技巧，能够高效地运用自己的专业知识，提高工作效率。同时，经验和知识使劳动者能够更好地应对工作中出现的问题和挑战，可以通过对类似情况的经验积累和专业知识的运用，能够迅速识别问题的根本原因，并采取相应的解决方案。

经验和知识的积累使劳动者能够提供高质量的工作成果。他们知道如何避免常见的错误，掌握正确的操作方法，确保工作的准确性和一致性，提高质量和准确性。经验和知识的积累还能够激发创造力和推动创新。通过对行业发展和趋势的了解，劳动者能够提出新的想法和改进方案，推动工作流程的优化和创新发展。经验和知识是劳动者在职场中增强专业竞争力的重要因素。具备丰富经验和专业知识的劳动者更具吸引力，能够胜任更高级别、更具挑战性的工作。他们在职业发展中更有优势，并更有可能获得晋升和更好的机会。

经验和知识在劳动能力中发挥着关键作用。它们提升了工作效率，帮助解决问题，提高质量和准确性，激发创新和改进，并增强劳动者的专业竞争力。因此，不断学习和积累经验是个体提高劳动能力和个人发展的重要途径。

4. 专业能力和素质 专业能力是指个体在特定领域或职业中所具备的知识和技能，是通过系统学习、培训和实践经验积累而获得的。专业能力使个体能够在特定领域内完成任务，应对工作需求，并具备解决问题的能力。例如，在医学专业中，专业能力包括临床诊断、手术操作等技术能力，以及对医学知识的掌握和应用能力。

素质是指个体的品德、能力和个性特征，它是个人发展过程中的综合素养，与个体的教育、家庭背景、价值观和社会经验等密切相关。素质包括道德品质、职业道德、沟通能力、团队合作精神、创新能力、适应能力等。素质对于个体的职业发展、与他人的关系和组织中的角色扮演具有重要影响。

专业能力和素质在职业和个人发展中起着重要作用。专业能力提供技术知识和技能，使劳动者能够更高效地完成工作任务，提升工作效率。具备专业技能的劳动者能够迅速识别问题、提供准确的解决方案，并在工作中采取相应措施，有助于提高工作质量和客户满意度。良好的素质为个体的职业生涯提供了重要的基础。例如，沟通能力和人际交往技巧可以促进职业发展，帮助建立良好的工作关系和职业网络。创造力和适应性使个体能够应对变革和不断发展，专业能力和素质的结合使劳动者在职场中具备竞争力。

专业能力支持着个体在特定领域或行业中脱颖而出，而优秀的素质则增加了个人的影响力和声誉。专业能力提供了技术知识和技能的支持，使劳动者能够胜任具体工作；而素质则塑造了良好的工作态度和价值观。相辅相成的专业能力和素质使劳动者更有竞争力并获得更好的职业机会，两者的结合能够提升工作效率和质量，促使个人成长和发展，并增强个人在职场中的竞争力。因此，劳动者应不断提升自己的专业能力和素质，以实现个人职业目标和发展。

5. 沟通和协作能力 沟通和协作能力是劳动能力的重要组成要素。它包括有效的口头和书面沟通能力、良好的人际交往能力及协调和合作的能力。这些能力能够帮助个体与他人进行有效的合作和协商，并顺利完成工作任务。

在工作环境中，团队合作是至关重要的，沟通和协作能力使劳动者能够有效地与团队成员进行交流和合作。良好的沟通和协作能力能够加强团队内外的协作和配合，推动项目的顺利进行，并产生更好的工作成果。同时，有效的沟通和协作能力能够促进信息的传递和共享，消除误解和不必要的延误。这样，劳动者能够更加准确和及时地了解工作任务、要求和意图，并能够更快速地与同事协商解决问题，从而提高工作效率。另外，沟通和协作能力使劳动者能够更好地处理问题和冲突。通过有效的沟通，劳动者可以清晰地表达自己的观点、需求和意见，有效地解决问题和处理冲突，避免工作受到干扰。沟通和协作能力对于个体的职业发展至关重要，良好的沟通和协作能力使劳动者能够与不同层级和背景的人有效地交流和合作，建立良好的人际关系和职业网络，为个体提供了更多的发展机会和职业发展的可能性。有效的沟通和协作能力使劳动者能够更好地理解客户需求和期望，与客户进行有效沟通，并能够提供满足客户需求的解决方案和服务，从而增加客户满意度。

沟通和协作能力在劳动能力中发挥着重要作用。它们促进团队合作，提高工作效率，解决问题和冲突，增强职业发展，并增加客户满意度。因此，劳动者应重视并不断发展自己的沟通和协作能力，以提升整体的劳动能力和职业竞争力。

二、劳动能力的类型与特点

（一）以体力为主的劳动能力

1. 体力劳动能力的特点与需求 体力劳动需要较高的身体耐力、力量和灵活性。这种能力特点使得体力劳动者通常需要具备良好的身体素质和健康状态，以完成各种体力劳动任务。体力劳动通常需要进行重复、持续和高强度的劳动活动，如搬运重物、挖掘工作等。这要求体力劳动者有较高的耐力和耐受力，能够承受长时间的劳动压力。一些体力劳动工作可能在户外或恶劣环境中进行，如建筑工地、农田等。这要求体力劳动者能够适应各种工作环境，具备应对突发情况的能力。

体力劳动需要良好的身体健康状况，包括强壮的肌肉、良好的心肺功能和灵活的关节。因此，体力劳动者需要关注自身的健康，通过锻炼、合理饮食和休息来保持良好的体能水平。虽然体力劳动不像智力劳动那样需要高度的学历和专业知识，但一些体力劳动仍然需要一定的技能和技术，体力劳动者可以通过参加培训课程、学习相关技术知识来提升自己的工作能力和竞争力。体力劳动通常伴随较高的劳动强度和风险，用人单位应提供必要的劳动保护和安全设施，确保体力劳动者的劳动安全和健康。

需要注意的是，随着科技的发展和机械化程度的提高，一些传统的体力劳动任务已经得到自动化和机械化替代。然而在某些行业和领域，体力劳动仍然是不可或缺的。此外，体力劳动与智力劳动并不是互斥的关系，某些工作可能需要同时具备体力和智力能力。

2. 体力劳动的分类与特点 体力劳动可以根据不同的工作性质和行业进行分类。下面是一些常见的体力劳动分类和它们的特点。

（1）手工劳动 ①特点：需要使用双手和物体进行直接的接触和操作，如木工、焊工、车工等，通常需要一定的技巧和精准度，要求工人具备灵巧的手指和手眼协调能力。②耐力要求：手工劳动可能需要长时间地进行反复的体力操作，因此需要较高的耐力和持久力。

（2）搬运劳动 ①特点：涉及重物的搬运、搬动和堆放，如搬运员、装卸工等，需要一定的力量和体力，要求工人具备较强的肌肉力量和耐力。②技巧要求：在搬运过程中，工人需要掌握正确的搬运姿势和方法，以避免受伤和提高工作效率。

（3）建筑劳动 ①特点：涉及建筑和修建物体，如砌砖工、油漆工、钢筋工等，通常需要在户外或工地环境中进行，要求工人在恶劣的气候和工作条件下工作。②劳动强度：建筑劳动需要进行长时间的体力操作和重复的劳动，要求工人具备较高的体能和耐久力。

（4）农业劳动 ①特点：涉及农田种植、农作物收割和养殖等任务，如农民、农场工人等，通常需要在户外进行。②强度和季节性：农业劳动的强度和季节性较高，工作强度可能在不同季节和农作物生长周期中有所变化。

（5）清洁劳动 ①特点：涉及大面积的清扫、洗涤和卫生保洁，如清洁工、保洁员等，通常需要进行频繁的体力活动，如扫地、拖地、擦窗等。②精细性和反复性：清洁劳动要求工人注重细节，保持环境清洁，而且可能需要不断地进行重复性工作。

随着科技和自动化的发展，有些体力劳动任务已经得到机器和设备的替代，使得劳动强度减小，效率提高。但一些工作仍然需要人工进行，体力劳动仍然在特定领域中是重要的存在。

3. 职业选择与体力劳动能力 在职业选择过程中，个人的体力劳动能力是重要的考虑因素之一，体力劳动能力对于选择与个人体能匹配的职业以及适应职业工作环境和要求非常重要。在选择与体力劳动能力相关的职业时可以从以下几个因素来考虑。

（1）职业性质 首先要了解不同职业的性质和特点，确定是否需要进行体力劳动，如建筑工人、搬运工、清洁工等职业，明显需要较高的体力劳动能力；而办公室文员、程序员等职业，相对较少需要大量的体力劳动。

（2）健康条件 个人的健康状况和体能水平对于选择体力劳动职业非常重要。如果有体力健康问题或潜在的身体限制，可能需要避免过于劳累或进行高强度体力劳动的职业。

（3）兴趣和意愿 职业选择也应与个人的兴趣和意愿相匹配。即便某个职业需要体力劳动，但个体对该领域感兴趣，并有动力去克服体力劳动的挑战，那么这个职业仍然可以成为一个选择。

（4）技能和经验 在选择体力劳动职业时，个人的技能和经验也将起到至关重要的作用。某些体力劳动工作可能需要特定的技术和技能，通过培训和获取相关经验可以增加在该领域中的就业机会。

（5）职业发展和未来趋势 考虑职业的发展前景和未来趋势也是重要的因素。了解职业的需求和市场前景及相关技术的发展趋势，可以帮助个体做出更明智的职业选择。

体力劳动能力只是职业选择的一个方面，其他因素如智力能力、技术技能、兴趣爱好等，也需要综合考虑。最终的职业选择应该是个人的综合决策，基于个人的兴趣、能力、价值观和目标进行权衡。

（二）以智力为主的劳动能力

1. 智力劳动能力的特点与需求 智力劳动能力是指个体在劳动过程中所需要的智力表现和能力水平。相比于体力劳动，智力劳动有一些特点和独特的需求。智力劳动通常涉及知识和技能的应用，需要通过学习和积累知识来完成任务。这种劳动需要具备较高的智力水平和学习能力，并要不断更新和扩充自己的知识库。智力劳动通常需要分析、判断和解决问题，需要具备创造性和思考能力。这要求劳动者能够灵活运用知识和思维，提出新的想法和解决方案。智力劳动中可能涉及抽象和概念的理解与应用，如数据分析、编程等。这要求劳动者能够进行对高级思维和概念的理解，并将其应用于实际工作中。

　　智力劳动通常需要基于相关知识和技能，因此需要教育和培训的支持。劳动者可以通过正规学校教育、职业培训、进修课程等提升自己的智力能力和专业技能。智力劳动可能需要使用各种技术和工具来提高工作效率和质量，如计算机、软件程序等。劳动者需要掌握并不断更新适用于其工作领域的技术和工具。智力劳动通常需要一个创新和学习的环境，如有挑战性的工作项目、有启发性的团队合作等。劳动者需要寻找并积极融入这样的环境，以激发和提升自己的智力劳动能力。

　　智力劳动并不意味着只有具备高学历和专业知识的人群才能从事。每个人都有智力潜力和发展空间，可以通过不断学习和实践来提升自己的智力劳动能力。此外，智力劳动与体力劳动并不是互斥的关系，许多工作可能需要同时具备体力和智力能力。

　　2. 知识和技能的培养与发展　知识和技能的培养与发展是个人的持续学习和成长过程。人们可以选择适合自己的学习阶段和专业领域，在大学或职业学校接受系统的学习教育；或根据自己的兴趣和职业需求，选择各种培训课程和研讨会来学习特定的知识和技能。

　　可以通过参加实习或学徒计划，在实际工作中学习和实践相关的知识和技能。参与各种项目和团队活动，积累实际操作经验，并通过实践强化自己的知识和技能。积极参与创业、社区服务和志愿者活动，接触不同的领域和人群，获得更广泛的经验和技能。

　　可以通过自主学习和自我提升获得知识或技能。通过广泛阅读书籍、报纸杂志、学术论文等，深入了解感兴趣的领域和专业知识。利用教育平台、视频网站等，观看相关领域的教学视频和学习资源，通过自学和实践操作，锻炼和提升自己的知识和技能。寻求具有丰富经验和知识的导师，从他们那里学习知识和获取指导。积极参与社交和专业会议，结识同行业人士和专业人士，获取他们的建议和意见。

　　个人可以根据自身情况和兴趣选择适合自己的方式来培养和发展知识和技能，关键是保持学习的动力和持续的学习态度，不断追求个人的成长和发展。

　　3. 职业选择与智力劳动能力　在职业选择中，个人的智力劳动能力是重要的考虑因素之一。智力劳动能力涉及智力水平、思维能力和各种认知能力，对于选择与个人智力能力匹配的职业非常关键。

　　（1）职业性质　首先要了解不同职业的性质和特点，确定是否需要较高的智力劳动能力。某些职业，如科学家、工程师、医生等，明显需要较高的智力能力来分析和解决复杂的问题。

　　（2）技术和知识要求　智力劳动通常需要掌握相关的专业知识和技术。在职业选择时，可以考虑自己是否具备相关领域的技术知识和能力，以及是否有兴趣不断学习和更新自己的知识。

　　（3）创造性和解决问题能力　智力劳动要求具备创造性思维和解决问题的能力。如果你对于提出新的点子、找到解决方案和应对挑战有较强的兴趣和优势，那么选择一个强调创新和问题解决能力的职业可能会更适合你。

（4）学习和适应能力　智力劳动通常需要不断学习和适应不断变化的环境和技术。在职业选择时，可以考虑自己的学习能力和适应能力，以及是否愿意投入时间和精力来不断提升自己。

智力劳动能力只是职业选择的一个方面，其他因素如个人兴趣、价值观、能力与技能的匹配度等也需要综合考虑。最终的职业选择应该是个人的综合决策，并基于个人的兴趣、能力、目标和智力劳动能力进行权衡。

（三）综合劳动能力与综合素质

1. 综合劳动能力的特点与需求　综合劳动能力是指个体在工作和劳动过程中所需要的综合能力和素质，包括体力劳动能力、智力劳动能力及其他与工作相关的能力。

（1）综合适应能力　综合劳动能力要求个体能够适应不同的工作环境和工作要求，包括适应不同的工作方式、时间安排、工作压力和团队合作等。个体需要具备灵活性、适应性和快速学习的能力。

（2）技能和知识　综合劳动能力需要个体具备一定的技能和知识，包括专业技能、工作技能、沟通技能、问题解决能力等。不同职业和工作领域对技能和知识的需求各不相同，个体需要根据自身职业目标和发展方向来培养和提升相关的技能。

（3）沟通与合作能力　综合劳动需要与他人进行有效的沟通和协作，因此个体需要具备良好的口头和书面沟通能力，能够有效地与同事、客户和管理层进行交流。此外，团队合作和协调能力对于综合劳动也非常重要。

（4）创新和问题解决能力　综合劳动需要个体能够独立思考，提出创新的想法和解决复杂问题的能力。这要求个体具备分析、综合和创造性思维，能够在工作中发现问题并提出解决方案。

（5）时间管理和组织能力　综合劳动需要个体具备良好的时间管理和组织能力，能够合理安排工作任务和工作时间，并能够有效地进行工作优先级的排序和调配。

（6）健康和持久力　综合劳动需要个体身体健康和良好的体力耐力，个体需要能够长时间保持专注和高效工作，以应对工作上的挑战和压力。

综合劳动能力的需求会因不同职业和行业而有所不同。个体在职业选择中需要综合考虑自身的体力劳动能力、智力劳动能力以及其他与工作相关的能力，并选择与自身综合劳动能力相匹配的职业。此外，持续学习和提升自身综合劳动能力也非常重要，以适应工作环境和满足不断变化的工作需求。

2. 综合素质的培养与发展　综合素质的培养与发展对于个人和社会都具有重要的意义。综合素质的培养与发展可以提升个人的学习能力、思维能力和适应能力，使个人能够更好地应对各种挑战和变化。它可以帮助个人发展自信心、自我管理能力和领导能力，提高个人的竞争力和职业发展潜力。除了专业知识和技能外，具备良好的沟通能力、问题解决能力、创新能力等综合素质对于在工作中获得成功和提升都非常重要。拥有多样化的综合素质可以帮助个人适应不同职业环境和不断变化的工作要求。

综合素质的培养与发展可以提升个人的人际关系和社交能力。良好的沟通技巧、协作能力和领导能力能够帮助个人建立良好的人际关系和团队合作，增加人脉资源，促进合作和沟通，提高人际交往的效果，还可以激发个人的创新思维和解决问题的能力。创新能力对于个人在职业发展和创业中具有重要意义，使其在处理复杂问题和面临困难时能够提供独特的解决方案。综合素质的培养与发展可以促进个人的全面发展，并提高个人的综合素质，包括知识、技能、态度、价值观及身体健康等各个方面，全面发展有助于提高个人生活质量和幸福感。个人的社会责任和使命感也是培养与发展综合素质的目的，具备综合素质的个人更有可能为社会作出贡献，在职业和社会领域中发挥积极作用。

综合素质的培养与发展是个人全面发展的基石，可以帮助个人更好地应对职业挑战、建立良好的人际关系、拓展个人潜力，并为个人的成功和社会发展作出贡献。因此，重视和培养综合素质对于未来的个人发展来说是至关重要的。

3. 职业选择与综合劳动能力　职业选择和综合劳动能力之间存在密切的关系。个体的综合劳动能力包括多个方面的能力，如智力劳动能力、技术技能、沟通能力、解决问题能力等。在进行职业选择时，综合劳动能力可以作为一个重要的考量因素。

（1）职业匹配　综合劳动能力可以帮助个体确定适合自己的职业。不同职业对于综合劳动能力的需求不同，各种能力的强弱程度会影响个体在特定职业中的表现和发展。因此，在选择职业时，个体可以结合自身的综合劳动能力评估和匹配不同职业，选择与自身能力相匹配的职业。

（2）职业发展　综合劳动能力的不断提升可以促进个体在职业中的发展。通过不断学习和培养不同的综合劳动能力，个体可以拓展自己的职业领域和职业角色，提升自己的竞争力，实现职业成功和获取晋升机会。

（3）工作表现与成就　综合劳动能力的充分发挥可以帮助个体在工作中表现出色，并获得良好的成就。具备较高的智力劳动能力、解决问题能力和沟通能力的个体往往能够更好地应对工作中的各种挑战和问题，提出创新的解决方案，与他人进行良好的合作和沟通，从而在工作中取得更好的效果和成就。

（4）职业转换和适应性　在职业生涯中，个体可能会面临职业转换或职业调整的需求。此时，综合劳动能力的广度和灵活性就显得尤为重要。具备多样化的综合劳动能力的个体，会更容易适应不同领域和岗位的工作要求，具备更强的职业适应性。

综合劳动能力同样是职业选择的一个方面，其他因素如个人兴趣、价值观、经济需求等也需要综合考虑。最终的职业选择应该是个体根据自身条件和职业目标综合权衡的结果，以做出最适合自己的决策。

三、培养与提升劳动能力的途径

（一）学校教育与职业技能培训

1. 学校教育对劳动能力的意义　通过学校教育，个体能够获取到多样的知识、技能和能力，培养综合素质，为未来的工作和职业发展打下基础。学校教育提供了基础的学科知识和技能培养，为个体的劳动能力打下坚实的基础。学科知识如数学、语言、科学等，提供了解决问题和思考的基本工具；技能培养如写作、研究、分析等，则能提升个体在工作中的表现。学校教育培养了个体的学习能力和创新思维，这对于个体不断适应和应对复杂的工作环境、技术和职业发展至关重要。学校教育通过培养好奇心、批判性思维、问题解决能力等，鼓励个体主动学习和探索，激发个体的创造力和创新能力。同时，学校教育注重培养个体的沟通和协作能力，包括口头和书面沟通、团队合作、领导能力等。这些能力是个体在工作中与他人合作、解决问题和推动工作的关键，通过学校教育的培养，个体可以更好地与他人进行交流和互动。学校教育还通过课程设置和学习活动，培养个体的自我管理和适应能力，时间管理、目标设定、自我激励等能力的培养，使个体能够更好地规划和管理自己的学习和工作，适应不断变化的环境和需求。

学校教育为个体提供了终身学习的基础和意识，培养个体对于持续学习和发展的态度。学校教育培养个体通过学习获取知识和不断提升自己的能力，为个体在职业发展中保持竞争力和适应力提供了支持。但学校教育也只是个体劳动能力发展的一部分，个体在实际工作和实践中不断学习和成长才能不断提升劳动能力。

2. 职业技能培训与劳动能力提升　职业技能培训对劳动能力的提升具有重要意义。职业技能培训帮助个体获得特定领域的专业知识和技能，通过系统学习和实际操作，个体可以获得在特定职业或工作中所需的技术和技能，从而增强其在该领域的劳动能力。职业技能培训可以提高个体的工作效率和生产力，通过职业技能培训掌握更高水平的技能和专业知识，个体在工作中可以更快、更准确地完成任务，提高工作效率和生产力，从而为个体和企业创造更多的价值。同时，通过职业技能培训，个体可以提升自己在就业市场上的竞争力。掌握特定职业所需的专业技能和资质能使个体更具吸引力，增加其获得就业机会的可能性。

职业技能培训有助于个体适应社会和行业的变化。随着科技和行业的进步，工作要求也在不断演变。通过持续的技能培训，个体可以跟上最新的行业趋势和技术发展，提高自己的适应能力，及时调整工作技能和知识，从而保持在工作市场的竞争力。职业技能培训为个体实现职业发展和升迁提供了重要支持。通过不断学习和提升技能，个体可以扩展自己在工作中的职责范围，提升自己的职位和薪酬水平，获得更多的发展机会。职业技能培训不仅是传授具体的知识和技能，还培养了个体的学习能力和成长意识。在职业技能培训过程中，个体学会了学习的方法和策略，培养了终身学习的意识，为持续学习和成长建立了基础。

职业技能培训是提升劳动能力的重要途径。通过获取专业知识和技能，提高工作效率和生产力，增加竞争力和就业机会，适应变化和行业需求，促进职业发展和升迁，个体能够提升劳动力的质量和价值，实现个人和职业的可持续发展。

3. 终身学习与劳动能力发展　终身学习是一种教育理念，指的是人们在整个生命过程中持续学习、更新知识和提升技能。这个概念强调学习不是仅在学校教育阶段进行，而是贯穿个体的整个生命周期，涵盖工作、家庭、社区等各个领域。20 世纪 70 年代，终身学习的概念正式被提出。联合国教科文组织于 1972 年启动了成人教育运动，强调了终身学习的重要性，认为每个人都有权利和责任参与终身学习。随着信息技术的发展和全球化的进程，终身学习的概念得到了进一步的发展，在线学习、远程教育和开放教育资源的出现使得个体可以更便捷地获取知识和技能。政府、教育机构和企业也纷纷推出了终身学习计划，提供更多的培训机会和资源。

目前终身学习已经成为全球教育发展的重要目标之一。各国政府、教育机构和组织都致力于推动并支持终身学习的实施，以满足人们不断变化的学习需求和职业发展的挑战。同时，个体也应该积极拥抱终身学习，将其视为一种持续学习和成长的信念，以适应社会和职业发展的变化。

终身学习是一个持续不断的学习过程，涵盖了个体在整个生命中不断学习、成长和发展的理念，在劳动能力发展过程中具有重要作用。随着科技和行业的不断进步，职业领域的变化速度加快。通过终身学习，个体能够紧跟技术和职业的发展，持续学习新知识和技能，提高适应这些变化的能力，保持竞争力和职业发展的机会。终身学习能够培养个体的适应能力，通过学习新知识和技能，个体可以拓展自己的认知边界，增强应对新挑战的能力，提高解决问题的能力，逐渐适应和应对不断变化的工作环境。终身学习还为个体提供了持续提升劳动能力的机会，通过持续学习和专业发展，个体可以不断提升自己的知识、技能和能力，改进工作方法和流程，提高工作效率和质量，提升自身在工作中的价值和竞争力。此外，终身学习有助于个体的个人成长和职业晋升。通过不断学习和积累，个体可以拓展自己的视野和思维方式，提升领导力和管理能力，不断发展自己的职业道路，获取更高级别的职位和更多的职业发展机会。在个人素质发展中，终身学习有助于个体增强自信心和满足感。不断学习新知识和培养新技能，个体能够更好地应对职场挑战，获得成就感和满足感。同时，不断学习也可以提高个体对自己能力的认知，增强自信心，更有底气面对工作中的各种问题和任务。

终身学习对于个体的劳动能力发展非常关键。通过终身学习，个体能够跟随行业的发展，适应变化的工作环境，不断提升劳动能力，促进个人成长和职业发展。因此，终身学习应被视为一个重要的理念和实践，个体应积极投入持续学习中。

（二）实践经验与工作学习

1. 实践经验对劳动能力的影响　实践经验对劳动能力的影响非常重要。通过实践，个体能够将学习到的知识和技能应用于实际工作中，深入理解和应用所学的知识和技能，从而提高劳动能力。实践将学习与实际问题相结合，使个体更清楚地理解概念和原理，并将其运用到实际工作中。实践经验有助于个体提高技能的熟练度，通过实际操作和不断重复练习，个体能够提高工作技能的准确性、速度和效率，从而增强在相应领域的劳动能力。实践经验还能够培养个体的问题解决能力。在实际工作中，个体会面临各种问题和挑战，通过实践，个体学会分析问题、寻找解决方案，并能够灵活应对不同的情况，进一步提高劳动能力。实践经验还会进一步促进学习循环，通过实践，个体会不断反思和评估自己的实际表现，从中发现问题、学习经验教训，并在下次实践中做出改进和提高，形成良好的学习循环，促进个体的劳动能力不断提升。

实践经验对劳动能力发展至关重要。通过实践，个体能够深入理解知识、提高技能熟练度、培养问题解决能力、增强团队合作能力，进而增加自信心和职业满足感。个体应积极参与实践并将其与学习相结合，不断积累经验并应用于实际工作中，以提高自身的劳动能力。

【名家名言】

纸上得来终觉浅，绝知此事要躬行。

—— 陆游

2. 工作学习与劳动能力的提升　工作学习是提升劳动能力的关键途径。通过持续学习和不断发展职业技能，个体可以提高自身在工作中的价值。在工作中，设定清晰的学习目标是重要的一步。确定自己想要学习和提升的领域，以及预期获得的技能和知识，将帮助个体拥有明确的方向，使学习更加有针对性。寻求他人的反馈是提升劳动能力的另一种重要方式。与同事、上司或导师保持沟通，接受他们对工作表现的意见和建议，从反馈中识别自己的优点和改进的方向，进而采取行动改进表现。此外，想要提升劳动能力，持续学习是必不可少的。通过阅读专业书籍、参加实习工作、参与在线课程等方式，不断学习新知识和技能。要保持对相关行业的趋势和发展的关注，及时更新专业知识。要善于利用工作中的学习机会，如参与新项目、担任新角色、解决新问题等，主动争取接触新的挑战和机会，通过实践中的学习来提升自己的劳动能力。在工作中与同行业的专业人士建立联系和合作，互相学习和交流经验。参加相关行业的研讨会、会议和社区活动，扩展自己的专业网络，从中获取新的学习和发展机会。同时，劳动能力提升需要持续反思和改进，要定期回顾自己的工作表现和学习进展，思考自己的成长和发展方向，找出改进的空间并制定相应的行动计划。

工作学习是劳动能力提升的关键。通过设定学习目标、寻求反馈、持续学习、寻找学习机会、建立专业网络、持续反思和改进以及寻求自我挑战，个体可以不断提升自己的劳动能力，实现个人职业发展和成就。

3. 职业生涯规划与劳动能力发展　职业生涯规划是指个体对自己职业发展的目标、意愿和策略进行明确规划的过程。职业生涯规划与劳动能力发展密切相关，它可以帮助个体建立成功的职业道路并有效地提升自身劳动能力。首先，对自己进行全面的自我评估，了解自己的价值观、兴趣、技能和优势。通过了解自己的优势和潜力，能够更好地选择适合自己的职业方向和发展路径，并根据自我评估结果，设定明确的职业目标。这些目标应该具体、可衡量和可实现，并与自己的价值观和兴趣相符。设定目标可以帮助个体明确自己的职业发展方向，并为劳动能力的发展提供指导。同时，要进行职业探索，了解不同职业领域的需求和机会。研究行业趋势、就业前景和职业发展路径，并与从业者交流，了解相关行业的工作特点和技能要求。劳动能力发展需要持续学习和不断提升技能，应根据职业目标和行业需求，制定学习计划并积极寻求培训机会。通过学习新技能和不断更新知识，个体能够适应职业发展的变化，并提高自身在职场中的竞争力。职业生涯规划和劳动能力发展是一个持续的过程，要定期对自己的职业目标和发展计划进行评估和调整，跟踪自己的成长和进展，并及时调整策略和学习计划。现代职业环境变化快速，个体需要具备适应变化和多元化发展的能力，需要培养灵活性、跨学科和跨功能的能力，不断扩展自己的技能和知识范围，以适应职业市场的需求。

职业生涯规划与劳动能力发展相辅相成。通过进行自我评估、设定职业目标、探索职业领域、培养新技能、寻找导师和支持网络、持续发展和自我评估，以及适应变化和多元化，个体可以更好地规划自己的职业生涯，并有效地提升劳动能力。

第二节　劳动知识与劳动技能

一、劳动知识

劳动知识指的是人们在劳动过程中所获得的理论和实践知识，包括关于劳动的基本概念、原理、法律法规、技术方法等方面的知识。它涵盖了各个领域和行业的专业知识，帮助人们理解和应用劳动过程中所需要的各种知识要点，包括以下几个方面。

1. 行业知识　劳动知识首先包括了特定行业的相关知识。这些知识包括行业的基本概念、发展趋势、业务流程、工作原理等。例如，在医疗行业，劳动知识可能涉及医学基础知识、疾病诊断和治疗方法等方面的知识。

2. 专业知识　劳动知识还包括对所从事的专业领域所必需的知识。这些知识可能包括专业技能、工艺和技术等方面的知识。例如，在计算机科学领域，劳动知识可能涵盖编程语言、数据结构、算法等方面的知识。

3. 人力资源知识　劳动知识还包括与人力资源管理相关的知识。这些知识可以帮助人们了解雇佣合同、员工权益、薪资福利、劳动法律等方面的知识。了解这些知识可以帮助个人维护自己的权益和合法权益。

4. 劳动法律法规　劳动知识还包括对劳动法律法规的了解。这些知识涉及劳动合同、工资保障、工时制度、劳动纠纷解决等方面的知识。了解劳动法律法规的基本要求，可以帮助人们在劳动过程中保护自己的权益，维护合法权益。

5. 安全保障知识　劳动知识还涉及劳动安全和职业健康的基本知识。这些知识包括安全意识、职业卫生、防护措施等方面的知识。了解这些知识可以帮助人们减少劳动中的事故和职业病的风险，保护个人的安全和健康。

劳动知识包括劳动的理论和实践知识，涵盖了行业知识、专业知识、人力资源知识、劳动法律法规及安全保障知识等方面。掌握劳动知识可以提高个人职业竞争力、提高工作质量和效率、保障个人权益和安全，并为职业发展和成功打下坚实基础。

具备丰富的劳动知识能够使个体在职业市场上更具竞争力。掌握专业知识和技术能力，能够胜任更高层次、更复杂的工作任务，增加自身的就业机会和职业发展空间。劳动知识可以帮助人们更加理解工作过程和任务要求，从而提高工作的质量和效率。准确运用劳动知识，能够更好地分析问题、制定解决方案，并在实际操作中迅速、准确地应用，从而提高工作效率和产出。劳动知识不仅涵盖了工作技能，还包括工作安全、法律法规等方面的知识。了解劳动安全和法律法规的基本要求，能够帮助人们避免安全事故和违法行为，保障工作质量和个人安全。

通过学习和提升劳动知识，个体可以获取更多的专业知识和技术技能，提升自身的综合素质。不断学习并应用新的劳动知识，能够使个人在专业领域中不断成长，增强自信心，开拓职业发展的道路。劳动知识培养了人们的创新思维和解决问题的能力，能够应对各种复杂的工作环境和变化。通过不断学习和更新劳动知识，个体可以更好地适应社会和工作的变革，保持竞争力和适应性。

二、劳动技能

劳动技能是人们在劳动实践中所获得的能力和技巧，是将劳动知识应用于实际工作中的能力。它涵盖了各种具体的操作技能、技术能力和实践经验，通过实践和训练不断提升，使个体能够在具体的劳动任务中熟练地运用相关知识和技能，达到高效、高质量的劳动成果。

1. 手工技能 包括各种手工技能，如木工、焊接、雕刻、陶艺等。手工技能要求对材料、工具和技术操作有一定的了解和熟练掌握，能够进行精确、高质量的手工制作。

2. 技术操作能力 指在特定领域或行业中使用特定设备或工具进行操作的能力，如计算机操作技能包括熟练使用软件和操作系统、输入和处理数据等，还可以包括机械操作技能、车辆驾驶技能等。

3. 维护和修理技能 指对设备、机械或设施进行维护和修理的能力。维护技能包括定期检查、清洁和保养设备的能力，修理技能包括诊断和解决设备故障的能力。

4. 沟通与团队合作技能 在劳动中，良好的沟通和团队合作能力是非常重要的，包括有效地与他人交流、协调、合作，以及解决问题和共同完成工作任务。

5. 解决问题和创新能力 指在面对问题和挑战时，能够分析问题、提出解决方案并有效实施的能力。创新能力指能够提出新的想法、方法和技术来改进工作过程和提高工作效率。

6. 时间管理和组织能力 包括合理规划和安排时间，设置优先级，合理分配资源，以实现工作目标并按时完成任务。

7. 导向质量和细节的能力 在劳动中，注重质量和细节是至关重要的。具备这种技能意味着能够细致入微地完成工作，确保高质量和准确度。

8. 分析和决策能力 指在面对复杂情况时，能够分析信息、评估各种选项，并做出明智的决策的能力。这种能力在解决问题、应对紧急情况和推动工作进展的过程中非常重要。

劳动技能是个人职业成功的基石，也是社会经济发展的重要推动力。劳动技能的掌握是提高个人职业竞争力的关键。拥有丰富的技能和熟练的操作能力能够使个人在职场上更具吸引力和竞争力，增加就业机会和求职成功的可能性。劳动技能的熟练应用可以显著提高工作质量和效率，熟练的技能操作可以使工作更加准确、高效，减少错误和重复劳动，从而提高工作质量、节省时间和资源，为个人和组织带来更好的成果。掌握多样化的劳动技能使个人在职业发展中具备更多的可塑性和可扩展性，不仅使其可以适应不同岗位和工作领域的需求，还可以提供多条职业发展路径和晋升机会，增加职业发展潜力。劳动技能的不断更新可以帮助个人适应快速变化的社会和工作环境，掌握新的技能和新的工作方式可以推动个人的创新能力和适应能力，保持竞争力和适应性，跟上时代的步伐。

劳动知识和劳动技能相互依存、相互促进，共同构成了劳动力的素质和竞争力的重要组成部分。劳动知识为劳动者提供了理论基础和指导方针，劳动技能则是将知识转化为实际操作的能力，二者相辅相成，相互补充，共同推动劳动者在职业领域的发展和职业生涯的成功。

第三节　劳动工具

劳动工具是指在生产过程中使用的各种设备、器具、机械和工具，用于辅助人类劳动，提高劳动效率和生产力。它们可以是手持工具、机械工具、电动工具、自动化设备等，在不同的行业和领域有着广泛的应用。

一、劳动工具的发展历史

（一）人类社会劳动工具的发展历史

劳动工具的发展历史可以追溯到人类开始采集和制造工具的早期阶段。

1. 原始工具时期　在早期的石器时代，人类开始使用简单的石头、木棍等原始工具来采集食物和进行基本的工艺制作。这个时期的劳动工具主要是为了满足生存和基本需求的工具，劳动方式多依赖体力和简单机械原理。

2. 农耕工具的出现　随着农业社会的兴起，农民开始对土地进行耕耘和种植。出现了犁、磨、石磨等农耕工具，使农业生产效率大大提高。农耕工具的出现标志着劳动工具从简单的石器逐渐演化为专门用途的工具，也推动了农业文明的发展。

3. 工艺工具的进步　随着文明的进步，人们开始从事更多的工艺制作活动，如金属冶炼、制陶、纺织等。这推动了工艺工具的发展，如打铁锤、陶轮、纺车等工具的出现，使工艺制作更加精细和高效。

4. 工业革命与机械化时代　18世纪末的工业革命是劳动工具发展的重要里程碑。蒸汽机的发明和机械化生产的兴起，引领了劳动生产方式的根本改变。蒸汽机、纺纱机、织布机等机械工具的出现，使劳动效率大幅提高，从而推动了工业化的进程。

5. 电气化和自动化时代　随着电力的普及和电子技术的进步，劳动工具进入了电气化和自动化时代。电动工具的出现，如电钻、电锯等，使得工作更加便捷和高效。同时，自动化设备的兴起，如自动化生产线和机器人，进一步提升了生产力和劳动效率。

（二）我国劳动工具的发展历史

我国劳动工具的演变历程可以分为以下几个阶段。

1. 原始时期 在旧石器时代和新石器时代，原始人使用简单的石器工具，如石斧、石刀、石镞等，用于狩猎、采集和加工食物。

2. 农耕时期 大约在公元前 6000 年至公元前 4000 年期间，我国进入了农耕社会。农民开始使用犁、耙、铲等农耕工具，船、渔网等渔耕工具，推动了农业生产的发展。

3. 农具的改进 从春秋时期到战国时期，农具进行了一系列的改进。在战国时期，曾出现了农用套种器械、不同类型的犁等农具，以提高农业生产效率。

4. 古代商业时期 随着商业和手工业的兴起，各类工具的使用更加普遍。例如，印刷术的出现使印刷工具得到广泛应用；与此同时，纺织、陶瓷、铸铁等行业的工具也得到了改进和创新。

5. 工业革命时期 19 世纪下半叶，我国开始接受西方的现代化工具和机械技术。蒸汽机、纺纱机、印刷机等工业机械的引入，推动了我国传统手工业向现代工业化的转变。

6. 现代化工具的发展 随着我国的改革开放和现代化建设，各类现代化工具得到广泛应用。计算机、数控机床、机器人等高科技工具的出现，改变了许多行业的生产方式和效率。

7. 数字化和智能化 现代工具不断数字化和智能化的趋势也在我国得到应用。例如，人工智能技术在工业生产、物流等领域的广泛应用，为提高生产效率和质量提供了新的可能性。

我国劳动工具的演变历程是一个持续发展和创新的过程。随着社会的变革和技术的进步，我国劳动工具不断更新和改进，以适应不断变化的经济和社会需求。

二、劳动工具的认知和价值观念变化

劳动工具的发展不仅仅是技术上的进步，也伴随着人们对工具的认知和价值观念的变化。

1. 劳动工具的价值观念变化 随着时间的推移，人们对劳动工具的价值观念也发生了变化。在过去，劳动工具主要被看作是辅助人类完成任务的工具，强调的是工具的效率和功能。而现在，人们更加关注工具背后的人类价值，例如工具对于人类创造力和自由发展的支持。

2. 劳动工具的设计理念变化 随着科技的进步和人类对工具的需求变化，劳动工具的设计理念也发生了变化。过去，工具的设计主要以功能和效率为重；但现在，人们注重更人性化的设计，关注工具的使用体验、人机交互和人工智能等方面，使工具与人类合作更加无缝和舒适。

3. 劳动工具的社会影响变化 随着工具的技术进步，劳动工具的使用对社会产生了深远的影响。过去，工具的发展主要促进了生产力和经济增长，但也带来了环境破坏和人的劳动被替代的问题。而现在，人们更加关注工具的可持续性和社会责任，倡导以人为本的发展，将工具的设计和使用与社会、环境、生活质量等方面紧密结合。

4. 劳动工具的社会参与变化　随着技术的进步和人们对社会责任的重视，劳动工具的发展逐渐融入社会参与和社会创新的实践中。人们越来越注重工具的社会价值和公益性，例如开发和应用可持续能源技术、智能医疗设备等，旨在为社会发展和提升人类福祉作出贡献。

5. 劳动工具的功能转向　劳动工具从简单的辅助工具转变为更为复杂和多样化的设备，不仅用于完成具体的工作任务，还被视为提升劳动效率、改善工作环境和提供创新解决方案的工具。

6. 人与工具关系的重新思考　过去，人们常常将工具看作被动的工具，而现在人们更加强调人与工具之间的互动和共生关系。工具不仅是人的延伸，还可以通过人机交互和智能技术实现更为紧密的合作，实现人与工具的共同目标。

7. 自主性和灵活性的强调　随着技术的进步，劳动工具的设计和使用越来越注重自主性和灵活性。人们追求能够适应不同任务和工作环境的工具，使其具备自主感和灵活性，能够根据需求做出自主的决策和行动。

8. 可持续性和环境意识的提升　在当前社会的背景下，人们对可持续性和环境问题的关注度越来越高，劳动工具的观念和理念也在转向推动可持续发展和环境保护。工具的设计和使用应注重节能、减排、资源回收等方面，以减少对环境的影响，提高资源利用效率。

9. 跨学科合作和创新　劳动工具的观念和理念越来越体现出跨学科合作和创新的特点，不仅是单一领域的技术创新，还注重于不同领域的交融和合作，将不同学科的知识、技术和创造力融合，以推动工具的发展和创新。

劳动工具的观念和理念的变化表现出人们对于工具角色的重新思考，强调工具的功能多样性、人机互动、自主性和可持续性等方面。同时，基于跨学科合作和创新的理念，劳动工具正不断演变和发展，为人类创造更舒适、高效、可持续的工作环境和劳动方式。

三、劳动工具的分类

劳动工具的分类可以按照功能、工作原理和使用方式等多个角度进行划分。

（一）按照功能分类

切割工具：如刀具、剪刀、锯等，用于切割材料。
研磨工具：如砂纸、砂轮等，用于磨光和磨削材料。
手持工具：如锤子、螺丝刀、扳手等，用于手工操作和组装。
量具：如尺子、量具、测量仪表等，用于测量和校准。
传动工具：如齿轮、皮带、传动链等，用于传递和转换动力。
特殊工具：如焊接设备、电子测试仪器、医疗器械等，用于特定行业的特殊操作和任务。

（二）按照工作原理分类

手动工具：需要人力操作，如手锤、手钳等。
电动工具：通过电力驱动，如电钻、电锯等。
气动工具：通过气压驱动，如气动钉枪、气动打磨机等。
液压工具：通过液压原理驱动，如液压千斤顶、液压剪切机等。
机械设备：通过机械结构实现特定功能，如机床、起重机等。

（三）按照使用方式分类

手工工具：需要人手直接操作，如锤子、刀具等。
电动工具：通过电力提供动力，如电钻、电锯等。
自动化设备：使用自动控制系统进行操作，如自动化生产线、机器人等。

劳动工具的分类并非划分得非常严格，有些工具可能同时具备多种功能和使用方式。此外，随着技术的不断发展，新型的劳动工具也在不断涌现，推动着生产方式和劳动方式的改变与升级。

四、劳动工具的发展趋势

现代科学技术的发展使得劳动工具变得更加智能、高效和灵活。随着科学技术的发展，劳动工具已经成为现代劳动力的重要助手，为个体和组织带来更多的机会和便利。劳动工具的主要发展趋势涵盖了技术创新、数字化和自动化等方面。

1. 数字化和智能化 随着科技的不断进步，劳动工具的数字化和智能化已成为主要趋势之一。劳动工具不仅是传统的物理设备，还具备了与之相连的智能系统和数据分析功能。例如，智能化机器人在生产线上的应用，能够自动执行任务，并通过传感器和算法实现自主决策。

2. 云计算和远程协作 云计算技术的发展使得劳动工具在跨地域和跨团队协作方面更加便捷。云存储和在线协作工具可以让团队成员在不同地点共享和处理信息，实现实时协作，提高工作效率。

3. 虚拟和增强现实 虚拟现实（VR）和增强现实（AR）技术的应用不断扩展到各个领域。在劳动工具中，VR 和 AR 可以提供沉浸式的体验和模拟，用于培训、设计、协作和操作过程等方面。例如，在设计领域，使用虚拟现实技术可以帮助设计师更直观地研究和修改产品原型。

4. 自动化和机器学习 自动化技术的进步在生产和服务领域中得到广泛应用。自动化劳动工具包括自动化生产线、无人机、无人驾驶车辆等。机器学习技术的发展也使得劳动工具能够通过获取和分析数据来自主地学习和改进。这些技术的应用可以提高工作效率和准确性，并减少人为错误。

5. 可穿戴技术 可穿戴技术在劳动工具中的应用不断增加。例如，智能手表、头戴式显示器、身体传感器等可穿戴设备可以帮助劳动者收集数据、监测健康状态、进行实时通讯及提供操作指导。

6. 社交和协作平台　社交媒体和协作平台在劳动工具领域扮演着越来越重要的角色，这些平台可以促进人与人之间的交流、知识分享和协作，提高团队合作效率。

近些年，我国在劳动工具的自主研发能力上取得了显著进展。从高铁技术到新能源汽车、航空航天等领域，我国企业不断推出自主研发的先进技术和设备。这些劳动工具的发展不仅带动了行业的创新和竞争力，也提升了我国在全球市场的影响力。随着信息技术的快速发展，我国的劳动工具正朝着数字化和智能化的方向发展。例如，在制造业中，机器人的应用越来越广泛，工厂自动化程度不断提升。同时，人工智能技术的应用也为劳动工具带来了更高的智能化水平，提高了工作效率和产品质量。我国政府和企业越来越重视劳动工具的绿色可持续发展，在产品设计和制造中，注重节能减排、资源循环利用、环境保护等方面，推动工具在使用过程中的环境友好性。我国现代劳动工具在各个领域都有创新的应用案例。例如，在农业领域，无人机、智能化农机、农业物联网等技术正在改变传统的农业生产模式；在物流和仓储领域，机器人、自动化设备等技术的应用推动了物流效率的提升和物流成本的降低。

总的来说，我国现代劳动工具的发展呈现出技术创新、数字化与智能化、绿色可持续发展等趋势。我国政府和企业在劳动工具领域的投入和支持，为我国劳动工具行业的发展提供了有力的保障。同时，我国也在劳动工具领域与国际合作与竞争中崭露头角，并积极参与全球市场竞争。

【实践活动】

在精密处突破"卡脖子"

1. 阅读案例

戈壁滩上风沙飞扬，吊机轰鸣，一座座巨型风机拔地而起。

由徐工集团自主研发的新一代超级起重机，伸展钢铁"巨臂"轻轻一抓，稳稳升向高空，犹如"超级鱼竿"，将直径达193米的风机叶轮吊装到位。

这一"千吨级"超大吨位全地面起重机，主要应用于风电机组的安装，是工程装备行业公认的科技含量最高、研发难度最大的产品之一，被誉为工程机械技术的"珠峰之巅"。

XCA2600超级起重机最大起重量可达2600吨，特别在160米起吊高度下，可实现173吨的极限吊重，代表了目前全地面起重机的最大吊重。就是这一擎天巨臂，研发一度卡在一条小小的螺纹上。攻克这一技术瓶颈的是特级技师孟维及其团队。

孟维是徐工集团徐州重型机械有限公司数控车工，在超大吨位全地面起重机的精密处深耕二十余载，今年被中华全国总工会评为2022年"大国工匠年度人物"。

2002年，孟维以优异成绩从当时的徐州工程机械技工学校毕业，来到徐州工程机械集团有限公司工作，成为一名车床操作工。凭着一股韧劲，从零学起，逐渐成长为精通数控机床加工和维修的专家。

他清楚地记得，2015年前，起重机的核心零部件大多依赖进口，购买周期长、价格高昂，更面临"卡脖子"风险。孟维带领团队迎难而上，经过50多万次磨损及加载试验，先后攻克了6种核心零部件难关，打破国外垄断，完全替代进口部件，为公司创造经济效益逾千万元。XCA2600超级起重机的零部件国产化就是在这个攻关过程中产生的。

孟维告诉记者，吊起2600吨级物体时产生的巨大拉力，实际维系在起重机重载转接结构上。根据设计图纸生产的第一批产品，在极限试验中屡次发生断裂。经过数十次失败后，孟维发现，问题出在承重部件的一个异形螺纹上。"精度没有达到要求。我看了断裂的截面，感觉连接还是不顺滑，存在应力集中风险。"

刀具是打磨精密零部件的利刃，但2600吨级起重机上的异形螺纹工件，重量达227公斤，没有适配的刀具来加工。孟维尝试将18把非标刀具拼接起来，但生产出来的螺纹受力不均，容易断裂。"当时我们生产的梯圆螺纹最大螺距是16螺距，XCA2600要求是20螺距，要不断革新刀具。"孟维说。

两周之内要给出解决方案，孟维牵头三人攻坚小组，推翻了20多种方案，反复优化论证，最终为异形螺纹研制出一套精确到微米的专用刀具，成功通过极限测试。"第一批只生产出20片，后来我们一点点优化，提高了良品率。"

突破技术瓶颈，成就了徐工集团出品"全球第一吊"。如今，由孟维加工出来的超起转接结构，已广泛应用于徐工千吨级超大吨位起重机上。

（资料来源：瞭望｜走近大国工匠，触摸大国重器．https://baijiahao.baidu.com/s?id=1765395107445502432&wfr=spider&for=pc）

2. 问题探讨

（1）在你的专业学习领域，有没有"卡脖子"的关键技术，如何通过现代科学进行突破？

（2）如何提升自己的劳动能力、创造力？

【思考题】

1. 你认为个人在职业生涯中提升劳动能力的最有效方法是什么？

2. 在你的专业领域中，你认为哪些劳动知识是最重要的？为什么？

3. 除了学校教育和培训，你认为还有哪些方法可以帮助个人提升劳动知识和劳动技能？

4. 数字化和智能化对现代劳动工具的发展有何影响？请列举一些智能化劳动工具的例子，并描述其优势和应用。

5. 当面临选择不同劳动工具时，考虑什么因素可能会影响你的决策？效率、成本、易用性？

第四章 劳动精神 ▷▷▷▷

【学习目标】

巩固 劳动精神、劳模精神、工匠精神、奉献精神的内涵及价值等主要知识点。

培养 在深入了解劳动精神、劳模精神、工匠精神、奉献精神的基础之上，自觉树立劳动精神和奉献意识，积极向"劳模"和"工匠"学习。

扩展 转变观念，开阔视野，规划和发展职业生涯与人生发展的综合素质能力，致力成为新时代"德、智、体、美、劳"全面发展的社会主义建设者和可靠接班人。

【案例导入】

中国劳动关系学院劳模本科班的同志们：

你们好！"五一"国际劳动节前夕，收到你们的来信，我感到十分高兴。你们为党和国家事业发展作出了突出贡献，被评为劳动模范，如今又在读书深造，这是对大家辛勤劳动、无私奉献的褒奖，也是党和国家对劳动者的关怀。

社会主义是干出来的，新时代也是干出来的。希望你们珍惜荣誉、努力学习，在各自岗位上继续拼搏、再创佳绩，用你们的干劲、闯劲、钻劲鼓舞更多的人，激励广大劳动群众争做新时代的奋斗者。

我一直强调，劳动最光荣、劳动最崇高、劳动最伟大、劳动最美丽。全社会都应该尊敬劳动模范、弘扬劳模精神，让诚实劳动、勤勉工作蔚然成风。

值此"五一"国际劳动节之际，我向你们、向全国所有劳动模范、向全国广大劳动者，致以节日的问候。

习近平

2018 年 4 月 30 日

（资料来源：习近平给中国劳动关系学院劳模本科班学员的回信．新华社．）

问题：

1. 习近平总书记强调"劳动最光荣"，什么是劳动精神呢？

2. 习近平总书记强调"应该尊敬劳动模范、弘扬劳模精神"，当代大学生如何学习和弘扬劳模精神？

3. 除了"劳动精神""劳模精神"，还有哪些精神是当代大学生应该学深悟透的呢？

第一节　劳动精神概述

【名家名言】

人正是通过劳动这种有意识的生命活动创造了社会的全部物质财富和精神财富。

——马克思

一、劳动精神的基本内涵

（一）劳动的定义及重要性

纵观古今，劳动都是一个回味无穷的永恒话题，早在战国时期《庄子·让王》中就记载"春耕种，形足以劳动"，此时所讲的劳动还未涉及生产方面，定义也较为宽泛，泛指人类身体方面的活动。随着人类劳动实践的不断深入和人类社会的不断发展，劳动的定义逐渐清晰，内涵也逐渐丰富。马克思说："劳动首先是人和自然之间的过程，是人以自身的活动来中介、调整和控制人和自然之间的物质变换的过程。"指出了人与劳动的关系，也说明了劳动是人类社会中基本的活动形态，是人类自我生存的基本途径，是推动人类社会进步和人类文明发展的重要因素。马克思指出："劳动是整个人类生活的第一个基本条件，而且达到这样的程度，以致我们在某种意义上不得不说：劳动创造了人本身。"劳动贯穿人类文明历史全过程，无论是过去还是现在，人类都应当重视劳动这一重要因素。"任何一个民族，如果停止劳动，不用说一年，就是几个星期，也要灭亡。"强调劳动的重要性事关民族国家生存。习近平总书记强调："劳动是财富的源泉，也是幸福的源泉。"意在强调劳动是解决一切难题的重要因素，劳动是创造财富的重要途径，劳动是幸福生活的关键密码。

劳动作为人类生存和发展的基本途径，对于每个人而言都十分重要，劳动作为教育中的重要一部分，对于大学生来说尤为重要。党的十八大以来，习近平总书记高度重视全面育人，就"培养什么样的人"发表了一系列相关重要讲话。在 2018 年全国教育大会上，习近平将"劳"与"德智体美"相并列，并提出了"教育必须为社会主义现代化建设服务、为人民服务，必须与生产劳动和社会实践相结合，培养德、智、体、美、劳等方面全面发展的社会主义建设者和接班人"的教育方针，充分体现了劳动教育与德育、智育、体育、美育同等重要，劳动素养是当代大学生应该具备的良好素质之一。

在我们的日常生活中，劳动无处不存在，无时不被提及，但大学生对劳动缺乏深刻认识和理解，仅停留在表层。劳动不是空喊口号，而是要从精神上深刻领会，自觉树立劳动精神，用劳动精神指引实践活动，从思想层面到行为层面做到"知行合一"。除此之外，西方思想的渗透也是当今需警惕的一大要事，如拜金主义、享乐主义等，这些会影响大学生的思想，或使部分大学生缺乏劳动观念、不具备劳动素养、存在不珍惜劳动成果等问题，所以加强对劳动精神的学习，是大学生意识形态教育的重要部分，也是培养全面素质型人才的重要途径之一。

（二）劳动精神的内涵

习近平总书记于 2014 年首次提出了"劳动精神"这一概念，随后 2020 年习近平总书记提出了"崇尚劳动、热爱劳动、辛勤劳动、诚实劳动的劳动精神"，对劳动精神的内涵做出了高度的科学概括。人世间的美好梦想，只有通过诚实劳动才能实现；发展中的各种难题，只有通过诚实劳动才能破解；生命里的一切辉煌，只有通过诚实劳动才能铸就。只有崇尚劳动、热爱劳动、辛勤劳动、诚实劳动才能把握人生幸福的密码，通往人生幸福的大门。

关于劳动精神的内涵，学者们也曾从多个层面多个维度进行过阐述，总结来说如下：劳动精神是在发生劳动行为过程中人的精神面貌，亦是人们的一种自发的精神追求，体现着人在劳动过程中的价值观、情感、态度等。"崇尚劳动、热爱劳动、辛勤劳动、诚实劳动"是劳动精神的主要表现，也是贯彻和弘扬劳动精神的必行之径，通过正确的劳动观念、高尚的劳动品德、全面的劳动素养、较强的劳动能力等方面体现出来。

1. 劳动精神与劳动观念　观念，是人们对于客观世界认识的一个系统的集合体，具备实践性历史性及发展性，观念亦是个人意识形态的一种表达。劳动观念是人们通过长期的劳动实践形成的对于劳动的看法和观点，劳动观念随着人类的实践活动而不断改变和发展。劳动精神是劳动者所创造，且劳动精神持续对劳动者产生正面影响，因此劳动精神可以通过劳动观念展现出来。随着经济发展和科技进步，人们对于劳动的看法和观点也发生了变化，从农耕时代的"日升而作，日落而息"，到互联网时代的热词"摆烂""躺平"，是从辛勤劳作的正确劳动观念到贪图安逸的偏差劳动观念转变的体现。要警惕这种对劳动出现偏差认知的观念，就必须用劳动精神，特别是习近平总书记高度概括的劳动精神来引导好广大青年，正确认识劳动，树立正确的劳动观，拒绝不劳而获和贪图享乐。

2. 劳动精神与劳动品德　品德，顾名思义是指道德品质，具体来讲就是道德价值以及道德规范在以人为单位的个体上内化而生的产物。"名誉高缙绅，品德洁清修。"早在明朝时期的诗歌中，就已提到品德。道德品质是人类文明的精髓，特别是人类精神文明的重要内容。劳动品德即指在劳动方面的良好道德品质，是劳动精神的具体体现。劳动精神是中华民族数千年通过勤勉劳动实践而形成的一种精神特质，体现着以爱国主义为核心的民族精神和以改革创新为核心的时代精神，劳动精神是勉励每一位中华儿女的丰碑，是督促每一位中华儿女养成高尚劳动道德品质的内在动力。

3. 劳动精神与劳动素养　《汉书·李寻传》云："士不素养，不可以重国。"意为士兵没有足够的综合能力，就不能够使国家强盛，可见"素养"二字包含了许多方面，如文化、心理、品德、技能等。"素"可指"原本的"，"养"可指"培养"，综合起来作为动词可指"修习涵养"，在今天"素养"多指综合知识、技能等，是后天形成的素质和修养。劳动素养是"劳动"与"素养"的有机融合，学习好、理解好、领悟好习近平总书记所概括的劳动精神，是督促当代大学生养成良好劳动素养的重要途径。学生个人的劳动素养是个人劳动意识的进一步深化，使学生在意识层面认识到要崇尚劳动、热爱劳动的基础上，在实践层面做到辛勤劳动、诚实劳动，所以说劳动素养不仅涵盖思想意识层面，也包括实践行为层面。

4. 劳动精神与劳动能力　劳动能力是在长期劳动实践活动中培养和锻炼起来的，劳动精神与劳动能力是思想与实践两个层面，但二者之间是密切联系不可分割的关系。劳动精神指导和规范着劳动实践行为，是从思想到行动的步步落实，劳动实践一定程度上又推动着劳动精神的进步，是从行为到思想层面的反馈。劳动精神在提高学生劳动能力方面发挥着重要作用，也通过劳动能力体现出来。因此，要加强大学生对劳动精神的学习和理解，从思想上灌输劳动精神，用思想引领学生"动起来、做起来"，从生活中的小事做起，从学习中的小事做起，将来从工作中的小事做起，避免学生劳动能力弱化等严重问题。

二、劳动精神的时代价值

（一）为实现"第二个百年奋斗目标"增添动力

党的二十大报告宣告："从现在起，中国共产党的中心任务就是团结带领全国各族人民全面建成社会主义现代化强国、实现第二个百年奋斗目标，以中国式现代化全面推进中华民族伟大复兴。"实现中华民族伟大复兴是近代以来中华民族最伟大的梦想，也是每一位中华儿女重任在肩的光荣使命。以中国式现代化全面推进强国建设、民族复兴伟业，是新时代的必行之路，需要每一位中华儿女努力奋斗、戮力前行。第二个百年奋斗目标，要通过劳动来实现，必须依靠好广大劳动人民，贯彻和弘扬好劳动精神。大学生作为国家栋梁之材、作为劳动人才的储备军，必须重视好对其劳动精神的培养。

培养大学生的劳动精神，传承好劳动传统美德，也是提升大学生志气、骨气、底气的重要途径。大学生有志气、骨气、底气，才能成为朝气蓬勃、理想远大、不怕吃苦、英勇奋斗的社会主义建设者和接班人，才能够为全面建成社会主义现代化强国增添动力。除此之外，大学生作为社会重要群体，还具有极强的感染性和号召力，大学生群体的精神面貌也可以在社会范围内产生潜移默化的影响，营造"劳动最光荣，劳动最伟大"的积极浓厚的思想氛围，积极影响其他社会群体都树立起积极劳动的思想意识，激发全体人民的劳动热情，鼓励广大人民群众都积极投身建设社会主义现代化强国的伟大实践中去。加强劳动精神的培养，不仅为强国建设、民族复兴培养一批有礼有力的高素质劳动者，还有助于在全社会范围内渲染浓厚的劳动氛围，为实现"第二个百年奋斗目标"增添动力。

（二）为落实"立德树人"根本任务提供助力

立德树人是高校思想政治教育的根本任务，是党和国家高度重视思想政治教育工作的重中之重。党的十八大以来，习近平总书记对我国教育事业作以深刻思考，提出了"立德树人"是高校的立身之本。2022 年 4 月，习近平总书记在中国人民大学考察时再次强调学校要"坚持为党和人民服务，落实立德树人根本任务"。"立德"一词早在先秦时期《左传·襄公二十四年》一书中就有提及。而春秋战国时期《管子·权修》中有道："一年之计，莫如树谷；十年之计，莫如树木；百年之计，莫如树人。""立德"与"树人"是密不可分的关系，立何德，就树何人，树立劳动精神才能培育出光荣的劳动者。

"立德"的标准是随着时代进步和民族强大而不断发展的，新时代所要立的"德"是社会主义道德，代表的是广大劳动人民的根本利益，是先进的思想道德体系，故而劳动精神培养为落实"立德树人"根本任务提供着源源不断的助力。一方面，劳动精神有助于涵养大学生的思想素质和道德修养；另一方面，劳动精神可以引导大学生提升自身的专业技能和实践能力。劳动精神作为内在动力，对大学生的影响不仅是思想道德层面，还涵盖着实践层面，所以无论是从立德来讲，还是就增才而言，大学生劳动精神培养都是助力高校"立德树人"根本任务落实的重要途径。劳动精神的培养是从思想上和实践上统筹助力"立德树人"根本任务的落实。

（三）为培养"全面发展的时代新人"供以基力

"培养什么样的人"始终是我党我国高度重视的关键问题，新时代我们要培养的是"德智体美劳"五育并举、具备综合素质全面发展的社会主义建设者和接班人。劳动精神培养可以为新时代大学生的全面发展提供基础力量。

首先，辛勤劳动、艰苦创业作为中华优秀传统美德，是先辈励精图治，经几千年流传至今的宝贵精神财富，其中的高尚品质和道德内涵是无可估量的，也为新时代大学生的德育提供源源不断的力量。习近平总书记指出："中华文化在漫长悠久的历史传统中孕育着中华民族可贵的精神品格。"劳动精神是我国时代精神和民族精神中的一个重要组成部分，培养大学生的劳动精神是对大学生进行道德教育的基本途径之一。

马克思指出："生产劳动同智育和体育相结合，它不仅是提高社会生产的一种方法，而且是造就全面发展的人的唯一方法。"可见劳动教育与智育、体育密切相关，劳动精神的培养不仅能够开发智力，还能够加强大学生对劳动知识的积累，在劳动教育的过程中增强大学生的创造能力。除此之外，劳动精神的培养还能使大学生强健体魄、锻炼体力，保持身体功能的良好状态，为全面发展打下坚实的身体基础。

最后，劳动精神的培养使大学生发现美、欣赏美、创造美、追求美，树立"劳动最光荣，劳动者最美丽"的观念，并充分发挥自己的主观能动性，不断提升自身的审美观念，升华自身的审美价值。

劳动精神的培养，与德育、智育、体育、美育息息相关，为培养新时代具备综合素质全面发展的社会主义建设者和接班人提供源源不断的基础性力量。

三、劳动精神对大学生的涵养作用

（一）脚踏实地，仰望星空

新时代大学生要树立远大理想，将个人发展和国家前途紧密结合，将个人理想与中华民族伟大复兴紧密结合，要将眼光放长远，立志为社会主义现代化建设贡献出自己的青春力量，抬头仰望星空而不拘泥于头顶的一片云。远大理想不是空想，实现理想要靠脚踏实地，抬头仰望星空的同时也要走好脚下的每一步路，做好当下的每一件小事。"九层之台，起于累土；千里之行，始于足下。"理想与现实的差距，需要一步一个脚印去缩短距离，当代大学生要用脚步丈量大地，用汗水浇灌土地。劳动精神培养能够使大学生树立实事求是，不投机取巧，不坐享其成，靠双手奋斗的诚实劳动的精神，使大学生在劳动精神中汲取营养，在劳动实践中提升自我担当。

"躺平""摆烂"这些字眼在大学生群体中热度很高，虽然大多是出于自我调侃或跟风，但这种带有消极色彩的青年亚文化的传播，是不利于大学生的全面发展和长远发展的。加强劳动精神的培养，是从思想上"拨乱反正"的重要途径之一，不仅要培养辛勤劳动的精神，还要消灭一些丧失斗志、踌躇不前的消极情绪，引导好大学生勤劳勇敢、积极上进。

（二）崇尚劳动，乐于实践

"大连造船"首席技师朱先波获得了全国五一劳动奖章。他初学焊接是为学一门手艺来养家糊口，1997 年，他因为在一次焊工技能大赛中表现优异，被大连造船录取为正式员工。再后来，他看到自己和工友们参与建造的辽宁舰、山东舰捍卫祖国海疆，履职尽责，职业的光荣感在他心中油然而生。他本着崇尚劳动、乐于实践的精神，为了一个进口部件的焊接尝试了许多办法，虽然不见成功，但他仍不放弃，最终在数次实践后获得成功。但于他而言，探索无止境。经过近 5 年的研究，他成功掌握了液化天然气储罐用钢焊接技术，为大连造船创造了高额的订单。他仍不满足，仍要努力向前，进一步研发出了世界领先的储罐焊接技术。与焊花为伴的 20 余年里，他先后解决了 20 余项国家重点项目的施工难题，助力多个国家重大项目圆满完成。在朱先波身上，我们看到了他对劳动的崇敬、对进步的追求、对实践的孜孜不倦。

新时代大学生要培养崇尚劳动、乐于实践的劳动精神，首先要树立正确的劳动观。"轻视劳动""歧视体力劳动者"这两种都是不正确的劳动观。职业无高低贵贱之分，无论是首席技术师还是清洁环卫工，都是值得尊敬的职业，无论是靠脑力还是靠体力，都是在通过劳动为社会创造价值，都是通过劳动实现自我价值。大学生在择业就业时，不能只顾小我，多关注社会和国家哪里有需要、哪里有困难，就要到哪里去。其次就是要有不怕吃苦、自找苦吃、不怕失败的勇气。不要畏惧实践没有结果，因为实践本就是一个收获的过程；不要担心吃苦受累，因为吃苦本就是自我成长的一种形式。劳动精神对新时代大学生的涵养作用是持续的，产生的积极作用能够使其终身受益。

第二节　劳模精神

【名家名言】

劳动模范和先进工作者以高度的主人翁责任感、卓越的劳动创造、忘我的拼搏奉献，为全国各族人民树立了学习的榜样。

——习近平

一、劳模及劳模精神的定义

（一）劳模的定义

劳模，即劳动模范，从字面意思来看，"劳"就是劳动，"模"可以分为两层意思，可以认为是模范、榜样，也可以认为是模仿、效仿。关于劳模的界定主要分为两种：第一，劳模是一种特定的荣誉称号，是经过民主评选，有关部门审核和政府审批后被授予的荣誉称号。第二，从内涵来看劳模的界定，劳模是时代的引领者，也是广大工人群众的榜样。劳模表彰是对个人表现的一种肯定，但又不仅是个人荣誉，同时也关乎国民道德素质的提升和社会面貌的塑造。总结来说，劳模是选评出的对党和国家事业有着突出贡献的优异劳动者。劳模来自不同的工作岗位，都是他们所在领域的优秀代表，在不同领域中发挥着优秀示范作用，引领广大劳动者不断进步，积极向上。

（二）劳模精神的定义

劳模精神，即劳动模范的精神，是中国共产党人精神谱系的重要组成部分。党的十八大以来，习近平总书记多次强调劳模的重要性、学习劳模精神的重要性。2020年习近平总书记在全国劳动模范和先进工作者表彰大会上指出："在长期实践中，我们培育形成了爱岗敬业、争创一流；艰苦奋斗、勇于创新；淡泊名利、甘于奉献的劳模精神。"劳模精神不仅体现了我国广大劳动人民的文化自信，还在一定程度上展现了中国精神。劳模精神反映着中国工人阶级的政治立场、价值取向、优秀传统和进取精神，体现着我国工人阶级的先进性，同时也是鼓励广大劳动人民的重要力量。劳模精神对人的品格塑造和社会发展进步具有重要的推动作用，需要不断传承和弘扬下去。劳动者作为劳模精神的直接行为主体，他们身上有着先进的思想和高尚的优秀品质，同时也反映着他们所在时代的精神面貌。劳模精神的感染力不只是在工人阶级这一范围内，而是在广大群众范围内，新时代的大学生更应该学习好、传承好、弘扬好这一宝贵精神之匙。

二、劳模精神的历史溯源

（一）新民主主义革命时期

不同时期的劳模精神发挥着不同方面的影响力，服务于当下时期的历史任务。新民主主义革命时期，为了人民休养生息、带动群众的积极性、逐步恢复生产，一些地区开始开展劳动竞赛，评选出劳动英雄，以此来带动劳动提高生产。有研究表明，中国的劳模最早诞生于土地革命时期中央苏区的企业和革命竞赛中，之后出现在抗日战争时期的陕甘宁边区大生产运动和各项建设中。

陕甘宁边区对劳动英雄和先进工厂进行奖励，以此来激发群众的劳动生产热情。随着陕甘宁边区劳模竞赛运动的正式开始，一批优秀的人物脱颖而出，赵占魁便是其中一员。赵占魁是陕甘宁边区农具厂工人，曾被毛主席称为中国式的"斯达汉诺夫"。他在高温的高热熔炉面前时刻认真谨慎工作，在工作中始终保持"冲锋在前，退却在后"，自愿做最苦最累的活，自愿为抗战和人民作出贡献。与此同时，他不自夸自大，谦虚谨慎。他这样淡泊名利、甘于奉献的精神，在当时深深鼓舞着广大工人群众。1939年，赵占魁同志被陕甘宁边区政府评为模范工人。1942年9月12日，《解放日报》刊登了边区总工会开展"赵占魁运动"通知，号召全边区工人群众向赵占魁学习。"赵占魁运动"的开展带动了陕甘宁边区工人群众的劳动热情，随后越来越多赵占魁这样的劳动英雄涌现出来，劳动竞赛一度达到高潮。劳模精神这一概念虽未在新民主主义革命时期明确提出，但劳动模范的精神发挥着示范引领的作用，劳动模范带来的积极影响十分广泛。

（二）社会主义革命和建设时期

在社会主义革命和建设时期，中国共产党面临的主要任务是实现从新民主主义到社会主义的转变、进行社会主义革命、推进社会主义建设。新中国成立之初，既要巩固新生人民政权，又要快速恢复和发展国民经济，同时保卫国家主权和安全也是重要任务，在这一时期，劳模精神主要是表彰先进人物，激励全体人民共同努力维护国家主权、发展生产力，逐步走向社会主义社会，为社会主义建设打好基础。从1950年9月至1960年6月的10年间，党和政府先后召开了4次大规模的全国性劳模和先进生产者代表大会，评选产生了1万多名劳模和先进工作者。

随着"一五"计划的制定和有序开展，工人、农民、知识分子对劳动的热情前所未有地高涨，这也是他们对工业化憧憬的表现。"一五"计划时期，王崇伦、李顺达等一批劳模和先进工作者脱颖而出，他们自力更生、艰苦奋斗的精神激励着广大劳动者。在1959年和1960年分别在北京举行了表彰大会，相比之前劳模代表大会，范围进一步扩大且涉及的领域更多。

在社会主义革命和建设时期，广大群众是当家作主的主人翁，虽来自不同领域，从事着不同的工作，但都是齐心协力为发展国民经济而艰苦奋斗，劳模大会的举行使得群众更加积极热情，在一定程度上促进了这一时期的经济发展，也强化了人民当家作主的理念。

（三）改革开放和社会主义现代化建设新时期

1978年党的十一届三中全会标志着中国进入改革开放和社会主义现代化建设新时期。这一时期中国共产党面临的主要任务是，进一步探索中国建设社会主义的正确道路，解放和发展社会生产力，使人民摆脱贫困，实现生活富裕。党的十三大明确指出"以经济建设为中心"的指导方针，人民群众围绕"经济建设"这一主题，满怀热情积极劳动，投身改革开放和社会主义现代化建设之中。

"科学技术是第一生产力"，经济建设离不开科技发展，随之一批科学技术工作者和研究者涌现，他们之中也产生了许多如袁隆平、邓稼先、陈景润、王永民等先进劳模，他们潜心研究、刻苦钻研、解放思想、实事求是，为当时的科学技术发展作出了巨大贡献。随着改革开放和社会主义现代化的不断深入，劳模精神的内涵也不断丰富发展，不仅要爱岗敬业、无私奉献，还要密切结合当下的主要任务，即为社会主义现代化建设服务、为社会主义事业奋斗。

（四）中国特色社会主义新时代

2012年党的十八大以来，中国特色社会主义进入新时代，社会主要矛盾转化为人民日益增长的美好生活需要和不平衡不充分的发展之间的矛盾。站在新的历史方位、面临新的社会主要矛盾，劳动模范精神的内涵也随之不断丰富。党的二十大指出："高质量发展是全面建设社会主义现代化国家的首要任务。"实现高质量发展就必须有坚定牢固的物质技术基础，就必须坚持"创新、协调、绿色、开放、共享"的新发展理念。习近平总书记在全国劳动模范和先进工作者表彰大会上的讲话中指出："要增强创新意识、培养创新思维，展示锐意创新的勇气、敢为人先的锐气、蓬勃向上的朝气。"由此可见，新时代的劳模精神涵盖并强调勇于创新这一时代内涵。

从新民主主义革命时期到中国特色社会主义新时代，从艰苦奋斗到锐意创新，劳模精神的内涵在不断丰富发展，但不管如何丰富发展，它的内核精神都不会改变，为中国人民谋幸福、为中华民族谋复兴的初心和使命不会改变。

三、弘扬劳模精神，争当模范先锋

（一）高原上的生命守护者

吴天一院士是中国低氧生理和高原医学研究的重要带头人和开拓者。20世纪50年代末，吴天一和其妻子为响应国家号召，来到了青海，这里汇集了来自全国各地的建设者。不久后，吴天一发现这些建设者有着不同的高原反应，因此他开始高原医学研究，决心要守护好高原地区的生命。在国内高原医学研究领域还是一片空白的时候，为了响应国家的号召，为了攻克这一空白领域，他毅然决然扎根偏远地区潜心调查研究。为了深入了解各种高原疾病，他组织了一场覆盖人数高达十万的调查。在海拔高达 4000 米、广至 200 多万平方公里的辽阔高原上进行调查不是一件易事，且高原气候难测、复杂多变、人口分布不集中，更加重了调查的难度。但面对如此艰难的工作，他并未选择放弃，并说道："群体调查，一家也不能落！问题，可能就出在这一家。"尽管高原反应折磨着他，但他依旧努力克服。高寒之地，常见他四处奔忙的身影。吃着又凉又硬的糌粑，喝着烧不开的水，睡在滴水成冰的帐篷里，他坚持了 10 年。最终吴天一获取了大量宝贵的研究数据，并对此进行了深入研究，提出了真正符合我国实际的高原病防治措施。

从吴天一院士身上，我们看到了爱岗敬业的精神，他将自己数十年的宝贵时光奉献给了自己的岗位，尽管前路布满荆棘，他也一路前行。从吴天一院士身上我们还看到他争创一流的精神，为高原医学的研究，他倾注了全部的心血，从研究高原肺水肿到"高原红细胞增多症"，再到提出"最佳高原适应性"的论点，他倾其一生于高原病学研究，为青藏铁路的建设者们开创了一条生命之路。吴天一院士是当代大学生学习的榜样，要有自己的坚守、有永不熄灭的热情、有矢志不渝的初心，在自己所学领域扎实基础，在未来岗位上尽职尽责，争当模范先锋。

（二）让全社会都看到骑手群体的正能量

外卖骑手是社会中很常见的职业，在这群凭借双手打拼的辛勤劳动者中有这样一个群体，即"707 骑手群体"。"707"这一数字背后的含义是这样的，"70"指 70 后，"7"是骑手的简称，这是一群 70 后的骑手群体。2019 年，十几位骑手参加了国庆群众游行活动，因为都是党员，便成立了 707 临时党支部。

2018 年，退伍军人高丰从老家辽宁省建昌县来到北京，成为一名外卖骑手。他认为这是一份非常灵活并具有包容性的工作，因此非常热爱这份工作。平凡的岗位也能够书写着不平凡的故事，有次暴雨骤降，急需转运一批物资，高丰和他的同事们即刻冲向前，顶着暴雨连夜抢救了价值近百万元的一大批物资。而后，707 骑手群体这一临时党支部成为正式党支部，高丰任支部书记。除了爱岗敬业做好自己的本职工作以外，高丰还非常热衷于参加各类志愿服务活动，在新冠疫情期间，他也经常奔忙为人民服务。高丰说："我是军人出身，又是党员，哪里需要去哪里。"所以，他坚持上午送外卖，下午参加志愿者活动，并号召身边的骑手都积极参与到社会贡献之中。

2023 年，高丰获得全国五一劳动奖，但他认为这不是他一个人的荣誉，这份荣誉是属于整个"707 骑手党支部"的，并且他认为这枚奖章是沉甸甸的责任，今后更应当多为社会做贡献，让全社会都看到骑手群体的正能量。"707 骑手群体"身上淡泊名利、甘于奉献的劳模精神，值得当代大学生学习和弘扬，不论今后走向什么岗位，都要心怀国家、心怀人民、心怀大爱，在平凡的岗位上也可以书写不平凡的故事，在平凡的岗位上也可以发光发亮，实现自身的价值最大化。

第三节　工匠精神

【名家名言】

匠人之所以成为匠人，是因为他们值得被尊重，他们是怀揣着理想，有非常坚定的理想信念，并且会一直为此而努力奋斗的人。

——亚克力·福奇

一、传统工匠精神的内涵

工匠和精神两个词组成工匠精神。"工匠"一词在我国由来已久，"夫残朴以为器，工匠之罪也"，"工匠"最早在《庄子》中就可找到文字记载。"工""匠"和"工匠"词义相近，一般情况下可以通用，都用来形容掌握手工技术的劳动者。木匠、铜匠、铁匠等匠人，各行各业的匠人在中国古代传统社会中构成一幅生动的画面，其中不乏众多能工巧匠，而"能工巧匠"指的就是其中手工艺技术非常高超的匠人。工匠精神在狭义上指的是工匠个人在工作中所展现的优秀精神品质，广义上指的是全社会劳动者在劳动中所展现的优秀工作态度，是职业道德和职业能力的深刻体现。工匠精神作为社会意识，是一定时期社会存在的反映，因为具有浓厚的时代色彩，随着历史的发展不断演进变化。

中国古代传统工匠精神讲求尊师重道，"师傅领进门，修行看个人"，匠人的成长成才离不开老师的指导和帮助。进入师门之后，师父就犹如徒弟的再生父母，在日常生活、为人处世、手艺技能、德行操守等各方面指引徒弟进步。徒弟必须尊重师父，尊师重道在几千年的历史中一直被传承发展，直到今天也是非常值得学习的品质。精益求精是古代匠人的毕生追求，朱熹曾有言："言治骨角者，既切之而复磨之；治玉石者，既琢之而复磨之，治之已精，而益求其精也。""精益求精"一词就出自此。庖丁解牛中的厨师用锋利的刀，保持高度的专注力，对牛进行精准切割，他对牛体构成已经心领神会，每一次下刀都有章法，心到、神到、手到，三者融为一体注入工作之中才能达成完美的结果，"精益求精"作为工匠精神的核心内涵，是各行各业匠人不可缺少的职业特质。古代工匠精神还讲求知行合一，"知"就是行业理论知识，是匠人从业的依据，所谓光说不做假把式，掌握了良好的知识后需要去实践，也就是"行"。工匠们在实践中总结工作经验，同时验证所学知识的正确与否，在长期的实践中不断精进技术，形成新的经验。知与行是互相依存的关系，没有知的行就是盲目前进，没有行的知就形成不了匠人品质。

传统工匠精神与马克思主义理论具有一致性。工匠精神中蕴含着精益求精的品质，以创造出完美的手工作品作为最终目标，以此来推动社会的进步；马克思主义劳动观提倡把教育与生产劳动相结合，也走在推进人类社会不断前进的道路上，二者不谋而合，工匠精神体现在马克思主义劳动观中。新时代的工匠精神具有鲜明的时代特色，新时代的工匠精神是对那些为社会主义事业和共产主义事业贡献自身力量，在平凡的岗位做着微小又伟大的事业的劳动者的精神礼赞。新时代继承和弘扬工匠精神，有助于培养一大批有理想、有态度、有技能的新时代大国工匠，推动经济社会持续健康发展，推动社会主义现代化建设事业蓬勃发展，从而助力中华民族伟大复兴。

二、新时代工匠精神的内涵

2016 年《政府工作报告》中首次提出"工匠精神"，由此开启了工匠精神新的时代篇章。新时代的工匠精神体现在以下几个方面。

（一）崇尚科学、追求真理

进入第三次科技革命，世界的发展离不开科学精神的指引。新时代的工匠精神崇尚理性与科学，追求对真理的不断探索，他们立足实际，以客观真理作为理论指导。他们将科学精神融入实践，创造出符合时代发展和人民需要的物质产品。新型工匠们在追求真理的道路上运用科学思维来探寻客观对象的本质联系，挖掘事物前进、发展的规律，同时发挥自身的高超技术，研发出兼顾实用性与科技性的新型产品，满足现代社会的个性化需要。

（二）精益求精、追求卓越

新时代的工匠精神继承了传统工匠精神的核心内涵，在推陈出新的道路上仍然寻求精益求精。中国共产党团结带领各族人民，经过一系列革命、改革和建设，我国经济社会建设取得一系列惊人成绩，在 2020 年完成了全面脱贫。然而，经济的持续发展和科技的飞跃，仍然不能满足人们的个性需求，这个时代仍然需要与流水线生产相反的精益求精的工匠精神。各行各业的匠人们都应坚守匠心，把精益求精、追求卓越的工作态度融入具体实践中，注重细节工作，无限趋近于完美。

（三）尽忠职守、报效祖国

新时代工匠精神是以爱国主义为核心的民族精神和以改革创新为核心的时代精神在当代的生动体现。站在第二个百年奋斗目标的新征程上，我们迎来了从站起来到富起来到强起来的伟大飞跃，中华民族在世界越来越巍然耸立。推动社会主义现代化强国建设，广大中华儿女必须对伟大祖国有高度的认同感和归属感，热爱祖国，热爱社会主义伟大事业。只有坚持"尽忠职守、报效祖国"的精神，才能培养一批又一批具有高超技艺的匠人，才能为社会主义事业创造源头活水。

一条巨龙跨三地，伶仃洋上创奇迹。港珠澳大桥的成功建成，离不开勇于挑战、百折不挠的年轻党员团队，正是因为他们将爱国主义情感深深投入自己的事业中，合力创造了一个伟大的奇迹。

（四）脚踏实地、持之以恒

传统工匠精神有着从一而终的责任和使命，工匠们在实践中坚定目标，努力克服各种困难。现代工匠们需要在产品设计、生产、投入等环节中克服各种突发状况，按照既定的流程完成整个生产，他们必须对自己高标准、严要求，踏实摸索前行，在每次失败中吸取教训。火箭"心脏"焊接人高凤林就是脚踏实地最好的代言人，为了一个微小的焊接，他可以做到十分钟不眨眼，日复一日地工作在航天制造一线，助力160多枚长征系列运载火箭成功飞向太空。

（五）勇于创新、与时俱进

工匠精神作为一种社会意识具有浓烈的时代色彩，随着创新被纳入新发展理念，新时代大国工匠也应当勇于创新、与时俱进。创新需要工匠改变旧的思维定式，追求技术上的改革创新，实现新的突破。新形势下，创新是每位工匠都应具备的重要品质，只有不断创新进取，突破自身，才能在发展中擎住缰绳，顺着时代的风帆扬帆远航。例如，"王进劳模创新工作室"总结工作经验，研制出带电作业时专用的绝缘拉杆。这些发明创造展现出新时代工匠精神的勇于创新，与时俱进的基本要义。

三、工匠精神融入新时代大学生思想政治教育

工匠精神中蕴含的深刻内涵，有利于引导新时代大学生树立并形成正确的世界观、人生观、价值观。工匠精神蕴含的追求真理、精益求精、报效祖国、脚踏实地、勇于创新等优秀品德与职业理念，鼓舞着广大学子立足于祖国大地，练就过硬本领，挥洒热血青春。在工匠精神的指引下，个人的发展不断适应社会发展的需要，培育出国家和社会需要的人才；有利于帮助学生树立科学合理的择业观念，有利于提升学生的职业技能，展现出一定的思想政治教育价值。工匠精神融入大学生思想政治教育，主要可以培养学生以下几方面的内涵。

（一）坚定不移的理想信念

新时代的大学生，是青年群体的杰出代表，是当今社会最具有活力和创造力的群体，是社会主义现代化建设事业的中流砥柱。中华民族伟大复兴的实现是一场历史接力赛，一代人有一代人的使命，当代大学生要在实现民族复兴的赛道上跑好自己的一棒，奋勇争先，勇立时代潮头。正如大国工匠一样，新时代大学生必须将自身的前途命运与国家未来的发展相联系，实现个人价值与社会价值相统一。

（二）脚踏实地的学习态度

大学是学习的关键阶段，只有养成脚踏实地的学习态度，掌握过硬的专业知识本领，才能达到成为一名优秀大学生的基本条件。要从小事入手，注重细节，认真对待每

一堂课、每一次作业、每一次考试、每一篇论文、每一次实验，事事做到极致，在每一次的实践中都有所获得。

（三）专注执着的至臻品质

学习并不是一蹴而就的，只有坚持不懈，持之以恒才能走好学习这条路。在这个浮躁的时代，拜金主义、享乐主义等不良风气频现，专注执着成为大学生非常难能可贵的品质。"中国精造之父"聂圣哲认为，培养大国工匠，只有踏踏实实去努力，去碰钉子才能最终成功，任何捷径都会葬送一个工匠的精神气质。大学生不能急功近利，要有执着和专注的精神，保持一颗平静又热烈的内心，在面对困难时迎难而上，敢于挑战自我。

（四）开拓创新的卓越能力

在日新月异的社会环境中，创新精神越来越成为不可或缺的精神力量。对于新时代的大学生来说，学习不仅仅局限在课堂和课本上，将工匠精神融入大学生思想政治教育，就要求大学生不能做只会读死书的"书虫"，要做敢想敢做的"行动派"，在求真务实的基础上进行创新。要善于发现问题、解决问题，用创造性的劳动突破现有的难题，在新时代新浪潮下把握机遇，以开拓创新的精神做时代发展的先锋。

四、工匠精神融入新时代大学生思想政治教育的路径

第一，发挥思想政治理论课的主渠道作用。加强大学生思想政治教育，要充分发挥课堂的思想政治教育功能，在课堂教学各环节深挖课程的工匠精神内涵，设计符合当下学情的教学环节，进一步参透工匠精神的实质。

第二，强化实践育人体系建设。人才培养要突出"知行合一"，彰显出实践教学的重要性。通过一系列的理论学习后，将理论与实践相结合，用理论指导实践，在实践中积累经验并用来指导完善理论知识，才能更好地发扬与传承工匠精神。

第三，创造优良校园文化氛围。高校要将工匠精神与思想政治教育二者良好结合，使工匠精神深深扎根于校园文化建设中，利用校园文化凝聚力量，指引思想，营造和谐的校园文化氛围，使学生在日常学习生活中感受到工匠精神的实质与价值意蕴，从而促进工匠精神融入学生学习生活。

将工匠精神融入新时代大学生思想政治教育，需要深刻挖掘工匠精神的内涵，了解工匠精神的演进变化，继续挖掘、探索二者的共同之处，结合时代特点，推陈出新，抓住重点，各方合力达成最佳效果，在新时代真正发挥工匠精神的思想政治教育作用。

第四节　奉献精神

【名家名言】

我们应该培养一些不仅能把晚上的空闲时间贡献给革命，而且能把整个一生贡献给革命的人。

——列宁

一、奉献精神的实质及内涵

（一）奉献精神的实质

追根溯源，"奉献"二字最初是单独使用的，"奉"字最早出现于西周金文，《说文解字》中将"奉"解释为"奉，承也"，其多有恭敬之意。"献"则最早见于商代甲骨文，依据字形多译为祭祀、供奉。由此观之，"奉""献"二字古意大致相近，体现为下对上的无条件的给予，随着时代的进步与发展，二者逐渐演变为"奉献"一词，《现代汉语词典》中将"奉献"解释为"恭敬地交付，呈献，不求回报"。

奉献精神的实质是当个体利益与他人乃至国家利益发生冲突时，个体为了维护他人及集体利益，自愿牺牲个人利益的利他精神。这是一种高尚的道德情操，历经岁月变迁，仍熠熠生辉，推动着中华民族不断发展进步。

奉献是一种无私、无畏、无悔的牺牲精神，就其特性而言，无私性是奉献的本质所在，主要表现在个人利益与他人利益及集体利益的关系上，无私、不掺杂个人利益、不考虑个人得失、不为名利所动，而是一心一意为群众服务。马克思主义理论体系中蕴含着无私奉献精神，共产主义者是最无私的。无畏性意味着临危不惧，即使困难来临时仍会挺身而出，在最危险、最困难的情况下勇担重任，为他人遮风挡雨，这无疑是奉献精神的体现。奉献精神也是一种无悔精神，在人类社会发展进步的过程中，流血流汗是在所难免的，在民族危亡的时刻，无数仁人志士为了民族独立、人民解放而抛头颅、洒热血，将自己献给了国家与民族的解放事业中，即使如此，他们仍无怨无悔。同时奉献精神与牺牲精神是紧密相连的，有奉献就意味着有牺牲，无论是牺牲时间精力甚至血汗乃至生命，但这种牺牲是为他人谋利益，而非为了一己私利，这也是奉献的表现形式。

（二）奉献精神的内涵

奉献是中华民族的精神底色，也是中华民族一脉相承的精神特质和不竭动力，它是一种跨越时代界限的美德，历来为人所尊崇，在时间长河中历久弥新。中华五千年的深厚底蕴将奉献精神刻在了中国人的血脉里，每个时代均能看到它活跃的身影。推进社会主义现代化建设，建设社会主义现代化强国，更需要奉献精神提供源源不断的助力。

奉献作为中华民族精神的重要部分，它始终蕴含在以爱国主义为核心的民族精神和以改革创新为核心的时代精神中。中华上下五千年的历史传承中，锻造出了老子、庄子、孔子、孟子、墨子、韩非子等闪耀在历史长河中的先贤，提出了"大道之行也，天下为公""夙夜在公，在公明明""以其无私，故能成其私"等一系列蕴含着奉献精神的积极思想，不仅对中华民族传承与发展具有重大意义，对世界也具有极大的借鉴意义。在这一过程中，涌现出了无数奉献榜样，"哀民生之多艰"的屈原，终其一生都在为国家作贡献，目睹国家逐渐衰败，洁身自好的他魂断汨罗江；"出师一表真名世，千载谁堪伯仲间"的诸葛孔明，为匡扶汉室呕心沥血，鞠躬尽瘁；"先天下之忧而忧，后天下之乐而乐"的范仲淹，始终把国家与人民放在首位，治堰、执教、兴学、戍边，文武双全的他真正诠释了什么叫大公无私。中华民族数千年孕育出的奉献精神，指引着代代中华儿女胸怀天下、为民服务、无私奉献，让奉献精神不断发扬光大。

在新中国的奋斗征程中，为了实现国家富强、民族复兴、人民幸福的"中国梦"，无数时代英雄前赴后继，立下了不朽功勋。社会主义革命和建设时期，为了解决吃水问题，让子孙后代免受缺水之苦，30万林县人民开赴太行山腰，以"自力更生、艰苦创业、团结协作、无私奉献"的精神，耗时十年，修筑了被称为"世界第八大奇迹""人工天河"的红旗渠，从"战太行"到"出太行""富太行""美太行"，林县人民一代人的奉献，为子孙后代的美好生活奠定了坚实的基础，也是一座屹立不倒的精神丰碑。改革开放时期，为了端稳中国人的饭碗，实现禾下乘凉梦，被誉为"杂交水稻之父"的袁隆平院士几十年如一日扎根在庄稼地里，水稻技术不断革新，粮食产量一涨再涨，他的背影却愈发佝偻，他将一生都贡献在了田地里。

二、培养大学生奉献精神的重要性

培育新时代大学生奉献精神是思想政治教育的重要内容。党的十八大以来，党和政府高度重视青年学生的奉献精神教育，奉献精神教育也是三全育人体系中的重要一环，以奉献精神为核心的志愿服务活动成为大学生思想政治教育、完善实践育人体系的重要载体。

大学生奉献精神教育不仅有助于青年学生树立正确的世界观、人生观、价值观，健全个人品格，提升综合素养，帮助他们正确处理好个人与社会的关系，将个体融入集体，将个人价值与社会、民族与国家的命运紧密结合起来，为集体做贡献，个人价值才能得到充分体现。还可以潜移默化地培养大学生爱党、爱国、爱人民的情怀以及责任担当，从而更好地培育和弘扬社会主义核心价值观，自觉抵制各种错误思想的渗透，培养合格的社会主义事业的建设者与接班人。大学生个体奉献精神的培育与社会向前发展的基本要求是一致的，人类社会的和谐发展离不开每一位社会成员的无私奉献，也需要社会成员的团结友爱，协作互助。在我们的日常生活中，奉献并不仅是服务于他人，为国牺牲是奉献，为人民服务是奉献，做好自己的本职工作也是一种奉献。大学生是实现第二个百年奋斗目标道路上的主力军，传承好、弘扬好奉献精神也是每一位大学生义不容辞的责任。

然而随着经济的快速发展，社会的不断进步，在网络极其发达的当下，青年学生接触信息的载体增多，各类社会思潮冲击他们的思想，加上此时的大学生世界观、人生观、价值观尚不稳定，极易受到各类信息诱导，他们的思想观念遭受着不同程度的冲击和挑战。社会主义市场经济的负面影响致使部分大学生形成了功利主义、享乐主义的消极价值观，注重个人的奢靡享受，主张金钱至上、利益至上，并在大学生群体间迅速传播，对奉献精神的教育不屑一顾。西方思潮的传播也在很大程度上模糊了大学生的社会责任感，受此影响的大学生重视物质利益而忽视理想信念，关注自身发展而忽略社会责任，与中华民族长期以来的责任信念背道而驰。虚拟网络中信息鱼龙混杂，年轻的大学生分辨能力较差，同时缺乏一定的自制能力，对接收到的信息无法做到取其精华去其糟粕，其中的不良信息致使大学生的道德感降低，甚至会诱导其走上一条不归之路，加之传统的奉献精神教育存在填鸭式灌输的弊端，大学生们对奉献精神教育持抗拒态度，各类形式的教育活动也就失去了原本的作用，探索合适的奉献精神的教育方式迫在眉睫。

三、培养奉献精神需要多方合力

大学生奉献精神的培养不是一蹴而就的，需要渗透在大学生教育的每一个阶段。一方面，要更好地发挥教育者主体作用，提升共情能力。教育者要充分了解大学生的心理需求，从其实际需求出发，有目的、有计划、有步骤地引导大学生主动参与到学习教育中去，摒弃生硬的灌输教育模式，努力实现教育者和教育对象双向沟通互动，提高奉献精神培育的实效性，促使大学生主动将奉献精神内化于心、外化于行。另一方面，要利用好各类教育实践载体，依托互联网等新型传播媒介，以大学生喜闻乐见的形式开展奉献精神教育，营造无私奉献的校园文化环境，从而对大学生进行潜移默化的影响，在不知不觉中提升大学生的奉献意识和积极性。

（一）在家庭教育中培养奉献精神

大学生奉献精神培育不能仅仅依靠学校教育，家庭教育在其中同样扮演着至关重要的角色，家庭教育是人生教育的基础和前提，良好的家风对大学生奉献精神培育起着事半功倍的作用。"才者，德之资也；德者，才之帅也"，人无德不立，家庭教育不能只关注智力教育，一味地关注孩子的学习成绩，更要把德育放在首位，寓德育于智育之中，结合大学生心理特点及日常生活方式，将正确的道德观念传递给大学生，帮助他们健康成长。要让青年大学生明白，个体的命运与国家、民族的命运紧密相连，要着力培养大学生的集体意识和奉献精神，将个人价值的实现建立在集体的基础之上，将服务他人、造福社会的奉献意识贯穿到家庭教育的始终。同时，家长要以身作则，言传身教，发挥自身的引领示范作用，提高自身的奉献意识和责任担当，与家庭成员共同学习进步，在家庭中多付出，更多地为家庭做贡献，在日常生活中遇到需要帮助的人，尽己所能奉献爱心，在工作中则要敬业奉献，用实际行动为大学生作出奉献和责任的表率，树立起奉献的榜样。此外，更要积极鼓励大学生参与到奉献爱心的志愿服务活动中去，为他人、为社会做贡献，享受"赠人玫瑰，手有余香"的幸福感，奉献出自己微薄的力量，积小流而聚江海，从而更好地建设和谐美丽的社会。

（二）在社会教育中培养奉献精神

社会环境的影响同样至关重要。一方面要发挥政府主流媒体的功能，对各行各业中无私奉献的精神模范进行大规模推广和报道，大力弘扬主旋律，提倡奉献精神，让社会主义核心价值观在纷繁复杂的网络信息中占据主体地位，掌握意识形态领导权，让奉献精神深入人心，从而更好地引导大学生抵御错误思潮的影响，提升道德素养和综合素质，在全社会形成甘于奉献的良好氛围。同时也要加强对网络媒体的监管与引导，让网络媒体承担起应有的社会责任感，坚持主流舆论方向，将奉献精神融入网络的各个角落，助力营造敢于奉献、甘于奉献的舆论形态，引导大学生成为新时代有理想、有道德、有文化、有纪律的社会主义新人。另一方面，要充分利用有效的社会资源进行奉献精神培育，让社会资源教育与高校教育阵地交相辉映，相得益彰。通过大力发展文化产业和文化事业，如新媒体、艺术馆、图书馆等资源，以互联网为载体，源源不断地提供有利于青年大学生奉献精神培育的理论与现实材料。不仅为大学生营造良好的学习环境，同时可以随时随地对大学生进行奉献精神教育，帮助其建立起正确的人生观、价值观，保证青年学生在校园之外也能接受奉献精神教育，从而不断提高理性精神，增强精神力量。

"人生在世，奉献二字。"中国特色社会主义进入了新时代，面对新环境新情况，我们不能忘记社会主义初级阶段的基本国情，继续坚持不懈奋斗仍是我们接下来要做的事，奉献精神也是实现共产主义不可或缺的精神品质。新时代青年学生要深刻理解把握奉献精神的时代性，结合当下赋予奉献精神新的时代内涵，在爱国、爱党、爱社会主义相统一中坚持奉献，在实现自身理想的同时，将力量汇聚到民族复兴的伟大征程中去，实现对自身的超越。

【实践活动】

活动一："绿色家园，你我共建"主题志愿者活动

1. 活动目的

（1）组织学生以学院为单位，开展环境保护志愿者活动，引导学生在保洁劳动中树立劳动精神。

（2）通过垃圾分类宣传、《中华人民共和国环境保护法》普及，树立环境保护意识，在实践中领悟劳动精神。

2. 活动过程

（1）志愿动员：鼓励学生积极报名参与，召开志愿者动员大会。

（2）志愿宣誓：志愿者共同宣誓，志愿为人民服务。

（3）普法宣传：普及和宣传《中华人民共和国环境保护法》。

（4）垃圾分类宣传：宣传垃圾分类的必要性，倡导大家垃圾分类，从我做起。

（5）环境保护实践活动：开展捡垃圾、扫马路、捡烟头、清洁地面口香糖等实践活动。

（6）签名留念：志愿活动最后，志愿者们在志愿旗帜上签名并合影留念。

3.活动总结　请学生谈谈通过主题志愿者活动领悟到的劳动精神和之前认知中的劳动精神有何不同，使同学们在讨论中认识到，劳动的意义所在。引导学生将"小我"融入"大我"，在劳动奉献中更好地实现人生价值，在实践劳动中提升综合能力，努力成为德智体美劳全面发展的社会主义建设者和可靠接班人。

4.活动评价　根据实践活动及小组讨论的具体表现进行具体成绩的给定。

活动二：家庭劳动教育活动

1.活动目的

（1）引导学生以家庭为单位开展劳动教育活动，培养学生在家庭劳动中体会劳动精神，树立热爱劳动、辛勤劳动的观念，增强学生的劳动意识。

（2）引导学生体会父母在家庭劳动中的付出与辛苦，培养学生自觉劳动的意识和劳动能力，使学生积极为父母分担，为家庭付出。

2.活动过程

（1）定时开展为期一周的家庭劳动教育活动，学生本人及家人共同参与，共同记录。

（2）学生与家长共同承担家务，如扫地、拖地、做饭、洗碗等，安排轮值劳动，劳动任务以家庭为单位统一协商，轮值表以家庭为单位统一安排。

（3）严格考核，完成任务在轮值表中标记，未完成任务需写明原因。

3.活动总结　请同学们探讨，通过一周的家庭劳动教育活动，学生从实践能力、思想意识等方面有什么样的收获。学校、社会和家庭是大学生劳动教育的重要平台，家庭劳动教育也发挥着重要的作用，通过此次家庭劳动教育活动，使学生更加全面地领会劳动教育的深厚内涵，也使家庭与学校、社会形成更好的合力，共同培养学生的劳动能力、提高学生的劳动素养。

4.活动评价　根据轮值记录表及学生探讨的具体表现给定成绩。

【思考题】

1.请学生谈谈以家庭为单位进行劳动实践所体会到的劳动精神内涵。

2.请学生结合自身所学专业，谈谈自己心中的劳动模范，以及怎样学习劳动模范。

3.请学生通过搜集和查阅大国工匠的相关资料，了解大国工匠的光荣事迹、领悟工匠精神，并结合自身所学专业谈谈如何学习和传承工匠精神。

4.请学生围绕"将'小我'融入'大我'"这一主题，谈谈何为奉献精神、如何从自己做起弘扬奉献精神？

中篇　实践教育

第五章　专业实验实训 ▷▷▷▷

【学习目标】

巩固　专业实验实训的分类与特征，专业实验实训具体操作，专业实验实训与劳动的关系，劳动教育与专业实验实训相结合的实践路径，以及专业实验实训过程中应注意的问题。

培养　临床实践操作能力，良好的劳动价值观和劳动品质。

拓展　全面提高学生专业素质，培养满足教学质量国家标准及培养要求、符合中医行业企业对专业人才的岗位标准的人才。

【案例导入】

李时珍是明代著名的医药学家。他深入民间，多次向农民、渔民、樵民、药农请教并躬身实践，上山采药，他深入实地做种种必要的考察，倾毕生的心血和精力，足迹遍布大江南北，并以严谨的科学态度和实事求是的精神，历经将近30载，写成了《本草纲目》一书，对明代以前的药物进行了系统的总结。

蕲蛇（蕲州产的白花蛇）有医治风痹、惊搐、癣癫等功用，李时珍早就研究过它，但开始只在蛇贩子那里观察。内行人提醒他，那些蛇是从江南兴国州山里捕来的，不是真的蕲蛇。那么真正的蕲蛇是怎么样的呢？他请教一位捕蛇的人，那人告诉他，蕲蛇牙尖有剧毒，人被咬伤要立即截肢，否则就会中毒死亡。但蕲蛇治疗上述诸病有特效，因之非常贵重。蕲州虽然那么大，其实只有城北龙峰山上才有真正的蕲蛇。李时珍追根究底，要亲眼观察蕲蛇，于是请捕蛇人带他上了龙峰山。龙峰山上灌木丛生，缠绕在灌木上的石南藤举目皆是。而蕲蛇喜欢吃石南藤的花叶，所以大多生活在这一带。李时珍在捕蛇人的帮助下，终于亲眼看见了蕲蛇，并看到了捕蛇、制蛇的全过程。由于这样深入实际调查过，后来他在《本草纲目》写到白花蛇时就得心应手，说得简明准确，这当然是得力于实地调查实践。

　　（资料来源：滕毅．李时珍［M］．北京：中华书局，2022．）

　　问题：

　　1．李时珍是怎样学习的？和现代学习方式有何异同？这两种学习方式各有何优缺点？

　　2．李时珍实践学习的过程体现了怎样的劳动精神？

　　3．对我们广大中医学子有什么启示？我们应该怎样做？

第一节　专业实验实训概述

一、专业实验实训的含义及重要意义

　　《教育大辞典》认为，实训教学是"学校中相对于理论教学的各种教学活动的总称，旨在使学生获得感性知识，掌握技能、技巧，养成理论联系实际的作风和独立工作能力"。作为实训教学中的一类，专业实验实训是指在学校的组织下，按照人才培养的规律与目标，借助学校的实训中心等平台，通过模拟实际工作环境，对实际案例进行实践教学。专业实验实训作为高校重要的实践教学环节，在提高学生实践动手能力和培养劳动素养等方面具有不可或缺的作用。学校通过营造模拟场景、建设实验教室等多种形式，有计划、系统性地组织学生结合专业所学开展丰富多样的实操性、实践性活动。有助于增加大学生的劳动知识和劳动技能，大学生专业实训作为高校课堂教学的延伸，能够帮助大学生将专业知识技能从"知道"转化为"运用"，把专业知识技能化。《礼记》曰："博学之，审问之，慎思之，明辨之，笃行之。"在这5个阶段中，"笃行"是目标、是归宿、是结果，需要我们将所学的知识运用于实践，自觉做到知行合一。新时代劳动教育是构建德智体美劳全面培养的教育体系不可或缺的一环，在专业实验实训中培养、锻炼大学生的劳动素养是应然之举。

　　中医药高等教育的最终目的，是在培养学生良好从业能力的前提下，内化其具备"良医"的高素质。中医学是一门实践性很强的学科，在课堂上学习的专业知识技能带有抽象性质，只有经过实验实训活动的理解、消化和吸收，专业知识才能和头脑中的影像建立联系，专业技能才能在动手操作中融会贯通，相关能力才能得到锻炼提高。通过劳动实践，检验自身劳动知识，技能掌握情况，带着问题学习，获得的劳动知识和劳动技能将更加深刻。中医药专业的特殊性对学生的实践技能提出了更高要求，因此在中医教学中实践教学具有举足轻重的地位，建立健全中医实践教学体系，提高实践教学质量，既是提高中医人才培养质量的途径也是推进学校内涵建设的必由之路。

二、专业实验实训的分类与特征

　　专业实验实训分为基础性实验实训、临床性实验实训和创新性实验实训，三个部分紧密联系，相互促进（图 5-1）。

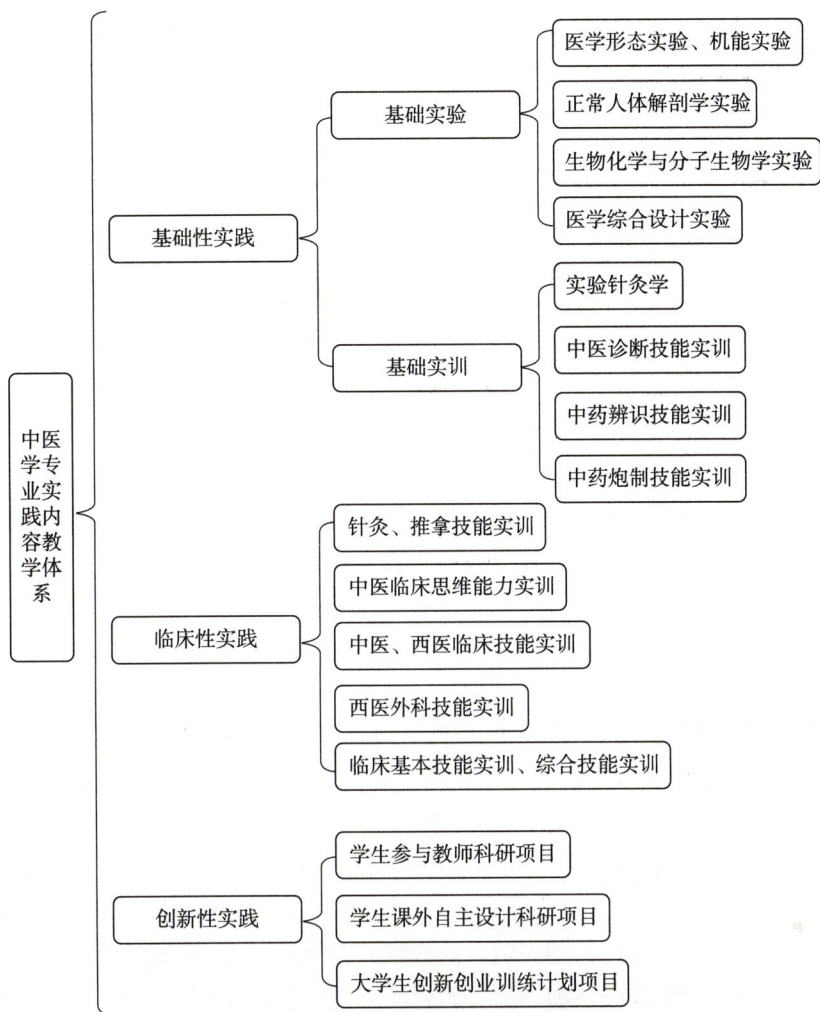

图 5-1 中医学专业实践教学内容体系结构示意图

　　基础性实验实训以验证学科基础知识、建构学科基本知识与技能为主，培养学科基本实践能力与素质训练，是指练习基本实验方法、基本操作技能的实训项目，其教学目的是使学生掌握基础课程知识，培养学生的基本实践能力，是所有学生必须参与的基本实践活动。基础性实践是下一个层次教学活动顺利展开的基础。

　　临床性实验实训是对基础性实验实训的综合和升华，具有跨学科性和综合性，任务设计多模拟真实情境，在掌握基本操作技能的基础上，培养学生的医学思维方式及分析解决问题的能力。综合性实践以应对执业医师考试为切入点，将针对执业医师考试的相关实训内容进行整合，形成独立的课程体系。在实践内容的设置中注重跨学科、综合性知识与技能的建构，注重具有真实情境性的问题或任务的设计，教学内容具有综合性、问题性、发现性、探索性和情境性，能够激发学生在实践活动中主动尝试，积极探索促进对原有知识和经验进行改写和升华，在培养学生掌握中西医临床基本技能的基础上，培养学生医学思维方式，培养学生运用综合的方法、手段分析问题、解决问题的能力，从而培养创新能力。同时，提高学生参加执业医师考试的通过率，为学生未来就业创业打下良好基础。这一层次也是所有学生必须参与的实践教学活动。

创新性实验实训是教学与科研的融合，目标是培养学生的科研素质与创新能力，活动设计具有设计性、探索性、创新性和个性化。实践教学活动包括学生参与教师科研项目、学生课外自主设计科研项目、大学生创新创业训练计划项目等。科研人员将研究过程、研究方法、研究成果以设计性、研究性、探索性实验的形式融入教学之中，将本科学生纳入实验室中，鼓励学生积极参与科研工作，研究新理论，改进、创新实验方法、技术，通过自主研学、自主立项、参与教师科研项目、学科竞赛、开展学术讲座、撰写文献综述、发表论文、毕业设计等途径，激发学生创新欲望，培养学生探索、发现、创新的科研素质与实践能力。学生可以根据自己的兴趣爱好，自愿选择参加这一层次的实践活动，通过建立科研团队，开展合作学习的方式探索新的问题，发现新的方法，建构新的知识，建立科研思维，培养科研创新能力。

第二节　专业实验实训与劳动

习近平总书记指出："人类是劳动创造的，社会是劳动创造的。"这一论述强调了劳动对人类的重要性，进一步指出无论时代条件如何变化，人类文明进步的历史事实告诉人们，劳动不仅创造了人类，也是人类基本的实践活动和存在方式，更是人类生存和发展的最基本条件，还是人类创造物质财富和精神财富的基本途径。2015 年 12 月 27 日，第十二届全国人大常委会第十八次会议表决通过了关于修改《中华人民共和国教育法》《中华人民共和国高等教育法》的决定，这意味着对施行了 21 年的《中华人民共和国教育法》和 17 年的《中华人民共和国高等教育法》同时作出修订。《中华人民共和国高等教育法》第四条新增了"为人民服务"与"社会实践"相结合等内容；第五条关于高等教育任务表述中增加了"社会责任感"的要求。这一修订既是对高等教育发展改革进程中出现的矛盾和问题的制度回应，体现了立法需要与时俱进的法治精神，更是对我国高等教育未来改革发展的制度引领，彰显了我国高等教育改革发展的价值取向。从这些法律条款的表述变化中，我们可以看出，高等教育作为国家教育事业的重要组成部分，不能仅仅满足于工具合理性追求，更要强调其价值合理性追求，这一价值追求就是为人民服务。

习近平总书记在全国教育大会上强调："要在学生中弘扬劳动精神，教育引导学生崇尚劳动、尊重劳动，懂得劳动最光荣、劳动最崇高、劳动最伟大、劳动最美丽的道理，长大后能够辛勤劳动、诚实劳动、创造性劳动。"切实加强劳动教育，努力把广大青少年培养成勤于劳动、善于劳动、热爱劳动的高素质劳动者，是新时代党和国家对教育的根本要求。

　　专业实验实训是高等教育实践教学环节中的重要组成部分，是高校依托不同的教学环境，有计划地、系统地组织学生结合所学专业开展多元化的实操性、实践性活动，通过在做中学、在做中思、在做中行，增进学生对课堂讲授的专业知识的认识，激发其主动思考，提高其探索创新的意识，锻炼学生运用专业知识和技能解决实际问题的能力，提升学生的综合素质与就业竞争力。实验实训本身是一种劳动活动，是开展新时代高校劳动教育的主阵地，是发挥"以劳树德、以劳益智、以劳健体、以劳育美"协同育人功能，培养德智体美劳全面发展的社会主义建设者与接班人的主渠道。专业实验实训有助于涵养大学生的劳动习惯和劳动品质，有助于培养大学生的劳动精神和创新精神，养成尊重劳动、崇尚劳动、热爱劳动的劳动习惯和品质。

一、劳动教育与专业实验实训相结合的必然性

　　专业实验实训要强调"劳动"的教学方式，即运用所学专业技能，参与到实验实训中，通过实操和实践劳动完成教学任务，解决实际问题，培养专业能力和综合素质。为此，专业实验实训中融入劳动教育，是加强劳动教育、实现劳动教育内化于心、外化于行的必然选择。

（一）专业实验实训是学习劳动知识技能的主要方式

　　近年来，中医教育迅速发展，学生人数不断增加，医疗卫生服务体系法规建设日趋完善，患者自我保护意识的增强，以病人为对象的临床实践训练机会逐渐减少。这对中医大学生提出了更高的要求，必须在进行临床实习之前掌握扎实的基本功和熟练的诊疗技能方能尽早尽好地适应临床实习的需要。与此同时中医大学生中动手能力较差；中医辨证思维方法不牢固；用药而不认药的现象普遍存在。为此在中医专业学生学习中医过程中，实验实训教学环节是十分必要的。所谓中医实训是指对中医基本知识进行应用，巩固提高，对中医基本技能进行强化训练，其目的是培养学生的中医辨证思维，并使其具有较强的实践能力，以迅速适应临床工作的需要，中医实验实训是中医临床实训的重要组成部分。

（二）专业实验实训是培养劳动价值观的主要阵地

　　个体对于劳动的认识决定了其进行劳动的态度，而这种态度又直接影响着劳动者的劳动效率。加强劳动教育、培养劳动价值观已成为各类各级教育的一项重要任务。中医类大学教育中的专业实验实训作为大学生直接参与劳动的主要过程，势必要发挥其劳动价值观培养的重要作用。在专业实验实训中，学生能够通过劳动实践更为深刻地认识劳动的价值与意义，能够通过与同学、校内专职指导教师、校外兼职指导教师、企事业单位与行业部门专家等不同主体的合作与交流，了解他人对劳动的认识和态度，感受他人辛勤劳动的行为，在他人的示范感染下，潜移默化地引导学生形成崇尚劳动、尊重劳动、热爱劳动的劳动价值观。

（三）专业实验实训是养成劳动品质的练兵场

苏霍姆林斯基认为学校教育的使命在于，要使劳动进入个性的精神生活，进入集体的生活，要使热爱劳动早在少年时期和青年早期就成为个人最重要的品质之一。劳动教育的理想就是使每个人早在少年时期和青年时期就找到这样一种劳动，在这种劳动中能够最充分、最鲜明地展示他的天赋才能，并给他带来精神创造性的幸福。劳动品质反映的是一种劳动品德，即辛勤劳动、诚实劳动、创造性劳动的品质，表现为在学习工作中，要勇于担当责任，能够兢兢业业地完成学习工作任务；在挫折困难面前，显示出坚毅的品质，能够想方设法战胜困难，最终取得胜利。调查研究显示，大部分学生能正确认识劳动，热爱劳动，具有正确的劳动态度和劳动价值观。但是学生参与实践劳动的积极性不高，当个人愿望未能满足或遇到挫折、失败时，容易产生消极、否定情绪，产生抱怨、退缩、放弃等不良行为。这反映的是学生的劳动品质还需要培养。劳动品质的形成要落实到劳动实践中，专业实验实训正是提供了到实践中锻炼的练兵场。专业实验实训是以问题为导向，围绕某一个或几个具体的问题，让学生自主思考、独立操作，在态度，在不断探索尝试中体会劳动的意义，了解自身的劳动价值，在劳动中享受成功的喜悦、认识自身的价值，进而激励学生练就大学生精业和敬业、自信和执着的劳动品质。

二、劳动教育与专业实验实训相结合的实践路径

《中国教育现代化 2035》指出要"弘扬劳动精神，教育引导学生崇尚劳动、尊重劳动、树立依靠辛勤劳动创造美好未来的观念。强化实践动手能力、合作能力、创新能力的培养"。实验实训强调的正是实践动手与团队协作，为此，抓好实验实训中的劳动教育，是贯彻劳育的重要途径。其根本任务是开展专业劳动知识技能教育，并融入劳动价值观、劳动态度的教育，以润物细无声之势，让劳动品质根植于心，让劳动成为习惯。

（一）优化实验实训教学体系

加强劳动教育、融合劳动教育是激发学生认真学习、培养创造力的源泉。劳动教育与实习实训的融合首先要在教学体系构建时加强劳动教育，明确劳动教育的目标、教学体系和教学任务：①建立科学的专业实验实训课程体系，根据相关专业教学质量国家标准及培养要求，融合相关行业企业对专业人才的岗位标准，开设具有中医行业特点的、与就业密切相关的多学科课程，通过课程教育着重提升学生的中医专业知识技能。②做好实验实训的物质保障，加强校内实验教学资源整合，推进智慧实验室建设，如虚拟仿真技术、虚拟实训系统实验室，构建功能集约、资源共享、开放充分、运作高效的实验教学平台；综合运用校内外资源，大力推动与行业部门、企业协同合作，建设满足实践教学需要的实验实习实训平台，通过专业实验实训教学将理论知识和科学实践相结合，既培养大学生分析、解决实际问题的能力，又启迪学生勇于提出问题的探索创新精神。

（二）加强实验实训过程管理

确保劳动教育落实实行科学管理、完善各项规章制度，建立一整套严格的科学管理体系，是达成劳动教育成效的重要保障：①建立实习实训标准，强调学生创新精神的培养；健全专业实验实训管理制度，包括校企合作教学实习基地管理制度、校企合作教学实习基地工作指南、校企合作教学实习基地考勤制度、校企合作教学实习基地教学质量和效果评价、工作日志制度、基地兼职导师管理等。②要强调教师的指导作用，实习实训主要是在教师的指导下进行的，教师的指导和传授，可以使学生的学习避免反复探索的曲折道路，能够在较短的时间内取得更有效的学习效果。③规范学生实习实训的目标与任务，让学生能够有目的地学，能够在学习过程中发现问题、思考问题、解决问题。

（三）完善实验实训考评体系

强化劳动教育地位教师和学生是高等教育中"教"与"学"的主体，要想做好劳动教育，发挥劳动教育育人功能，关键是调动教师与学生的主动性、积极性，这就需要有一套具有激励效应的考评体系。对于教师，学校应将劳动教育的实施情况和效果纳入教师的考评中，要求教师结合学生的心理发展特征和学习特点，深入研究专业知识技能教学中的劳动教育内涵，并将这种内涵以学生喜闻乐见的方式有目的、有设计地融入专业实验实训教学中，让学生更乐于接受，引发学生更深入的思考，使其能够更准确地认识劳动的本质与价值，能够尊重劳动、热爱劳动，自觉自愿地参与到劳动中，在劳动实践中实现个人的发展；同时强调教师在劳动教育中"言传身教"的作用，在教学以及师生日常接触中，始终表现出对劳动的尊重与热爱，表现出不畏艰辛、辛勤劳动、诚实劳动、创造性劳动的品质，以良好的形象作出表率，感染学生，引导学生做一名尊敬劳动、热爱劳动的好学生。对于学生，学校应将参与劳动纳入学分管理，将劳动态度、劳动行为纳入实践教学课程考核、综合素质考评等评价中，激励学生更重视劳动，更积极地参与劳动，更认真地从事劳动，让学生在主动参与中感悟劳动的快乐与意义，进而形成主动参与劳动的意识。

第三节　专业实验实训的具体操作

一、专业实验实训的教学内容

实践教学课程整合，从课程之间、各知识点之间的有机联系和互动作用分析，将实践类课程整合为基础性实验教学、临床性实训教学、创新性实验教学三大模块。

（一）基础性实验教学模块

基础性实验包括中医基础实验和中医基础实训两部分。中医基础实验包括中医基础理论实验、实验针灸学实验、医学综合设计实验等，又根据实验类型可分为验证性实验和设计性实验。

1. 中医基础实验

（1）验证性实验　"验证性实验"顾名思义是对于实验对象与实验内容的强调性演示与科学证明，主要注重的是验证的结果，即实验结论，验证性实验教学的模式一般是以老师为主体，老师将实验的背景、目的和方法介绍给学生，加深学生对基础理论的理解，掌握实验的基本技能，实现认识上的提升，学生被动接受、完成实验。在此过程中学生的积极性和主动性一般较差，教学效果欠佳，但其目前仍是高校教学中不可或缺的形式之一，在实验课程中仍占有很大比例。

【知识拓展】

阴证和阳证的验证性实验

阴阳本是中国古代哲学的一对范畴，引入到中医学领域解释人体的生理与病理现象。然而，抽象的阴阳概念使许多同学感觉难以理解。本实验将通过制作阴证和阳证的动物模型让同学们具体观察到阴阳偏盛所致的实寒证和实热证临床表现，从而加深对"阳盛则热阴盛则寒"理论的理解。

中药功效的验证性实验

实验课程教学过程中，教师先讲解实验过程并示教，学生分为几个实验小组后动手实验，记录实验数据，课后分析并完成实验报告。选取部分重点章节的常见中药，利用经典药理实验模型开设中药药理实验教学，让学生自己验证所学中药功效等相关知识，如使用人参做小白鼠抗缺氧的能力实验，验证人参的补气效果：用生大黄对小白鼠做灌胃并观察肠道推进情况，验证大黄的泻下功效，用茜草炭做小鼠眼球摘除凝血时间实验，验证止血功效、验证酸枣仁的安神功效等实验。学生通过这些药理实验的验证，在加深对中药学习兴趣的同时，也强化了学生对药物性能功效的理解和记忆，为今后的临床组方用药乃至科研工作奠定基础。

（2）设计性实验　设计性实验旨在让学生更加自主地深入实验过程，将自身想要研究证明的实验内容，通过详细的实验步骤有效研究。设计性实验更加注重实验感受，让学生自主的实验中发现问题、思考问题、解决问题，从而领悟到实验探究性的重要价值，自主深入实验，喜欢实验。探究性实验不注重实验结论的唯一性结果，而注重实验进行过程中有可能出现的多种实验结论。因此，当学生在需要自身加以验证的多种可能性猜想自然而然自主实践，就可以有效激活自身对未知的好奇心，驱使自己主动探索，对于实验的过程合理记录、合理观察、合理总结。无论是小组式的讨论思考还是组与组之间的对比点评，都可以螺旋上升式地将实验思路最佳化巩固。

团队组建：每个实验团队包括10名学生，由学生自愿组队，选举正副组长各1名，记录员2名。由学生选择导师一名，指导学生完成实验项目的设计、方案制定、预实验、正式实验和结果分析讨论等全部内容。另外，还需要实验准备教师2名，实验仪器使用指导教师多名，特殊实验技术指导教师 1 名（开题预审团队应包含实验管理中心教师 3 名、答辩专家评审团队 10 名。）

实验准备：每个实验小组安排一位实验准备老师，审核学生提交的实验项目的可行性，对具有可行性的实验项目完成实验准备。导师和实验准备老师对学生设计的实验项目方案的可行性给予全程指导和修改，并给学生提出可行的替代方法、仪器或检测指标。教师和学生积极配合，并根据现有的实验条件完善实验方案，以保证实验的顺利开展。

实验实施：本课程以学生自主设计实验题目和方案为特色，以激发学生创新性思维、自主完成实验方案设计、培养规范实验操作和增强团队意识为主要目的。引导学生在指导老师擅长的专业领域设计实验项目，但不得把教师现成的科研项目相关内容整体或部分照搬到本实验项目中。由学生自主操作，完成 4 项医学综合设计性实验的教学内容：疏肝解郁安神祛瘀方对抑郁大鼠的干预作用、半夏厚朴汤对情志的影响、砒石与附子的急性毒理及部分中草药对其毒性的影响、食品添加剂的毒副作用。实验执行时，授课教师在实验跟踪实验全程，及时解决学生实验操作中出现的问题，并指出如何改正，指导学生下一步的实验准备工作。同时，可以教授如何进行课题立项申报、如何进行临床试验或基础实验设计、科研数据统计及科研论文写作学生进行实验、数据统计分析及研究报告撰。

2. 中医基础实训　中医基础技能实训是借鉴客观结构化临床考试方案与标准化病人的培训方法，在学生充分学习了中医基础理论、中医诊断学、中药学和方剂学等前期课程的基础上开设的一门桥梁课程，遵循中医学认知规律，通过科学系统而有效的实验和训练方法，让学生快速掌握和提高中医四诊技能，继而确定相应治法和处方用药，最终逐步建立一整套符合中医特点的思维模式。在教学中加强中医四诊技能培训，对望闻问切进行深化，明确各种诊法的操作与操作流程，突出全面、准确、细致、系统地收集病情资料。通过借鉴客观结构化临床考试方案与标准化病人的培训方法进行模拟诊治实训，中医诊察的动作是否规范直接影响诊察结果，在四诊教学中要强化基本诊察动作的训练，务必做到严谨而规范，为准确辨病辨证奠定基础。中医基础实训包括中医诊断技能实训、中药辨识技能实训、中药炮制技能实训、刺法灸法技能实训、经络瑜穴技能实训、推拿手法实训、针灸技能实训等。

【知识拓展】

中药"五味"与饮片实训

中药"五味"是指辛、甘、酸、苦、咸五种味，主要是用于反映药物作用在补泻敛散等方面的特征性，如辛味能行能散，甘能补能和能缓、酸能收能涩、苦能泻能燥、咸能软能下，是从具体的作用、具体的功效中抽象出来的，它是高于功效一个层次的药性理论，然而"五味"的确定最初是依据药物的真实滋味，后将药物真实滋味与作用相联系，用真实滋味解释和归纳药物的作用。因此，学生通过实训可以通过口尝来理解和记忆药味与功效，如生姜的辛味与解表散寒，甘草的甘味与补气、解毒、止痛、调和诸药等作用，乌梅的酸与敛肺涩肠作用，黄连的真实苦味与清热作用，芒硝的咸和泻下作用等。在"五味"理论的实践过程中，发现部分药物作用无法用真实滋味来解释，因此逐渐采用了以作用推定其"味"的方法，如葛根并无辛的真实滋味，但有解表散寒作用，因此标定的"辛"是药物功效的高度总结，而非真实滋味的具体体现，通过实训可以使学生更加直观地了解"五味"这一重要的药性理论的发展演变，掌握真实滋味与"五味"的区别与密切联系通过实训，感性的认知，强化学生对性味参合的重要理解，如紫苏和薄荷皆有辛味，因此均能发散表邪。而紫苏辛温能发散风寒，薄荷辛凉故能发散表热。

辨病与辨证技能实训

借鉴客观结构化临床考试方案与标准化病人的培训方法，课前由教师培训标准化患者，学生通过模拟医生和模拟患者分组练习，模拟医生对模拟患者的主诉、症状及体征的分析，根据望、闻、问、切四诊收集的各项证据，灵活运用六经辨证、卫气营血辨证、三焦辨证、脏腑辨证、经络辨证等多种辨证方法，进行诊断和鉴别诊断，深入分析与阐释患者的主诉、症状和体征的病因，继而得出病名、病位、病性、病势等结论。

实验内容：①掌握并灵活运用望、闻、问、切四诊的理论知识和技能。②掌握脏腑辨病与辨证的基本理论和方法，各脏腑证候的病变范围、常见症状、病机特点，各脏腑常见疾病和证型的概念、临床表现及相关病证的鉴别，要求学生对典型病例运用脏腑辨证相关知识进行分析。③掌握脏腑辨病和辨证的基本理论和方法；熟悉六经辨证、卫气营血辨证、三焦辨证、经络辨证等辨证方法和辨证要点。

（二）临床实验实训教学模块

1. 虚拟仿真实训中心　中医药虚拟仿真实验教学中心具备知识展示、基础技能训练、专科训练、思维训练、病例综合实训、OSCE 考核、虚拟人机交互系统等层次，开放实验实训室、在线学习、选修实验实训课程等一系列虚拟仿真实验实训室建设和配置高端图形处理集群系统、人机交互系统、显示系统等，使实验实训室能够在虚拟现实环境中进行立体展示、虚拟仿真中医诊治疾病、虚拟现场分析、虚拟手术模拟、虚拟手术指导等。制定了统一的使用标准和使用规范、建立了一支人才队伍，相关工作人员职责等实验实训室管理文件。虚拟仿真实验教学中心网站和实验室综合管理系统对学生学习状态进行跟踪和评价。虚拟仿真实验教学中心的建立，为高水平医护人员的培养、培训提供实践的平台，为教师教学理念革新、丰富教学内容与教学形式提供了手段和动力。

【知识拓展】

望诊数据库

中医四诊以望诊为例，望诊数据库章节框架遵循教学大纲，主要包括望神色形态和望舌内容。望神色形态包括望神、望面色、望头面五官、望皮肤以及望四肢形态板块，望舌包括望舌色、望舌质、望舌态、望舌苔、望舌下脉络板块。梳理临床病例的一般资料、临床特征、病因病机、中医诊断等内容作为注解，通过网站建立虚拟场景，以图片和视频配合文字的方式展示。网上训练分为学习模式和测试模式（即闯关模式）学生可以根据教学大纲章节依次系统学习，也可以根据自身学习薄弱点选择相应内容反复测试训练。学生可以利用业余时间自主学习，弥补了临床实习可见习病例稀缺或不够典型的不足，巩固了实训课堂教学效果。

基于四诊信息采集的中医临床思辨和辨证选方选穴训练模块

通过 3D 建模构建临床诊疗情境，利用人工智能技术依据中医证候诊断标准，设计判分原则。学生进入网上诊室可亲历完整的模拟诊疗过程。首先通过人机交互辨识虚拟患者的舌面诊等望诊信息，采集问诊信息，根据脉图判断脉象，依据中医学八纲辨证、脏腑辨证的原则和方法，分别选择辨病、辨证的诊断依据，进一步判断疾病的病名、证型明确中医诊断及鉴别诊断，实现辨病辨证相结合的临床诊疗模式，完成中医辨证思维过程并确立治则治法。完整的虚拟诊疗过程结束后，系统会形成学生的临床思维路径，并可与标准思维路径（标准思维路径的设定是综合多个中医内科专家的诊疗思路，梳理具体病例的临床思维脉络和诊疗要点）进行比对，学生能够一目了然地发现思维过程中的偏差，使教学指导更精准化。此外，学生可依据病情需要进行合理的遣方用药及针灸选穴治疗。辨证选方模块通过 3D 建模构建虚拟中药房场景，可人机交互选择药味及用量，同时增加中药饮片识别模块，附各中药饮片的图片以及功效介绍，训练学生选方、组方、识药能力，实现医药融通。针灸辨证选穴系统依托 3D 模拟人解剖模型，可进一步训练学生取穴、配穴以及针刺手法决策能力。此部分适用于具有一定中医内科学、针灸学以及中医临床知识的高年级学生使用，低年级学生也可以根据需要选择中医诊断学的相关环节训练。

2. 远程临床实训系统　远程临床实训是指通过高清视频会议系统接入互联网，请诊室端教师或临床医师选典型病例，实时摄录患者的情况，根据需求提示实验室端学生与患者交流，进行望诊、闻诊和问诊，诊室端患者的脉象可经脉波仪描记，传至实验室端，教师控制脉象模拟手，学生切按模拟手，从而进行切诊判断脉象。经此四诊，搜集病情资料，要求学生对证型作出判断，教师再做出评价。

中医诊断学的主要知识框架分为"诊法"和"辨证"，其中"诊法"部分即"望闻问切"四诊内容，"辨证"部分主要以"病性辨证和脏腑辨证"为重点和难点。基于"远程临床实训系统"模式用于"辨证"内容的讲授，由于该部分的知识，建立在"诊法"的基础之上，其实更是考查学生"诊法"知识的掌握情况。特别是"脏腑辨证"由5 个脏腑系统构成，在此环节，学生学习了某一脏腑系统的知识，就及时通过远程临床实训，远程观摩以该脏腑系统疾病为主的患者，训练如何围绕该脏腑系统的病理特征对患者进行有效的"望诊"、仔细的"闻诊"、有针对性的"问诊"和准确的"切诊"，最后学生再进行"辨证"，针对"辨证"结果，诊室端的老师进行实时点评。

"远程临床实训系统"的介入，实时模拟了看病的情景，不仅活跃了课堂气氛，提高了学生学习的兴趣和积极性，而且实时对各个脏腑系统的知识有了清晰认识和学习，让学生在该模式下学会了"如何去问、如何与患者有效沟通"，最后通过对学生诊断辨证结果的评价，检验学生对知识点的掌握情况，测量评价该知识单元教学过程中教师教学和学生学习的情况，帮助教师进行教学总结。

【知识拓展】

虚实结合：心阳虚证远程临证实训教学

针对"心与小肠病证"之"心阳虚证"，首先使用传统授课模式讲授心与小肠的生理特征以及病理特征表现。然后，在诊室端选择心阳虚证为主要证型的患者，学生通过远程视频与患者详细地交流，观察患者面色有无白、唇色有无青紫，舌色有无淡胖或紫的现象，听闻患者说话有无气短无力等现象，询问患者有无心悸怔忡、胸闷、自汗、畏寒肢冷等症状，通过脉波仪描记传至学校实验室端的脉象模拟手，学生再进行诊脉。最后，要求学生对该患者进行诊断辨证，诊室端的老师对辨证结果进行点评。

二、各级各类技能竞赛

古希腊学者普罗塔戈（Plutarch）曾言："学生的头脑不是用来填充知识的容器，而是一支需要被点燃的火把。"具有挑战性和竞争性的竞赛就是点燃火把的"火种"，是激活学生学习的有效手段，也是检验、锻炼、提高和展示大学生实践创新能力的有效平台。大学生参与技能竞赛是反映大学生实训实习质量最直接的方式，也是培养大学生实践能力、科技创新能力、合作能力行之有效的途径。参与技能竞赛是一个以赛促学的过程。参赛过程实际上是一个科学研究的过程，也是一个专业学习的过程，而专业学习本身就是一种脑力劳动，一种探索性的劳动。通过分析问题、解决问题掌握科研活动的基本规律，从而树立主动学习，发现和积累知识的意识。学校应以技能大赛为抓手，以培养学生综合职业素质和职业技能为重点，加强实训教学管理，提高实训教学质量。

（一）全国医药院校药学／中药学专业大学生实验技能竞赛

全国医药院校药学／中药学专业大学生实验技能竞赛由教育部高等学校药学类专业教学指导委员会、高等学校国家级实验教学示范中心联席会药学学科组主办，从 2009年开始每两年举办一届，现已成功举办六届，规模从最初的 16 所高校 30 多名师生参赛发展成今年的 122 所高校 714 名师生参赛。竞赛分实验理论和实验技能两个部分，涵盖有机化学与药物化学、分析化学与药物分析、微生物与生物化学、生理学与药理学、药物制剂、生药学与天然产物化学等实验教学内容。竞赛涉及面广，知识点多，技术要求全面。旨在进一步加强各高校实验教学环节交流，提高学生实验操作技能和实践动手能力，通过赛事形式推动我国药学和中药学专业人才培养模式改革创新。赛事的成功举办愈发凸显实验教学的普遍性和重要性，该竞赛已成为全国医药院校最具权威性和标志性的大赛。

（二）全国高等医学院校大学生临床技能竞赛

全国高等医学院校大学生临床技能竞赛由教育部、财政部、卫健委主办，以"尚医德，兴医术，奉学道，展风采"为主题，比赛项目涉及内、外、妇、儿、护理、急救等几个大类。旨在培养医学生临床专业技能操作的规范性及运用能力，倡导相互协作的团队精神及创新意识，提升医学生的科学精神及人文素养。希望通过竞赛，能够牢固树立临床技能培养在医学教育和人才培养工作中的核心地位，建立科学化规范化标准化的临床技能训练体系，推动临床实践教学模式的改革，培养具有国际竞争力的、全面发展的高素质医学人才。

（三）全国中医药院校针灸推拿临床技能大赛

全国中医药院校针灸推拿临床技能大赛由中国针灸协会、全国中医药高等教育学会主办，2010 年首次在上海举办，每两年举办一次，学生组竞赛项目包括腧穴定位及刺法、温针灸、推拿操作、经典背诵。临床教师组竞赛项目包括腧穴定位、刺法、隔附子饼灸、拔罐、推拿、特定穴、病案、温针灸。目前已成为国家级的一类竞赛，也是迄今中医药针灸行业规格最高、规模最大的全国性技能大赛，旨在引领和促进针灸推拿专业教学改革，提升针灸推拿专业人才培养和学术发展。

（四）全国中医大学生临床能力大赛

全国中医大学生临床能力大赛由教育部高等学校中医学类专业教学指导委员会、全国中医药高等教育学会共同主办，竞赛包括中医诊断技能、推拿技能、方剂知识与应用、针灸技能、中药知识与技能、急救技能等竞赛环节。比赛内容紧紧围绕中医临床能力，同时也考查了同学们的综合素质。竞赛以"能力—高质量发展的基石"为主题，旨在以赛促学，以赛促教，推动中医药高等教育改革与创新，促进医教协同发展，加强中医大学生基础理论、基本知识、基本技能培养，提升学生中医思维能力、临床实践能力，强化人文关怀意识与团队合作精神，全面提高人才培养质量，为优秀中医学专业学生搭建交流、展示的平台。

（五）河南省本科高等学校大学生医学技术大赛中药类专业竞赛

2021 年 5 月 21 日至 22 日，2021 年河南省本科高等学校大学生医学技术技能大赛中药学类专业竞赛在河南中医药大学举行，本次大赛由河南省教育厅主办、河南中医药大学承办，河南大学、河南农业大学、南阳理工学院和河南中医药大学 4 所高校共计 11 支参赛队伍参加了比赛。大赛包括笔试和技能竞赛两个环节。笔试环节主要考查学生的中医药基础理论与基本知识；技能竞赛环节包括中药材及饮片辨识技术、中药未知粉末鉴别技术、中药炮制技术、中药化学技术、中药分析技术、中药制剂技术、中药药理技术 7 个站点。本次竞赛是对学生中医药理论知识和技能的一个综合考核，也是对学生学习效果和技能水平的一次全面检阅。

第四节　专业实验实训注意事项

中共中央、国务院 2020 年 10 月在《深化新时代教育评价改革总体方案》中提出，"探索建立应用型本科评价标准，突出培养相应专业能力和实践应用能力"的要求，当前中医专业实验实训主要存在以下问题。

（一）提升临床技能水平

与发达国家相比，我国多数高等中医药院校的实训教学在课程体系中一直处于从属地位，无论是实训项目设置、实训教学方式、实训体系建设和实训师资培养，没有得到足够的重视，传统实验教学条件和方式的限制，目前中医药院校实训教学普遍存在实训时间不足、学生动手能力不强和中医临床思维欠缺的问题，学生自主练习的时间相对较少，掌握的知识点较为零散，学生较难将各项技能的运用整合成一个体系，进入临床实习后，面对临床复杂问题时仍无从下手进行操作。

在实训的过程中缺乏对学生思辨能力的培养，应注意理法融合，而非机械性地按流程操作。"理法融合"就是将基本方法和基本思路的道理讲清楚，使学生不仅明白临证应该怎么做，而且理解为什么要这样。以"问汗"为例，首先须讲清楚汗出的生理基础，明确汗出的基本条件；其次是讲授问诊的基本思路和方法（判断是否出汗，询问汗出时间、多少和部位，询问兼症，判断汗出属于生理还是病理），以及问汗的主要知识结构；最后按知识结构体系（有汗无汗、特殊汗、局部汗细化讲授，此时，精讲临床表现，明晰症状机理，推导临床意义。在中医辨证教学环节，"理法融合"对于提升学生思辨能力更具有重要意义。

临床综合技能实训并不是相关课程的重复，而是旨在培养学生的中医临床思维模式，属于中医学专业课程体系中的整合课程。唐代孙思邈在《千金翼方》中载："医者意也，善于用意即为良医。"说明要想成为一个真正的中医人，其首要目的在于临床思维模式的培养，需要医家站在中医专业的角度观察疾病，即获得以症状、体征为主的病情资料，并运用中医思维进行辨别、辨析、辨识，最终判断出中医疾病类型和诊疗方法，是理、法、方、药环环相扣的一个过程，需要教师在讲解过程中有一定的临床基础，而在现代教学中，往往发现教师和学生不能很好地将理论运用到临床上，所以需要带教教师潜移默化、深远持久地帮助构建系统的中医临床思维模式，以帮助学生更好地进入临床。

（二）调整实验内容侧重

在实验内容改革方面，立足于扩大学生的知识面，有利于学生综合素质的提高和创新能力的培养，注重实验内容的更新，淘汰陈旧落后性实验，减少验证性实验，增加综合性、设计性、探索性实验的比例。例如，设置"大、小承气汤泻下作用的观察与比较"，不仅比较大、小承气汤对胃肠蠕动的影响，还帮助理解大黄与芒硝相配伍的意义，新增"常见中药的煎煮方法",使学生直观体验中药材的"量"和汤药的煎法及注意事项等。实验考核方式也由只凭实验报告的书写转变为注重综合实验的能力。另外,还根据中医理论特点验证中医理论、塑造中医动物模型、观察中药的作用效果等,既重温了所学的理论知识,又比较直观地观察到相关理论的实验效果,加深了对所学知识的理解,培养学生中医科研思维。

(三)完善实训模块关联

从实训课程设置上看,模块涵盖内容较少,未形成全面完善的中医临床实训教学多学科交叉并行的培训体系,各模块根据自己的教学大纲设置实训内容,未综合衡量学生的理论知识基础和学习效能,各模块教学内容的深度、难度和层次存在一定的差异。应合理提高实训课程学时与学分比例,对课程统筹规划,加强实践体系与课程内容的相互联系,使课程实训、专业训练、毕业实习等环节融为一体,注重社会实践真实需求,进一步建立科学完整、相对独立的实践课程体系。以《中医诊断学》为例,《中医诊断学》是链接中医基础和中医临床的桥梁课程,知识结构包含基本理论、基本知识和基本技能,教学内容包括中医诊法、中医辨证和诊断综合应用,具有"知识点多""部分内容抽象""理论性和实践性俱强"等课程特点,学生的直观印象就是"内容多而繁杂"。而《中医诊断学》通常又是在大学一年级第二学期开课,学生前期只学习了《中医基础理论》,中医整体思辨能力很薄弱。基于上述课程特点及其学情特征,学生容易局限于对细小知识点的把握,而忽视从整体上建构中医诊断知识体系,导致"一叶障目"。在实训课程中暴露出很多问题,即便通过强行记忆而获得满盘"珍珠",也因缺少一条串珠之线,难以统筹把握,具有很大的局限性。

(四)创新教学模式

实训课程主要运用传统现场教学法与情景教学法,缺乏案例教学、研究性教学等自主发现型实训教学,对于学生临床主动思维能力的形成培养不够,未能有效提升学生的技能水平和岗位胜任能力。另外,对于先进的虚拟仿真平台及现代化信息技术下的随堂考核评价运用较少,使得师生教学、学习策略的调整和优化不够及时。各中医药高校应不断创新教学模式,如"翻转课堂""依托网络平台的问题式学习联合案例教学法",探索建立应用型本科评价标准,如"基于客观结构化临床考试的中医学专业临床能力评价模式",注重学生综合素养的全面培养。

(五)提高职业认同感

职业认同在校实训场所教学氛围与劳动精神之间起部分中介作用,对在校生开展职业情感、职业认知等相关职业认同方面的教育,使其更好地了解与所学专业相关的职业发展前景有利于营造良好的实训氛围。实训场所的教学氛围是与实训教学活动相关,影响教学进程,并且通过实训教学影响人的因素的总体,主要由实训条件等物理因素以及师生关系、学生关系等心理因素构成,良好的实训环境能促进高职人才培养目标的实现。理论研究表明，教学氛围直接制约并影响着教学过程和结果。因此打造更接近于工作实景、理实一体的实训场所，使教学氛围更接近于实际工作场景，有利于实训效果的提升。

【实践活动】

校园义诊活动

1. 活动目的

（1）通过校园义诊活动锻炼学生综合应用望闻问切，四诊合参，搜集病史提取有效信息并做出诊断的能力，培养学生中医思维。

（2）锻炼学生针灸推拿等实践操作能力。

（3）培养学生沟通，协作组织能力与分析推理能力。

2. 活动流程

校园义诊活动	
活动时间	年　月　日
活动地点	大学校园
活动准备	（1）提前联系专业老师 （2）准备义诊所需物品（帐篷、桌椅、把脉手诊、针灸针等） （3）准备整理、清洁时所需物品和工具（扫把、抹布、脸盆等） （4）准备记录工具（手机或相机）
活动过程	（1）义诊医学生为校园同学行望闻问切四诊，辨别同学体质及病理状态，老师旁听指导 （2）对身体不舒服及处于亚健康状态得同学进行简单生活方式指导，在专业老师的指导下对症进行针灸按摩简单治疗 （3）进行简单的病历记录，教师注意引导同学思考和总结
活动安全	（1）注意设备设施安全使用 （2）注意针灸用品操作规范

3. 活动总结

（1）通过本次义诊活动的实践，我学到了哪些东西？

（2）我发现自己的专业知识还存在哪些问题？

（3）我之后应该往哪些方向努力？

4. 活动评价

评价项目	评价类型		
	自我评价	小组评价	教师评价
实训纪律			
着装规范			

续表

评价项目	评价类型		
	自我评价	小组评价	教师评价
团结协作			
知识运用			
技能水平			
专业素养			
实训总结			

注：评价等级为 A.优秀、B.良好、C.合格、D.不合格。

【思考题】

1. 中医学专业实验分为哪几类？各包括哪些具体实训课程？

2. 我还了解哪些中医实践技能竞赛？

3. 通过本章的学习，对自身以后的中医学习有何指导意义？

第六章　校外专业实习 ▷▷▷▷

【学习目标】

巩固　学习理论知识并将所学理论知识与现场生产应用进行衔接。

培养　提高综合能力素质及实践动手能力。

扩展　后续择业、深造等方面需要注意的问题。

【案例导入】

2023年2月3日下午5时40分许，南昌火车站的一则求助广播引起正在等待转乘火车的史洁的注意——下面紧急播报，在场若有医生请速与身边乘务员联系，站台处有旅客发病急需帮助……"我是丰城市中医院的实习医生，我可以来帮忙看一下吗？"得到工作人员同意后，史洁迅速跟随工作人员到站台检查发病女孩的情况。在征得女孩父母的同意后，史洁立刻从行李箱中拿出针灸用具，为女孩进行针灸治疗。"一开始我给她扎手，但是她的手抖得太厉害了，容易把针甩掉，然后我在她人中穴扎了一针，很快她的症状就好多了。整个救治过程就五六分钟。"史洁回忆道。两针下去，女孩的症状逐渐稳定下来，口角流涎也止住。在史洁眼里，医生这个职业比较特殊，需要更多的体力劳动。参加实习之后，史洁有了更多感触："治病救人不仅是体力上的消耗，更多的是心理上的压力。但这种压力与医好病人之后的成就感和幸福感是成正比的。"

（资料来源：人民日报微信公众号2023年2月13日文章）

问题：

1.作为一名实习医师，史洁同学树立了怎样的价值观？

2.通过史洁治病救人的案例，你认为实习是否很有必要？

3.通过此案例，你认为医学生如何做到理论与实践相结合？

第一节　校外专业实习概述

学生校外实习是实现本科教育培养目标，增强学生综合能力的基本环节，是学校教育教学的核心部分，要科学组织、依法实施，遵循学生成长规律和职业能力形成规律，保护学生合法权益；要坚持理论与实践相结合，强化校院协同育人，将学生职业精神养成教育贯穿学生实习全过程，促进学生技能与所学专业职业精神高度融合，服务学生全面发展，提高技术技能人才培养质量和就业创业能力。在实习教学环节中，除了完善实习保障体系（如实习经费、实习教学质量监控、便捷高效的信息化实习审批流程）、稳定的高服务效能实习基地、高占比的优质"双师型"指导教师外，实习教学模式也是影响整个实习教学成效的关键。校外实习教学模式主要包括分散实习、集体实习和顶岗实习。在此基础上，近年来教学研究人员又提出新的教学实习模式，如"顶岗与校内实习结合""双承包""弥散型""准现场"等实习模式，并取得了良好的效果。

一、实习目的

校外专业实习的目的是让学生通过实践活动，将所学的理论知识应用到实际工作中，提高专业素养和实践能力。主要有以下几个方面：第一，实践理论知识：校外专业实习提供了学生将所学的理论知识应用到实际工作中的机会。通过实习，学生可以亲身参与和体验实际工作的各个环节，加深对专业知识的理解和运用能力，进一步巩固和拓展所学的理论知识。第二，培养实践能力：校外专业实习帮助学生培养实践能力和解决问题的能力。在实习过程中，学生将面临各种实际情况和挑战，需要进行分析、判断和解决问题，这有助于提高学生的实际应用能力、创新思维和解决问题的能力。第三，认识职业岗位：通过参与校外专业实习，学生能够更加清楚地了解自己所学专业的工作内容、职业发展方向和所处行业的实际情况。这有助于学生对未来职业的规划和定位，提前适应职业生涯的要求和挑战。第四，提升就业竞争力：校外专业实习是提升学生就业竞争力的重要途径。通过实习，学生可以积累实际工作经验，拓展人脉资源，增加个人简历的亮点。这对于学生的就业和职业发展来说非常重要，有助于提高就业竞争力和获得更好的就业机会。第五，建立人脉资源：校外专业实习使学生能够接触到实际工作中的专业人士和行业人脉。与企业、组织和同行进行交流和合作，学生能够建立起广泛的人脉资源，对未来的职业发展和求职活动带来更多机会和支持。

综上所述，校外专业实习的目的是通过实践活动，提高学生的实践能力、解决问题的能力，帮助他们认识职业岗位、规划职业发展，并提升就业竞争力和建立人脉资源。这将为学生的未来职业发展奠定坚实的基础。

二、实习时间

校外专业实习的时间一般由学校和实习单位共同商定，可以是一个学期或者一个学年的时间。校外专业实习的时间通常会根据学校和实习单位的安排而定，具体时间长度可以有不同的选择：①学期制实习：学校一般会根据课程要求和学生的学习计划，安排一学期（一般为16～20周）的校外专业实习。这种实习安排通常与学期的教学安排相对应，学生在实习期间需要完成一定的工作任务，并根据要求提交实习报告或其他成果。②暑期实习：学校也会安排学生在暑期进行校外专业实习，通常从大约6月持续到8月。这种实习安排可以为学生提供一个较长的实习期间，可以更深入地参与实际工作，并有更充分的时间进行项目研究和成果产出。③长期实习：有些专业可能会要求学生参与较长时间的实习，如半年或一年的时间。这样的实习安排可以让学生在实践中更全面地了解和学习专业知识，深入参与项目或工作过程，并对行业和职业有更深入的了解。需要注意的是，不同学校和不同专业对校外实习时间的要求有所不同。学生应当根据自身的学习计划和课程要求，与学校和实习单位协商确定实习时间，确保满足学业要求的同时，有效地参与实习活动。

三、实习内容

　　校外专业实习的内容应与学生所学专业相关，可以包括实际工作任务、项目参与、数据分析等。校外专业实习的具体内容会根据学生所学专业的不同以及实习单位的需求而有所差异。以下是一些常见的校外专业实习内容：①实际工作任务：学生可能会被分配到一些实际工作任务中，例如参与项目的开发、实施和管理，进行数据分析和报告撰写，编写程序代码或设计产品等。这样的任务可以帮助学生将所学的理论知识应用于实际工作中，并提高解决问题和项目管理能力。②项目参与：学生可能会参与某个实践项目的执行，与团队成员一起合作完成特定任务。这个项目可能是实际企业所面临的挑战，学生需要根据自己所学的知识和技能，为项目的顺利进行作出贡献。通过项目参与，学生可以锻炼团队合作能力、沟通能力和解决问题的能力。③数据分析：对于一些与数据相关的专业，学生可能会进行数据的收集、整理和分析工作。他们需要掌握一些数据分析工具和技术，对收集到的数据进行清洗、统计和解读，为实际决策提供支持。这有助于学生提升数据处理和分析能力，并将所学的统计和数学知识应用到实际情境中。④产品设计与开发：对于设计类专业的学生，实习内容可能涉及产品的设计、开发和测试。学生可能需要通过实际操作使用设计软件或工具，与团队成员合作，从理念到实际产品的过程中进行迭代和改进。这有助于学生提升创意思维、设计技能和项目管理能力。⑤职业实践与观察：在某些行业实习中，学生可能会更多地从事职业实践和观察的角色。他们会与行业专业人士一起工作，观察和了解行业的运作流程、行业文化和职业要求。这有助于学生对所处行业的认知和理解，为职业选择和发展提供指导。

　　总之，校外专业实习的内容将与学生所学专业密切相关，旨在让学生将所学的理论知识应用到实际工作中，提升实践能力和解决问题的能力。通过实习，学生有机会参与各种具体项目、工作任务和职业实践，在实践中不断学习和成长。实习内容的具体安排将由学校和实习单位共同商定。

四、实习报告

　　学生在校外专业实习结束后，通常需要撰写实习报告，总结实习期间的工作经验和所取得的成果。校外专业实习报告是学生在完成校外实习后撰写的一份总结性文件，主要目的是对实习期间所进行的工作、经验和成果进行系统性记录和反思。下面是一般实习报告的常见结构和内容：①引言部分：简要介绍实习的背景和目的。简述所在实习单位的背景和行业情况。②实习单位概况：对实习单位的组织结构、业务范围、产品或服务进行介绍。简要描述实习单位所从事的具体项目或工作。③实习内容与任务：具体说明实习期间所完成的工作内容、任务和项目参与情况。详细描述自己所负责的具体工作和任务，并解释其与所学专业的关联。④实习经验与收获：总结实习期间的体验、感悟和成长。分析实习期间遇到的挑战和问题，并提出解决方案。探讨实习经验对个人职业发展的影响和启示。⑤成果与贡献：总结实习期间的成果，如提出的建议、解决的问题、参与的项目等。分析自己在实习中发挥的作用和取得的成绩，并阐述对实习单位的贡献。⑥心得与建议：总结整个实习过程中的心得和收获。提出对实习单位的建议和改进意见，以及对未来学校实习安排的建议。⑦结论部分：对整个实习的总结和评价，并对实习期间的自身表现进行评价和反思。⑧参考文献：如有需要，列出对实习报告撰写有重要参考价值的文献和资料。

　　实习报告需要遵循学校或实习单位的具体要求和规范，如字数限制、格式要求等。在撰写实习报告时，应注意语言简练、内容准确、结构清晰，并结合自身实际经历进行描述和分析。另外，实习报告可以辅以一些实习过程中的实际案例、数据、图表等来支持描述和分析。这样可以更好地展示个人在实习中的工作能力、专业知识应用和问题解决能力。需要注意的是，不同学校和不同专业对实习报告的要求可能有所不同，因此请务必在撰写实习报告之前详细了解相关要求和指导。

五、实习评价

　　学校和实习单位会对学生的实习表现进行评价，评价内容可以包括工作态度、专业能力、团队合作等方面。校外专业实习对学生的职业发展具有重要意义，可以帮助学生了解实际工作环境，提升就业竞争力，并为将来的就业提供宝贵的经验和人脉资源。校外实习评价是实习单位或学校对学生校外实习表现的评估和评价。这种评价旨在评估学生在实习期间的工作表现、职业素养和实践能力，并为学生提供改进和成长的建议。以下是一些常见的校外实习评价项目：①工作表现：评估学生在实习期间完成工作任务的能力和表现，包括工作质量、工作态度、主动性、协作能力等。这可以反映学生在实际工作环境下的实际表现和能力水平。②专业知识与技能：评估学生在实习期间所展现的专业知识应用和技能运用能力，包括理论知识的实践应用、技术操作技能、解决问题的能力等。这能反映学生将所学的理论知识应用到实际工作中的能力。③沟通与协作：评估学生与他人沟通交流和团队合作的能力，包括口头和书面的沟通能力、合作态度、团队合作能力、冲突处理能力等。这能反映学生在团队合作中的角色和能力。④职业素养：评估学生在职业操守、职业道德和职业规范方面的表现，包括诚信、责任感、专业形象等。这能反映学生是否具备良好的职业素养和职业道德。⑤学习和改进：评估学生在实习期间的学习态度和自我提升能力，包括学习能力、自我反思和改进能力等。这能反映学生是否具备不断学习和成长的心态。评价内容通常会采用定性描述和评级评定的方式进行，并会有相应的评价表或评估标准作为指导。实习单位或学校会根据自身需求以及实习岗位的特点，制定相应的评价指标和评价标准。

　　另外，实习评价还可以用于鉴定学生是否达到实习的学分要求，并对学生的实习成绩进行评定。这些评价结果可以作为学生个人学习记录和职业发展建议的重要依据。需要注意的是，不同实习单位和学校会有不同的评价要求和方式，具体的评价细节会根据实际情况而有所差异。因此，学生在进行校外实习之前应详细了解并遵守实习单位或学校的评价规定和要求。

第二节　校外专业实习与劳动

校外专业实习和劳动是两个不同的概念，它们有一些相似之处，但也存在一些重要区别。

一、校外专业实习的特征

校外专业实习是学校为了促进学生与真实工作环境接触和实践能力培养而安排的一种学习活动。它旨在帮助学生将所学的理论知识应用于实际工作中，提升专业技能和职业素养。在校外专业实习期间，学生通常需要完成实习单位安排的项目任务，与团队成员合作，并经过实习导师或指导教师的指导和评估，获取实践经验。校外专业实习的特征可以归纳为以下几个方面。

1. 学习环境　校外专业实习是指学生在学校以外的企事业单位、科研机构、组织等进行实践学习。与校内学习环境相比，校外实习提供了与真实工作环境更贴近的学习机会，使学生能够更好地理解和应用所学专业知识。

2. 实践性强　校外专业实习注重学生的实践能力培养，通过实际工作任务，学生可以将理论知识运用到实际项目中，并获得实践经验。这有助于培养学生的操作技能、解决问题的能力以及团队合作意识。

3. 职业发展机会　校外专业实习为学生提供了了解并接触实际行业的机会，有助于学生了解自己所学专业的就业前景和发展方向。同时，实习期间学生还有机会与专业人士建立联系，积累职业资源与人脉。

4. 自我发展　校外专业实习可以帮助学生发现自己的兴趣和特长，探索自己的职业规划。通过实践，学生能够更好地了解自己的职业志向，提高自我认知和自我定位能力。

需要注意的是，校外专业实习的安排和要求会因学校、专业、企事业单位而有所不同，具体特征可能会有一定的差异。

二、校外实习与劳动的区别

虽然校外专业实习和劳动都涉及在实际工作环境中从事一定的工作，但它们之间的区别在于目的和性质上的不同。

（一）目的不同

校外专业实习的主要目的是为学生提供一个学习和实践的机会，将所学的理论知识应用于实际工作中，提升专业技能和职业素养，主要包含以下几个方面。

1. 实践技能应用　通过校外专业实习，学生有机会将在课堂上学到的理论知识应用于真实的工作环境中。实习可以帮助学生熟悉并掌握专业实践中的各种技能，例如研究方法、数据分析、项目管理等，从而提高实践能力和解决问题的能力。

2. 了解行业和职业　校外专业实习可以使学生更好地了解所学专业的相关行业和职业。通过实习，学生可以接触到真实的工作环境，与行业专业人士进行交流，了解行业的需求和发展趋势，从而对未来的职业发展有更清晰的认识和规划。

3. 培养职业素养　校外专业实习可以培养学生的职业素养和职业道德。在实习过程中，学生需要遵守实习单位的规章制度，与同事合作，处理工作中的复杂情况等，这些经历可以锻炼学生的责任感、沟通能力和团队合作能力。

4. 增加就业竞争力　通过有关行业的实习经历，学生可以提升自己的就业竞争力。实习可以为学生提供实践经验，丰富个人简历，让将来的雇主更加重视和认可学生的能力和潜力。

5. 自我认知和发展　校外专业实习还可以帮助学生在实践中了解自己的兴趣、能力和发展方向。通过实习，学生可以发现自己的优势和不足，了解自己的职业兴趣和目标，为未来的职业发展做好准备。

总之，校外专业实习的主要目的是将学生的理论知识与实际工作相结合，提升学生的实践能力和职业素养，为学生的职业发展打下坚实的基础。实习可以帮助学生了解相关行业和职业，增加就业竞争力，同时也是个人自我认知和发展的重要机会。

而劳动的目的包括满足个体的生活需求和自我发展，促进社会的经济发展和社会稳定，实现个体和社会的互利共赢。劳动是个体和社会相互依存和合作的基础，对于个人和社会的发展都具有重要的意义。劳动的目的可以归纳为以下几个方面：一是生活需求的满足。劳动的一个主要目的是通过获取经济收入，满足个体和家庭的物质生活需求，包括食物、住房、衣物、医疗等基本生活必需品。二是自我实现和成长。劳动是个体实现自身潜力和发展的途径。通过劳动，个体可以不断提升自己的能力和技能，实现个人成长和职业发展，追求个人价值和目标。三是社会奉献和责任。劳动也是要为社会作出贡献和承担社会责任。通过工作，个体能够提供各种产品和服务，为社会创造价值，促进经济发展和社会进步。四是交流和合作。劳动是个体与他人交流、合作和建立联系的机会。在工作中，个体与同事、上下级、合作伙伴等建立起社交和人际关系网络，共同合作、学习和成长。

需要注意的是，劳动的目的在不同个体和不同社会环境下会有所差异。一些人可能更注重经济收入和生活需求的满足，而另一些人可能更注重自我实现和社会奉献。此外，劳动的目的也可能随着个体的发展和变化而变化。

（二）性质不同

校外实习是指学生在校园之外的实际工作场所进行的实践性学习活动。它与课堂上的理论学习相结合，旨在为学生提供实际工作经验和实践技能的机会，加强学生的职业准备和专业素养。校外实习的性质可以总结为以下几个方面。

1. 实践性　校外实习是一种实践性的学习活动，通过在真实的工作环境中亲身参与工作任务和项目，学生能够将所学的理论知识应用于实际工作中，增强实践能力。

2. 职业准备　校外实习旨在为学生提供职业准备的机会。学生可以在实习期间熟悉特定行业或岗位的工作流程和职业要求，了解职业发展的路径和机会，为将来的就业做好准备。

3. 技能培养　校外实习有助于学生培养和提升专业技能和实际操作能力。在实习过程中，学生可以学习并实践特定的技术和工作技能，提高自己在相关领域的能力水平。

4. 人际交往与合作　校外实习提供了与职场上的同事、上级和客户等进行交流和合作的机会。学生能够学习和发展在团队合作、沟通协调、解决问题等方面的能力，培养良好的职场人际关系。

5. 职业导向　校外实习有助于学生对自身职业兴趣和目标的了解和确认。通过实践经验的积累，学生可以更清楚地认识自己的兴趣、才能和职业发展方向，为未来的职业生涯做出明智的决策。

校外实习的性质使得学生能够在实践中学习和成长，对将来的职业发展起到积极的促进作用。同时，学校和实习单位之间的合作也能够促进教育与社会产业界的深度融合，提高教学的实践性和职业导向性。

而劳动的性质可以从以下几个不同的角度进行理解和描述：一是实质性。劳动是人们通过投入体力或智力，以改变和影响物质世界的实质性活动。它不仅是简单的工作行为，还是通过一系列的有组织的努力，创造出各种产品和服务，推动社会的发展和进步。二是价值创造。劳动是价值创造的源泉，人们通过劳动将自然资源加工、转化和利用，创造出具有经济价值的产品和服务。劳动的产品被用于满足消费者的需求，同时也为劳动者带来经济回报。三是社会关系。劳动涉及人与人之间的社会关系，无论是个体在自己的工作岗位上还是劳动者之间的协作与合作，劳动都需要建立和维持各种社会关系，包括雇佣关系、合作关系、上下级关系等。四是价值体现。劳动体现了劳动者的个人价值和社会价值，个体通过劳动可以充分发挥自身的能力和潜力，实现自我价值，对社会做出贡献。同时，劳动也是劳动者获得社会认可和经济报酬的途径。五是制约和约束。劳动者也受到一定的制约和约束，需要遵守法律法规、伦理道德和职业规范，同时会受到各种工作条件、环境和要求的约束。劳动者在劳动过程中需要遵守规则和要求，维护自己的权益和安全。

总的来说，劳动是一种实质性的活动，通过投入体力和智力改变和影响物质世界，创造价值和满足人们的需求。劳动涉及社会关系、价值体现和制约等多个方面，既为劳动者带来经济回报，也为社会的发展作出贡献。

第三节　校外专业实习的具体操作

校外专业实习的具体操作可以根据实习的要求和安排有所不同，以下是一些常见的校外专业实习操作步骤。

一、实习前准备

在进行校外实习之前，准备工作是非常重要的，以下是一些常见的校外实习前准备。

1. 目标设定和选定实习方向 明确自己想要实习的领域和行业，并设定实习的目标。了解自己的兴趣、技能和职业发展方向，选择与之匹配的实习方向。

2. 研究和了解实习单位 详细研究和了解自己感兴趣的实习单位，包括其业务领域、组织结构、文化氛围和发展前景。这可以帮助自己更好地适应实习环境，并展示自己对该单位的了解和热情。

3. 准备个人简历和求职信 更新和完善个人简历，并撰写一封与实习申请相关的求职信。确保简历清晰、准确地展示自己的教育背景、技能和经验，使其与申请的实习岗位相匹配。

4. 提前联系和沟通 尽早联系实习单位，了解其对实习生的需求和要求。可以通过邮件、电话或面对面的方式与实习导师或负责招聘的人员进行沟通，表达自己的兴趣和热情，并了解实习安排和注意事项。

5. 准备面试和笔试 某些实习岗位可能要求进行面试或笔试。提前准备好可能会被问到的问题，并展示自己的能力和适应能力。此外，如果需要进行笔试，提前做好相应的准备，熟悉相关的知识和技能。

6. 了解实习合同和权益 在接受实习之前，了解实习合同的内容，包括实习期限、薪酬、工作时间、保险等方面的条款。确保了解自己的权益和责任，如有需要，可以咨询相关法律事务，以确保自身权益的保障。

以上是一些校外实习前的常见准备工作。准备充分并确保与实习单位的互动和沟通是非常重要的，这有助于提高自己的竞争力，并在实习中取得更好的学习和发展机会。

二、选择实习单位

选择适合的实习单位对于大学生来说是很重要的，下面是一些关于实习单位选择的建议。

1. 明确实习目标 首先，明确自己对于实习的目标和期望。考虑自己想要在哪个领域或行业进行实习，以及自己希望在实习中获得什么样的经验和技能。

2. 研究实习单位 仔细研究感兴趣的实习单位。了解他们的业务领域、公司文化、发展前景等信息。可以通过公司网站、社交媒体、新闻报道等渠道获取相关信息。

3. 与前辈或校友交流 尝试与已经在该实习单位工作或曾经在该单位实习的前辈或校友交流，了解他们的经历和感受。他们可以提供实际的经验和建议，帮助自己做出更好的决策。

4. 实习内容和学习机会 了解实习单位提供的具体实习内容和学习机会。考虑实习的任务和项目是否与自己的兴趣和专业背景相匹配，以及能否获得实践经验和提升技能的机会。

5. 考虑公司规模　考虑实习单位的规模和性质。大公司可能提供更多的资源和培训机会，但小公司或初创企业可能能够提供更多的自主性和快速成长的机会。

6. 招聘信息和面试体验　留意招聘信息，了解实习单位对于实习生的要求和期望。在面试中，试着了解更多关于实习单位的信息，提问有关实习内容和发展机会的问题。

7. 考虑地理位置和实习期限　考虑实习单位的地理位置是否方便，实习期限是否与自己的时间安排和学业相适应。

最重要的是，坚持自己的兴趣和充分了解实习单位的情况。选择一个适合自己目标和发展的实习单位，将为未来的职业发展打下坚实的基础。

三、实习过程

校外实习过程通常包括以下几个阶段。

1. 面试和录用　成功申请到实习机会后，可能需要参加面试或面试加笔试环节。通过面试展示自己的能力和适应性，以获得实习录用的机会。

2. 实习合同和安排　一旦被录用，实习单位通常会签订实习合同，并明确实习期限、报酬、工作时间等细节。在实习开始前，也会有一些必要的安排，如提供相关联系人的信息、实习指导人员的指派等。

3. 适应和熟悉环境　实习开始后，需要适应新的工作环境和团队。熟悉实习单位的组织结构、部门职责、工作流程以及公司文化。与同事建立良好的工作关系，并向导师或上级请教相关问题。

4. 执行实习任务　实习期间，将被分派具体的任务和项目，根据导师或上级的指导，按时完成工作。确保与团队保持沟通，高效地执行任务，积极参与工作并向他人学习。

5. 学习和成长　实习是一个学习和成长的过程。与导师和同事学习和交流，掌握新的知识和技能，提升专业能力和解决问题的能力。参与公司活动或培训项目，尽可能地扩展自己的实践经验。

6. 反馈和评估　在实习结束前，可能会接受实习导师或主管的评估和反馈。这有助于你了解自己的表现和提供改进的机会。接受反馈，并努力改进自己的不足之处。

7. 结束和总结　实习结束时，需要与实习单位进行交流，完成相应的手续和文件，如实习结业证明和离职手续。同时，也可以总结实习经历和所学到的知识，为之后的求职或学习做准备。

重要的是，在整个实习过程中要保持积极的态度、灵活的思维，并努力融入实习单位的工作环境。与同事建立良好的人际关系，尽可能多地参与各种机会，为自己的职业发展打下良好的基础。

四、实习记录和反思

实习记录和反思是对实习经历进行总结和评估的重要步骤。以下是一些关于进行实习记录和反思的建议。

1. 记录实习任务和项目 在实习期间，记录下自己参与的任务和项目，包括具体的工作内容、所使用的工具和技能，以及在完成任务中遇到的挑战和解决方案。这将有助于回顾和展示实习期间的工作经验。

2. 反思实习目标 回顾在实习开始时设定的目标，进行反思和评估。考虑自己在实习期间是否达到了这些目标，实习是否符合自己的预期。如果有差距，思考原因和改进的措施。

3. 分析自身成长 思考在实习过程中自己的个人成长和进步，识别自己在专业知识、技能、沟通能力和解决问题能力方面的提升。考虑实习对自己的职业发展有何影响，并记录下这些成长经历。

4. 反思团队合作和人际关系 评估自己与实习单位的团队成员和同事的关系。思考自己在合作中的角色和表现，以及与他人的相处方式。识别自己在团队合作和人际关系方面的优点和改进的空间。

5. 总结收获和教训 总结自己在实习中获得的收获和教训。考虑自己从实习中学到的最有价值的经验和教训，并思考如何应用这些经验和教训到未来的职业发展中。

6. 制定行动计划 根据自己的实习记录和反思，制定一个行动计划来继续改进和发展。设定具体的目标和步骤，以提高自己在实习期间发现的有待提升的方面。

最重要的是，保持客观和积极的态度进行反思，并将这些经验和教训应用到未来的学习和职业发展中。记录实习经历和反思将有助于有效地评估自己的表现，并在未来的求职中提供有力的材料和经验支持。

五、实习报告和总结

实习报告和总结是对整个实习期间经历和成果的总结和记录。以下是一些关于撰写实习报告和总结的建议。

1. 引言 在报告的开头，介绍实习单位和实习的时间范围。简要描述实习的目的和主要任务，引发读者的关注。

2. 实习任务和项目 详细描述在实习期间参与的任务和项目，包括具体的工作内容、使用的工具和技能，以及完成任务的过程和成果。提供相关数据、图表或图像来支持相关描述。

3. 学习和成长经历 描述在实习期间的学习和成长经历，包括获得的新知识、技能和解决问题的能力。强调实习对于个人和职业发展的贡献，并举例说明具体的经历和收获。

4. 人际关系和团队合作 评估与实习单位的团队成员和同事的关系，描述在团队合作中所扮演的角色和实践的表现，讨论与团队的合作能力和人际交往技巧的成长。

5. 解决问题和创新能力 强调在实习期间所展示出的解决问题能力和创新能力，举例说明遇到的挑战，以及采取的创新方法和解决方案，并讨论自己的决策过程和结果。

6. 总结和结论 总结整个实习期间的经历和成果，回顾实习目标是否达到，并提供对实习单位的反馈和建议。强调实习对个人职业发展的价值和影响。

7. 附录　在报告的附录中，包括相关的支持材料，如实习项目的文件、团队成员的反馈和评估，以及其他相关的证明和文件。

在撰写实习报告和总结时，确保清晰、简洁地表达自己的观点和经验。使用适当的段落和标题来组织报告，并编辑和校对文稿以保证其准确性和易读性。

最后，将实习报告和总结分享给相关的人员和机构，以展示自己的实习成果和学习经验，它可以成为未来求职或学术申请中有力的证明材料。

第四节　校外专业实习需要注意的问题

进行校外专业实习时，有一些重要的问题需要注意。以下是一些常见的注意事项。

一、实习协议

确保与实习单位签订实习协议，明确双方的权利和义务，确保双方都理解和遵守实习的规定和约定。实习协议是实习双方（实习生和实习单位）之间达成的一份书面协议，用于规定实习期间的权责和约束关系。以下是一份实习协议可能包含的主要内容：①双方基本信息：实习生和实习单位的基本信息，包括姓名、联系方式等。②实习时间和地点：规定实习的起止时间、每周实习天数、实习单位的地址等。③实习内容：详细阐述实习工作的具体内容和任务，包括需求和要求。④实习报酬：双方对于实习报酬的约定，包括实习生可能获得的工资、补贴或其他形式的报酬。⑤工作时间和休假：规定实习生的工作时间、加班情况和休假安排。⑥保密条款：约定实习生在工作期间需要保守的商业机密或敏感信息。⑦知识产权：明确实习期间产生的知识产权归属。⑧终止条件：规定实习协议的终止条件，包括双方解除协议的情况和提前终止协议的程序。⑨其他约定事项：可以根据实际情况添加其他相关约定事项。请注意，实习协议的具体内容可能因国家、行业和实习单位的要求而有所不同。在签署实习协议之前，建议双方仔细阅读并确保理解其中的条款和条件。

二、保护个人信息

在实习过程中，注意保护个人的隐私和机密信息，遵守实习单位的保密规定，并妥善处理和保管与实习相关的机密文件和数据。在实习过程中，保护个人信息非常重要。以下是一些可采取的措施：①保密责任：实习单位应对实习生的个人信息保持严格的保密，切勿将其泄露给无关人员。②数据安全：实习单位应采取必要的措施，确保实习生的个人信息在储存和传输过程中的安全性，例如使用加密技术、安全互联网连接等。③职员培训：实习单位可以为员工提供有关个人信息保护的培训，加强他们对数据隐私的意识和责任。④最小权限原则：实习单位应仅授予员工访问和处理实习生个人信息所必需的权限，并定期评估这些权限，避免滥用或不必要的访问。⑤安全措施：实习单位应采取技术措施，例如使用防火墙、更新安全补丁、安装杀毒软件等，确保网络和系统的安全。⑥文件保管：实习单位应妥善保管含有实习生个人信息的文件和记录，确保它们不被未授权人员访问、修改或遗失。⑦合规性：实习单位应遵守适用的隐私保护法律和监管要求，确保个人信息的合法收集、使用和处理。⑧处理安全事件：如果发生数据泄露、安全漏洞或其他个人信息安全事件，实习单位应立即采取必要的措施应对，并及时通知相关当局和受影响的实习生。

需要注意，以上只是一些常见的措施，具体的个人信息保护措施应根据实习单位的具体情况和适用的法律法规采取。实习生在发现个人信息被泄露或存在安全隐患时，应及时与实习单位沟通并寻求解决办法。

三、学习与实践结合

将课堂学习与实际工作相结合，在实习中运用所学的理论知识，并努力学习并掌握与实习任务相关的专业技能。要在实习中将学习与实践相结合，可以考虑以下几个方面：①提前准备：在实习开始之前，了解实习单位的业务和相关知识，对实习内容有一定的了解，这样可以更好地将理论知识应用到实际工作中。②主动学习：积极主动地向实习导师和其他员工请教问题，寻求学习机会和反馈。探索和了解实习单位的工作流程、业务模式和专业技能。③目标制定：与实习导师讨论并制定实习期间的学习目标和计划。明确自己希望在哪些方面获得经验和知识，从而将学习与实践相结合。④实践反思：在工作实践中，及时反思自己的工作表现和学习成果，思考如何改进和提升。与导师或其他员工沟通，分享自己的观察和思考，寻求改进的建议。⑤多角度观察：在实习过程中，尽量接触不同部门或项目，了解和体验不同的工作内容和方式。这样可以拓宽自己的视野，培养全面的能力和思维方式。⑥记录总结：在实习期间，及时记录自己的学习心得和体会，形成实习笔记或总结报告。回顾自己的成长和经验，可以更好地将学习与实践相结合，形成有价值的学习成果。⑦寻求挑战：在实习中主动寻求新的挑战和任务，承担更多责任，并尝试解决实际工作中的问题。这样可以提高自己的能力和技能，加深学习和实践的结合。

通过以上方法，可以在实习中获得更多的学习机会，并将所学知识与实际工作相结合，提高自己的实践能力和职业发展前景。

四、保持良好的职业素养

在实习中保持良好的职业素养是非常重要的，以下是一些建议：①专业形象：着装得体、仪表整洁，保持良好的职业形象。遵守单位的着装要求和行为准则，展现出专业的态度和外表。②诚实守信：在实习过程中，要遵守承诺和诺言，按时完成任务，保持诚信和守信。避免虚假宣传、抄袭等违反道德规范的行为。③礼貌待人：与同事、导师和其他人员保持礼貌和尊重的沟通。尽量避免争吵、冲突和不适当的言行，建立良好的合作关系。④保护机密信息：遵守保密协议，确保不泄露公司机密信息或他人的私人信息。尊重知识产权，避免侵权行为。⑤主动学习：积极主动地向导师和同事请教问题，持续学习和提升自己的专业知识和技能。尊重他人的经验和意见，并愿意接受反馈与指导。⑥高效工作：遵守规定的工作时间和工作制度，按时完成任务。保持高效、组织良好的工作方法和时间管理，展现出对工作的责任心和承诺。⑦团队合作：尊重团队成员，有效地与他人合作，共同完成工作任务。愿意分享自己的知识和经验，协助他人解决问题。⑧建设性沟通：与同事和上级保持良好的沟通和协调，避免传闻和八卦。及时沟通工作进展、意见和问题，避免信息不畅或误解。⑨胜任工作职责：尽力完成分配的工作任务，主动承担更多责任。保持学习和成长的态度，不断提升自己的能力和技能。⑩尊重多样性：尊重和欣赏不同性格、背景和文化的个体。避免歧视、偏见和不公平对待。通过遵循以上职业素养的原则，将能够在实习中展现出优秀的职业素养，树立良好的口碑和形象。同时，这些素养也将对个人的职业发展有着积极的影响。

【知识拓展】

践行实践的经典名言

读书虽可喜，何如躬践履。

——清·刘岩《杂诗》

古之学者，知即为行，事即是学；今之学者，离行言知，外事言学。

——明·薛应旂《薛方山纪述》

【实践活动】

寻找"最美见习生"

1. 活动目的 培养医学生的职业精神和高尚的医德医风。

2. 活动内容 围绕提升专业水平，暑期组织医学生到医院、诊所等开展见习活动，在见习中巩固所学理论知识，进一步熟练掌握专业操作技能，加强对医护工作的认知，树立全心全意为患者服务的意识。

3. 活动总结 见习结束后，开学后的第二周上交见习报告册，要求数据翔实、图文并茂，可写参与见习的亲身感受、体会、感想等，鼓励参与同学以视频等多样的形式展示见习中的所得所获，并附上相关活动照片（3～5张）。

4. 活动评价 根据小组讨论和课堂展示情况进行小组成绩的给定。

【思考题】

1. 作为一名大学生，你认为校外专业实习的意义是什么？

2. 与理论学习相比较，你认为校外专业实习应该注意哪些问题？

3. 结合你所学的专业，如何才能做到理论与实践相结合？

第七章 勤工助学 ▷▷▷

【学习目标】

巩固 勤工助学的含义与意义，区分勤工助学的理解误区，勤工助学的实施步骤与流程等主要知识点。

培养 树立自立自强、艰苦奋斗的创新创业就业精神，增强学生社会实践能力，帮助学生渡过难关，顺利完成学业。

扩展 转变观念，增长才干，开阔视野与前瞻性的思维，培养规划和发展职业生涯与人生发展的综合素质能力，为中医药发展贡献智慧与力量。

【案例导入】

邵经明，字心朗，号常乐老人。1911 年 3 月生于河南西华县，2012 年 10 月 7 日病逝于河南中医学院，享年 103 岁，邵先生是我国著名的针灸专家，首批国家级名老中医，享受国务院政府特殊津贴，曾受到国家主席的亲切接见。他是当代河南省针灸事业发展的奠基人，荣获河南省中医事业终身成就奖。他一生锐意进取，立言立行，硕果纷呈。

邵经明教授 1911 年出生于河南西华县，幼读私塾，诵读经史，20 世纪 30 年代起便开始悬壶于西华、周口等地，他精于针术，工于汤药，临床讲究方精穴简、理明证清、效专力宏，重视中西合璧，四诊同参，针药并用，内外兼治，尤其研创的"三穴五针法"治疗哮喘更是独具匠心，疗效非凡，堪称针界奇迹。除针灸治疗外，邵老对火针和三棱针的应用可谓一绝，外科病、皮肤病，如瘰疬、流痰、腱鞘囊肿等，汤药不及病所者，运用火针或三棱针治疗颇有收效。此外邵经明教授将针刺手法与气功结合，独创"热感手法"治疗冷风顽痹之证，屡收奇效。邵老坚信"针灸药三者相兼而可以得言医"，临证或用针，或用灸，或用药，或针药并用，广开治路，不拘一法。

邵经明教授不仅临床经验丰富，针术精湛，医风淳朴，而且理论学术上取得了巨大的成就。他曾参编第二、第三版全国高等中医院校教材《针灸学》《各家针灸学说》等；曾担任《中国针灸大全》副主编；参加《当代中国针灸临证精要》等多部专业书籍的撰写；他还总结自己多年的临证经验，编著《针灸简要》《针灸锦囊》《针灸防治哮喘》（曾获省教委科学专著二等奖）等书；为使农村基层医生也能更全面地掌握和运用中医药，他利用诊余假日，结合自己几十年的行医经验，编写《中医知要》一书，内容包括中药、方剂、针灸、治疗等各个方面，达 25 万字之多，语言浅显易懂，医理深入浅出，便于基层同仁学习和掌握。邵经明教授还发表学术论文 60 余篇，其中两篇与哮喘研究相关的论文曾在国际性学术会议上宣读。

2012年国家中医药管理局下发了《关于公布第一批全国中医学术流派传承工作室建设单位名单的通知》，"河南邵氏针灸流派传承工作室"被批准为首批全国中医学术流派传承工作室建设单位，成为全国首批仅有的64家中医流派之一。

（资料来源：邵素菊. 圣心仁术——针灸大师邵经明［M］. 郑州：河南科学技术出版社，2015.）

问题：

1. 邵经明教授悬壶济世创造了哪些价值？
2. 邵经明教授临床诊病属于哪种类型的劳动？
3. 邵经明教授的医学之路给了你怎样的启示？

第一节　勤工助学概述

勤工助学作为学生资助制度的一个重要组成部分，对于解决学生经济来源问题、锻炼动手能力以及培养自立精神，尽早适应社会等方面具有重要意义。

一、勤工助学的定义与宗旨

（一）勤工助学的定义

勤工助学活动是指学生在学校的组织下利用课余时间，通过劳动取得合法报酬，用于改善学习和生活条件的社会实践活动。勤工助学是学校学生资助育人、劳动育人工作的重要组成部分，是提高学生综合素质和资助家庭经济困难学生的有效途径，学生应具备身体健康、学习认真、品行端正、能胜任工作、遵章守纪等基本条件。

（二）勤工助学的宗旨

勤工助学活动坚持"立足校园、服务社会"的宗旨，按照学有余力、自愿申请、信息公开、扶困优先、竞争上岗、遵纪守法的原则，由学校在不影响正常教学秩序和学生正常学习的前提下有组织地开展。勤工助学有助于贫困家庭学生获得一定经济收入、缓解经济困难，帮助他们自立自强、艰苦奋斗、创新创业就业精神，增强学生社会实践能力，帮助学生渡过难关，顺利完成学业，体现了思想政治教育坚持"解决思想问题与解决实际问题相结合"的原则，勤工助学是关心和服务贫困家庭学生的有效途径，对促进社会公平正义、构建和谐校园都具有重要作用。

二、勤工助学的实践意义

勤工助学由来已久，它在我国教育史上有着光辉的一页。习近平总书记指出："'人生在勤，勤则不匮。'幸福不会从天降，美好生活靠劳动创造。"开展大学生勤工助学活动，对于大学生改善学习生活条件，拓展知识面，实现自我价值，提高实践能力、处理现实问题等素质和品质，具有重要的现实意义。

（一）有助于改善经济条件，为学习、生活提供良好支持

学生在学有余力、时间充裕的基础上，可以通过自己的有效劳动（勤工助学活动）获得相应的报酬，以解决家庭经济困难并改善自己的学习和生活条件，使自己顺利渡过难关。勤工助学作为一项教育经济活动，在一定程度上能改善大学生的学习及生活条件，解除学生的后顾之忧，使他们安心学习，为他们提供更好的学习支持。

（二）有助于拓展知识面，促进自我价值的实现

勤工助学是多层次、多功能、多形式的社会实践活动，是课堂教育的补充和拓展，是帮助学生德智体美劳全面发展、提高自身素质素养的重要实践平台。在勤工助学活动中，学生加深了对国情、社会、民情、校情、学情的了解，不断修改、补充、深化自己的劳动认知，使自己的目标贴近客观实际，个人追求贴近社会需求，个人价值融入国家命运，从而实现自身人生价值。

（三）有助于提高学生实践能力和独立处理问题的能力

在勤工助学活动中，学生需要独立面对学校这个小社会，有时遇到问题需要独立判断，做出决定，需要自己承担部分责任。这个过程有责任、有压力、有目标、有评价，而这个过程中的收获也是全方位的，学生可以在多个勤工助学实践活动中走向成熟、走向自信自立，能够在实践工作中不断提升自身素质、办事能力和交际能力。

勤工助学活动是我国教育事业中的一项优良传统和特色，既可以满足学生在经济上的诉求，又可以培养学生自立自强精神，增强学生社会实践能力，帮助学生顺利渡过难关、完成学业，是提高学生综合素质和资助家庭经济困难学生的有效途径，是社会主义教育的一个不可缺少的组成部分，是实现全员育人、全程育人、全方位育人的有效平台，是培养四有新人的重要途径，是全面落实立德树人根本任务途径之一，同时勤工助学在深化教育改革，培养德、智、体、美、劳全面发展的建设者和接班人方面，具有重要的地位和作用。

【名家名言】

一个健康向上的民族，就应该鼓励劳动、鼓励就业、鼓励靠自己的努力养活家庭，服务社会，贡献国家。

——习近平

三、学校组织机构和职责

（一）学校学生资助工作领导小组全面领导勤工助学工作

学校学生资助工作领导小组在工作安排、人员配备、资金落实、办公场地、活动场

所及助学岗位设置等方面给予大力支持，在各部门、单位的配合下，为学生勤工助学活动提供指导、服务和保障。

（二）学生资助管理中心工作职责

学生资助管理中心具体负责全校勤工助学的日常管理工作，其工作职责有以下几方面。

1. 制定学生勤工助学管理办法。

2. 管理、使用和审批学校勤工助学专项资金，核算勤工助学活动的工作量、劳动强度，制订校内勤工助学岗位的报酬标准，并负责酬金的发放和管理工作。

3. 确定校内勤工助学岗位。协调校内各单位，引导和组织学生积极参加勤工助学活动，指导和监督学生的勤工助学活动。

4. 开发校外勤工助学资源，积极收集校外勤工助学信息，开拓校外勤工助学渠道，增加校外勤工助学岗位，并纳入学校管理。

5. 接受学生参加勤工助学活动的申请，优先考虑为家庭经济困难学生安排岗位，为学生和用人单位提供及时有效的服务。

6. 组织学生开展必要的勤工助学岗前培训和安全教育，维护勤工助学学生的合法权益。

7. 加强对勤工助学学生的思想政治教育，帮助他们树立正确的劳动观。进行勤工助学活动的工作总结，对在勤工助学活动中表现突出的学生予以表彰和奖励。对违反勤工助学协议的学生，可按照协议停止其勤工助学活动。对在勤工助学活动中违反校纪校规的，按照学校管理规定进行教育和处理。

四、勤工助学岗位的设置

（一）校内勤工助学岗位的设置

1. 设岗原则　以工作需要和工时数量设立岗位。学校对各单位申报的岗位进行调查，确定岗位的数量和具体设置。设置的岗位数量既要满足学生的工时需求，又要保证学生不因参加勤工助学而影响学习。学生参加勤工助学的时间原则上每周不超过 3 小时。

2. 岗位类型　勤工助学岗位分固定岗位和临时岗位。

（1）固定岗位是指持续一个学期以上的长期性岗位和寒暑假期间的连续性岗位。

（2）临时岗位是指不具有长期性，通过一次或几次勤工助学活动即完成任务的工作岗位。

（3）校内勤工助学岗位设置应以校内教学助理、科研助理、行政管理助理和后勤服务等为主，但应突出中医药岗位设置。

（4）学校后勤部门应大幅度减少雇用临时工，调整出适合学生参与管理和服务的岗位，为学生提供更多的勤工助学机会。

（二）岗位申请

1. 固定岗位　各有关部门根据用工实际需求，提出设立固定岗位的申请，申请内容包括酬金来源、用工量、劳动强度、工作性质、工作时间、建议酬金等几方面。填写相关表格报学校学生处学生资助管理中心审核，学校批准后方可设岗。

2. 临时岗位　用工单位一般应提前 5 个工作日向校学生资助管理中心提出申请，填写用工相关表格，经批准后方可用工，上岗人员原则上由学校统一安排。

（三）校外勤工助学活动的管理

1. 管理部门　校外勤工助学活动必须由校学生资助管理中心统一管理，并注重与学生学业的有机结合。

2. 管理规定　校外用人单位聘用学生勤工助学，须向校学生资助管理中心提出申请，提供法人资格证书副本和相关的证明文件。经审核同意，学校推荐适合用人单位工作要求的学生参加勤工助学活动。

五、勤工助学的范围及要求

凡注册在校的研、本、专科统招学生，在不影响正常学习、完成应学专业的情况下，均可参加学校组织的勤工助学活动。活动范围及要求如下。

（一）岗位范围

学生勤工助学以参加校内生产活动、助教、助研、实验室、校办产业、后勤服务及公益性劳动为主要内容，可以结合自己所学专业及特长到社会上兼职、从事家教、家庭服务等。

（二）岗位要求

1. 自尊、自重、诚实劳动　不得组织学生参加易对人体造成伤害和危险的特殊行业和专业劳动，任何个人或组织不得组织学生到社会上陪酒、陪舞、陪唱。

2. 定期汇报　凡是参加勤工助学的学生，对待自己的岗位工作，要认真负责，及时向有关部门汇报工作和生活情况，以便及时调整。

3. 自愿申请　参加勤工助学的学生，以家庭经济困难学生为主，兼顾岗位的性质和要求。愿意参加勤工助学活动的学生，写出书面申请，向所在学院报名，由各学院根据学校分配的勤工助学岗位安排学生参加勤工助学。

六、勤工助学酬金标准及支付

（一）酬金标准

1. 校内固定岗位按月计酬　校学生资助管理中心审批，学校计财处统一发放。

2. 校内临时岗位按小时计酬　每小时酬金可参照有关部门规定的最低小时工资标准合理确定，原则上每小时不低于 8 元人民币。特殊情况的酬金标准由校学生资助管理中心研究决定。

3. 校外勤工助学酬金标准　不应低于学校当地政府或有关部门规定的最低工资标准，由用人单位、学校与学生协商确定，并写入聘用协议。

（二）酬金支付

学生参与校内非营利性单位的勤工助学活动，其劳动报酬从勤工助学专项资金中支付；学生参与校内营利性单位或有专门经费项目的勤工助学活动，其劳动报酬原则上由用人单位支付或从项目经费中开支；学生参加校外勤工助学，其劳动报酬由校外用人单位按协议支付。

七、勤工助学其他事宜

校学生资助管理中心负责全校勤工助学工作的统一组织领导和协调，各用工单位要切实负起岗位申报、管理、考核等职责。各用工单位按时将相关表格报校学生资助管理中心，校学生资助管理中心汇总、审核，报主管校领导审批后，会同计财处及有关部门安排酬金发放。

【知识拓展】

勤工助学沿革

最早勤工活动的源头是在 1915 年，由李石曾、蔡元培、吴玉章等人在巴黎成立"留法学生俭学会"，帮助更多的中国人走出国门学习西学，掀起一股勤工俭学留学法国的风潮。参加勤工俭学运动的留学生，包括周恩来、邓小平、张振华等著名人士。早期的勤工俭学和爱国救国活动联系一起，爱国人士为求改变中国弱势和引进西方科学文化。随着勤工活动对象逐渐从留学生回归到大多数的国内学生中去，勤工俭学日渐成熟。社会、学校倡导"生活节俭，课余勤工"的勤工俭学思想，并通过国家助学金帮助学生安心学习。其针对的，是那些经济困难但想通过勤工来继续求学的贫困学生。勤工活动使得众多学校成立了勤工组织，从而对大量学生继续求学有着巨大作用。

由于目前生活条件的迅速提高和国力的迅猛发展，逐渐形成"勤工者未必俭学者"的转变。继承了勤工俭学的内涵，勤工俭学的发展跳出了原先陈旧的体制和形式结合实际、实践的一种改进。随着其需求增加，大多高校都设置了专门管理勤工助学的部门，提供的勤工助学岗位针对补贴贫困生。学生不仅希望改善生活，实际上都希望得到锻炼，带来实践的提高，思想的磨砺，增强对社会认识。对于勤工助学的勤工俭学活动及报酬，财政部、教育部亦对之作出一些原则性规定，以求保障学生和保证学生的安全。勤工助学随着社会发展除将成为社会实践形式之一，也将原有"俭学"内涵完全更新成"助学"，帮助学生在校的学习、知识的学习、能力的学习、实践的学习等，以及增加学生的创业活动。

（资料来源：勤工助学 _360 百科 . https://baike.so.com/doc/6479432-6693135.html）

第二节　勤工助学与劳动

人生活在社会环境之中，社会生态变迁与人的身心健康和疾病的发生有着密切关系。社会角色、地位的不同，以及社会环境的变动不仅影响人们的心身功能而且疾病谱的构成也不尽相同。《医宗必读·富贵贫贱治病有别论》云："大抵富贵之人多劳心，贫贱之人多劳力。富贵者膏粱自奉贫贱者藜藿苟充。富贵者曲房广厦，贫贱者陋巷茅茨。劳心则中虚而筋柔骨脆，劳力则中实而骨劲筋强。膏粱自奉者脏腑恒娇，藜藿苟充者脏腑恒固。曲房广厦者玄府疏而六淫易客茅茨陋巷者，腠理密而外邪难干。"由此可见，勤工助学对身心素质提高有一定作用。

党的十八大以来，党中央高度重视贫困家庭子女受教育问题。学生资助工作围绕立德树人根本任务，在做好经济保障的同时，更加注重受助学生的思想引领和品德培育，实现从保障型资助向发展型资助的转变。勤工助学是高校学生资助体系的重要组成部分，也是一项具备劳动育人、实践育人等育人功能的校内社会实践和思想政治教育的有效形式。

教育部、财政部关于印发《高等学校勤工助学管理办法（2018年修订）》中要求"加强对勤工助学学生的思想教育，培养学生热爱劳动、自强不息、创新创业的奋斗精神，增强学生综合素质，充分发挥勤工助学育人功能"。

一、勤工助学与劳动的关系

勤工助学在促进形成正确的劳动观念、培养良好的劳动素质、提升熟练的劳动技能等方面发挥重要的促进作用。

（一）勤工助学促进形成正确的劳动观念

当前，部分大学生中出现了追求享乐、自私自利、轻视体力劳动、生活能力差、精致利己主义、不珍惜劳动成果、不想劳动、不会劳动等与社会主义核心价值观、思想政治教育不符的现象。这种现象的出现既有家庭的影响，也有社会的影响。而勤工助学岗位的设置为学生进行劳动教育提供了很好的平台，学生在学校管理、教学、研究、公共服务等方面进行体力劳动和脑力劳动，并通过勤工助学获得合法报酬，这样既能为学校作出贡献又可实现提升自己的劳动观念和交往能力，从而认识到劳动创造美好生活，形成劳动最光荣、劳动最伟大的正确认知，党的十八大以来，习近平总书记多次论述"幸福不会从天而降""新时代是奋斗者的时代""奋斗本身就是一种幸福"等重要观点，强调"幸福都是奋斗出来的"，深刻指出了幸福的来源和真谛。

（二）勤工助学有利于培养良好的劳动素质

在勤工助学活动中，特别是校内勤工助学，师生之间进行频繁的交流合作，老师可以发现学生工作经验和实践交流技术的不足，培养学生吃苦耐劳、诚实守信、团结协作、责任意识、奋斗精神、奉献观念、文化自信等素质，为毕业后工作增加实践经验以尽快融入单位的各个方面，学生利用课余时间与精力取得劳动成果，体验成绩的取得需要付出努力，学习成绩和勤工助学一样，好成绩是需要心血和汗水的，从而深化对认真负责、吃苦耐劳、勤俭节约的理解，对父母的理解。在这种劳动过程中，学生通过自我教育形成担当、勇敢、勤俭、奋斗、团结、奉献的良好劳动品质。

（三）勤工助学提升熟练的劳动技能

人世间的美好梦想，只有通过诚实劳动才能实现；发展中的各种难题，只有通过诚实劳动才能破解，只有通过劳动才能突出重围；生命里的一切辉煌，只有通过诚实劳动才能铸就。对高校学生来说，学生通过理论学习和劳动实践，第一课堂与第二课堂相结合，努力成为德智体美劳全面发展的社会主义建设者和接班人，提升个人劳动技能尤为重要。勤工助学为大学生提供了知行合一的实践途径，学生在实践中既检验了基础理论知识，又检验了实践动手能力，既完善了知识结构又在劳动实践中增长阅历，又在勤工助学过程中，加深与老师、同学的交流交往，增强人际交往能力，提升团队协作水平，得到老师的指点和帮助。学生通过勤工助学取得劳动报酬，既减轻了家庭的经济负担，又锻炼自我支配资金的能力，为走向社会奠定基础。

二、勤工助学践行劳动育人

勤工助学作为高校学生资助育人工作中的重要一环，蕴含了劳动创造价值、劳动创造美的劳动育人属性，是开展劳动教育的重要抓手。

（一）勤工助学践行以劳育人

培养什么人、怎样培养人、为谁培养人是教育的根本问题，立德树人成效是检验高校一切工作的根本标准。帮助学生塑造正确的世界观、人生观、价值观，培养学生艰苦奋斗和自立自强的劳动精神，这是人才培养的应有之义，更是必备内容。要综合运用第一课堂和第二课堂，勤工助学增加了育人模式，是资助育人工作中的重要一环，通过开展勤工助学践行以劳育人，高校践行劳动育人就是要引导学生在实践、实训中学习，在磨砺中奋起。勤工助学作为一种有效的劳动教育形式和高校开展资助育人的第二课堂，能够深化新形势下大学生对于劳动的认知，升华劳动情感，增强劳动意识，更能深刻体会到劳动的价值与精神。

（二）勤工助学与劳动教育相辅相成

勤工助学与劳动教育相辅相成。勤工助学不仅减轻了困难家庭的经济负担，更重要的是勤工助学是开展劳动教育的有效途径，提高家庭经济困难学生的品德修养与自强自立精神，服务于人才培养中心工作。勤工助学蕴含着"劳动创造价值"的经济资助属性和劳动激励艰苦奋斗、自立自强的发展型资助育人属性。

中共河南省委、河南省人民政府《关于全面加强新时代大中小学劳动教育的实施意见》指出："以习近平新时代中国特色社会主义思想为指导，全面贯彻党的教育方针，坚持'五育并举'，大力培育和践行社会主义核心价值观，体现时代特征，把握育人导向，遵循教育规律，强化综合实施，把劳动教育纳入人才培养全过程，以劳树德、以劳增智、以劳强体、以劳育美，形成贯通大中小幼各学段，贯穿家庭、学校、社会各方面，与德育、智育、体育、美育相融合的劳动教育工作格局，积极探索具有中国特色、河南特点的劳动教育新模式，努力培养担当民族复兴大任的时代新人，培养德智体美劳全面发展的社会主义建设者和接班人。"

三、勤工助学管理方式

（一）营造勤工助学的良好氛围

在学生宿舍、教学楼、实验楼、办公楼、操场等校园内公共空间设置勤工助学文化长廊，展示我校勤工助学资助育人体系成效和学生劳动成果；在校园网展示勤工助学优秀个人及团体先进事迹；举办勤工助学"榜样的力量"先进个人事迹分享会；通过举办丰富多彩的文化活动，例如演讲、诗歌、征文、话剧、文艺演出等，赞美劳动故事，抒发劳动情怀，唱响劳动最美丽、劳动最光荣主旋律；增加勤工助学岗位数量和质量，优化岗位设置，鼓励学生结合自身实际情况选择合适的岗位，特别是加大新生入学教育力度，营造"我爱劳动、人人劳动""劳动最美丽、劳动最光荣"的勤工助学氛围。

（二）强化学校管理优势，引导学生正确看待勤工助学

学校在勤工助学中居主导地位，学校要紧密围绕"资助"和"育人"两大目标，按照"三全育人"要求，围绕高校立德树人根本任务，高校全面提升勤工助学的育人功效，既要为学生成长成才提供机会，又要保障勤工助学科学、规范、高效运转，保障勤工助学学生的劳动安全和合法权益。

对当前的大学生来讲，勤工助学是他们从学校向社会过渡的一个重要中间环节，不仅能够帮助贫困学生完成学业，对大学生的工作能力、思想品德、为民服务等方面更有着积极的意义。应该多鼓励学生在校期间参与学校勤工助学等各类活动，为他们将来走出校园，进入工作岗位打下坚实的基础。

（三）建立长期稳定的信息发布平台和辅导培训

定期、公开、及时、准确地发布岗位需求信息，避免随意性的微信群、QQ群发布，钉钉群或辅导员临时性通知。学生根据自身特点选择合适的岗位，面试要根据岗位需求和报名情况，公开面试选拔，面试考核通过后进行岗位培训，包括工作制度、工作纪律、安全、办公基本知识等；定期进行岗位考核，考核不合格者给予二次培训，对于表现优秀的学生给予荣誉表彰。辅导员作为学生的直接负责人，应当利用日常班会、党支部会、团支部会等公开场合进行辅导培训，解除学生思想顾虑，正确树立面对困难的信念，消除监护人疑虑，朝着坚定的方向前行。

（四）发挥大学生主观能动性，倡导自我管理

大学生在勤工助学中居于主体地位，应当充分发挥大学生的学生组织优势，在学工部、团委的指导下，把大学生组织起来，组建成立大学生勤工助学的学生组织，进行自主勤工助学管理，使学生在自我管理和自我服务中实现自我教育和成长，学生根据岗位工作要求自主学习、遵守、执行勤工助学的规范、要求和制度，培养主体意识。

大学生勤工助学不仅是一种教育经济活动，也是高校资助育人的途径和手段。根据对勤工助学学生的跟踪调查统计，大学里积极广泛参与勤工助学的学生，在责任精神、感恩意识、学业、就业、人际交往、心理调适和社会适应等方面都表现得更加突出。大学生在参与勤工助学的过程中，体验了劳动，收获了成长，增长了才干，实现了自立自强和综合素质能力的全面发展。

【知识拓展】

医学生誓言

健康所系，性命相托。当我步入神圣医学学府的时刻，谨庄严宣誓：我志愿献身医学，热爱祖国，忠于人民，恪守医德，尊师守纪，刻苦钻研，孜孜不倦，精益求精，全面发展。

我决心竭尽全力除人类之病痛，助健康之完美，维护医术的圣洁和荣誉，救死扶伤，不辞艰辛，执着追求，为祖国医药卫生事业的发展和人类身心健康奋斗终生。

河南中医药大学校训

厚德博学　承古拓新

第三节　勤工助学的能力要求

能力是一种心理特征，是个体掌握和应用知识技能，顺利实现某种活动的心理条件。它既包括已表现出来的实际能力和已达到的某种熟练程度，又包括尚未表现出来的心理能量，即潜在能力，通过学习和训练后可能发展起来的能力与可能达到的某种熟练程度。勤工助学作为实践能力的平台，应该具备以下能力。

一、积极热情

《素问·生气通天论》云："阳气者，若天与日，失其所，则折寿而不彰。""阳气者，精则养神，柔则养筋。"阳气是人体物质代谢和生理功能的原动力，是人体生殖、生长、发育、衰老和死亡的决定因素，积极热情就像阳气一样是一个人干事创业的原动力。

托尔斯泰说："一个人若没有热情，他将一事无成，而热情的基点正是责任心。"不

管是什么样的工作，要想获得成功，首先需要的就是工作热情，热情是一种激动的情绪，一种对学习、对工作的强烈情感。一个没有热情的学生，不可能取得优秀的成绩，更不可能创造业绩，最后不过是碌碌无为，拿到一张文凭而已，而没有真才实学。只有那些对自己的人生有真正规划的人，才有可能把自己的理想变成美好的现实。而这些，都需要我们对工作投入足够的热情，勤工助学岗位首先是发自内心的喜爱和热爱，正所谓"干一行，爱一行"，积极主动承担责任，而非被动安排，保持工作的热情，会让我们有意想不到的收获。热情地对待工作，可以获得尊重，赢得成功。热情对待工作，可以得到智慧的启迪，意外的惊喜以及更加美好的事业与未来。在团队中，热情能增加同学之间的凝聚力，带动同学们工作的积极性。同样，没有足够的热情在哪个方面都不会太优秀，没有热情也就没有动力，美国思想家爱默生也曾说过：没有热情就创造不出伟绩，热情可以弥补缺陷，可以消除疑惑，可以促人向上。

二、善于表达

在现代社会，人们之间的交往日益频繁，语言表达能力的重要性也日益增强，好口才越来越被认为是现代人所应具有的必备能力。美国人在 20 世纪 40 年代把"会说话、金钱、原子弹"看作在世界上生存和发展的三大法宝；20 世纪 60 年代以后，把"会说话、金钱、电脑"看成最有力的三大法宝。"会说话"一直独冠三大法宝之首，足以看出会说话的作用和价值，"会说话"也就是语言表达能力。语言表达能力具体指用词准确，语意明白，结构合理，语句简洁，文理贯通，语言平易，合乎规范，能把客观概念表述得清晰、准确、连贯、得体，没有语病，唯美的语言是自身素质的体现，更多来自教育，后天的学习。语言是一门艺术，大学生在勤工俭学时说话要有逻辑，能很清晰地把观点表达清楚，重点要突出，清晰明了，而且要思考语言怎样能让听的人更好地接受，只有别人接受了，语言传达才算是成功的。

三、吃苦耐劳

孟子曰："故天将降大任于斯人也，必先苦其心志，劳其筋骨，饿其体肤，空乏其身，行拂乱其所为，所以动心忍性，曾益其所不能。"俗话说："吃得苦中苦，方为人上人。"这些流传千百年的至理名言告诉人们一个道理，这就是吃苦耐劳是成功秘诀。吃苦耐劳是中华民族自古以来的优良传统，自古以来，中国人民就能经得住各种艰难困苦，在苦难中锤炼自身。进入新时代，习近平总书记号召我们要撸起袖子加油干，艰苦奋斗，不负韶华。历史和现实都告诉我们，要实现梦想，就必须努力奋斗，新时代的大学生必须具备吃苦耐劳的品质，在奋斗中释放青春激情，成就出彩人生，以青春之我，奋斗之我，为祖国建设添砖加瓦，为实现"中国梦"注入青春能量。

大学生作为时代的先锋，肩负着建设祖国的重任，需要意志品质的磨炼，行为习惯的养成，勤工助学岗位很多时候都比较辛苦，需要坚强的忍耐力，在工作中磨炼自己，必将在将来学习和工作中有所作为，那些能吃苦耐劳的人，很少有不成功的。可以肯定地说，意志坚强、不怕困难、百折不挠、开拓进取是一个人优秀的品质，这种品质要经过艰苦锤炼才能形成，任何时候都不会过时。从人才学的角度看，一个人要成就一番事业有所建树，历经磨难吃苦耐劳是必要的。就是有真才实学，如果不肯吃苦耐劳，也难以保持良好的竞技状态，不仅适应不了激烈的竞争形势，还极容易被困难吓倒，被挫折击垮。

四、诚实守信

中共河南省委　河南省人民政府《关于全面加强新时代大中小学劳动教育的实施意见》指出"勤工助学过程中，增强学生诚实劳动意识"，"引导学生树立辛勤劳动、诚实劳动、创造性劳动的理念"。"人无信不立，业无信不兴，国无信则衰"，诚信是人最美丽的外套，是心灵最圣洁的鲜花。诚实守信是中华民族自古以来所推崇的美德，是社会秩序建设的基础和根基，诚实守信需要从自身做起，作为新时代的大学生要成为营造诚信氛围的积极践行者，对在学习、工作、生活中诚信和失信之间划出明显界限，对是非曲直做出正确的价值判断。

俗话说："人人心里都有一杆秤。"诚信是真的良心、真的美德，大学生在劳动中要做到慎独自省，通过自我约束、自我调整，把个人言行控制在诚实守信范围内，用诚信自律为自己的前途生涯保驾护航。知易行难，大学生要统一好诚信精神与诚信行为之间的联系，因为对诚实守信劳动品质的最终衡量还是体现在个体的诚信行为。大学生应通过榜样学习，在学习中坚持自身优点，改正缺点，修正自我，在学习中逐步内化，将内化的诚信观念外化为诚信行为，努力成为诚信的践行者。

五、人际交往

不论什么工作，都是要与人交流沟通的，人际关系是需要处理的一个大学问，良好的人际关系可以让你的工作得心应手，工作更加愉快。那么，如何提高自己人际交往能力呢？首先应当提高自己的心理素质，有的学生可能缺乏情感交往方面的障碍，和老师、同学的交往存在胆怯、羞涩甚至自卑的情况，此时需要提升自己的心理素质，多敞开自己，学习跟人打交道，这样才有利于他们建立良性的师生关系；其次要懂得运用好一些实用的交际技巧。比如学会换位思考，站在对方的位置上时就能理解别人在面对和解决问题时所做出的举动了，这样能够尽量将问题的处理变得简单化，利于我们发展人际关系。微笑是最好的武器，它是人与人之间关系构建的最好桥梁。另外，发自内心的道谢能够让人觉得你很有教养，而且也乐于多花时间来跟你相处。

六、团结协作

《素问·至真要大论》说："主药之谓君，佐君之谓臣，应臣之谓使。"元代李杲在《脾胃论》中再次申明："君药分量最多，臣药次之，使药又次之。不可令臣过于君，君臣有序，相与宣摄，则可以御邪除病矣。"中药方剂讲究"君臣佐使"，每味中药都在发挥着自己的作用，团队也是一样。一代人要有一代人的使命，置身于新时代的大学生要走好自己的长征路，团结协作必不可少。

《大中小学劳动教育指导纲要（试行）》中提出要"注重让学生学会分工合作，体会社会主义社会平等、和谐的新型劳动关系"，注重培养"干一行，爱一行"的敬业精神，吃苦耐劳、团结合作、严谨细致的工作态度。现在的工作都讲究团队合作，就算是小小的兼职，平时有可能也会有团队。这就需要和团队一起工作时，要有团队意识，有不同的意见要积极和团队沟通，协调好个人、他人与团队的利益三者之间的关系，既要实现个人利益也要考虑他人、团队利益，以期达到个人利益与团队利益最优化，把团队利益放在第一位。团结协作能够取长补短、共同进步，个人可以通过团队活动展示自己的个性、才华，个人在团队活动中获得成长和发展，个人和团队相互依存、相互促进，个人不可能脱离团队而独立存在、独自生活。

七、专业知识

专业知识包括本专业知识，也包括各部门需要的专业知识。大学生勤工助学岗位可能在不同的单位、不同的部门，从事的业务自然也不相同，这就需要学生对本专业知识能够理解掌握，以便适应相关岗位。另外学生也要学习掌握一点办公专业知识，比如办公软件使用、课件制作、视频的录制等，俗话说"艺多不压身，艺高人胆大"，这样更有利于开展工作，尽快适应岗位要求，也有利于毕业之后尽快融入社会实践。学生还需要学习一些所在部门的专业知识，由于工作性质不同，每个部门的要求也不相同，这就需要学生尽快熟练掌握工作要点，多听多问，在实际工作中少出问题、不出问题。最后还需要学习待人接物、文明礼仪等方面的知识。

【知识拓展】

勤工助学有关文件

1.《共青团中央、教育部关于进一步做好大学生勤工助学工作的意见》共青团中央，教育部（中青联发〔2005〕14号）

2.《高等学校勤工助学管理办法》教育部 财政部（教财〔2007〕7号）

3.《高等学校勤工助学管理办法》教育部 财政部（教财〔2018〕12号）（2018年修订）

4.《河南中医药大学勤工助学管理办法》源自《河南中医药大学学生手册》（2018年）

5.《河南省人民政府关于调整河南省最低工资标准的通知》河南省人民政府（豫政〔2021〕33号）

第四节 勤工助学需要注意的问题

《神农本草经》指出："勿用相恶、相反者。""若有毒宜制，可用相畏、相杀者尔，勿合用也。"勤工助学既可以解决在校学生的经济困难，又可以学到课外多方面的知识，提高自己的综合素质，但是也需要注意一些问题，对开展具体工作以及维权等都有帮助。

一、法律意识

（一）学生在校外开展勤工助学活动，用工单位必须与学生签订具有法律效力的协议书

学生在校外开展勤工助学活动的，校学生资助管理中心与用人单位和学生三方签订具有法律效力的协议书。签订协议书并办理相关聘用手续后，学生方可开展勤工助学活动。协议书必须明确学校、用人单位和学生等各方的权利和义务，开展勤工助学活动的学生如发生意外伤害事故的处理办法以及争议解决方法，在勤工助学活动中，若出现协议纠纷或学生意外伤害事故，协议各方应按照签订的协议协商解决。如不能达成一致意见，按照有关法律法规规定的程序办理。

（二）大学生在勤工助学过程中，既要遵守校规校纪和法律法规，也要培养诚信精神

大学时期正是培养诚信精神的黄金时期，如果不能把握好自己的思想方向和行为准则，甚至被列为"失信"黑名单，那对将来是十分可怕的事情，所以同学们在遵纪守法的同时，更要注意自己在助学过程中的诚信，大学生在助学过程中不但要考虑经济利益，更重要的是要培养良好的道德修养。

二、人身安全

勤工助学岗位学生大多来自一、二年级，由于刚刚由高中步入大学，高中阶段面临严峻学习任务和高考，除了学习无暇顾及其他，导致其社会阅历不足，学习方式单一，生活自理能力较差，身体素质和心理健康面临很大考验。升入大学后，面临的压力突然变得复杂多样，由单纯的理论学习转向多方面的能力培养，很多学生不能很好适应新的变化，导致其在身体和心理上不适应，尤其参加勤工助学之后，在和老师、学生沟通方面存在缺陷。有时需要较重的体力劳动，不会保护自己，应在和老师充分沟通、力所能及的范围内做好工作。有时在我们勤工俭学的工作中，有时候可能会有一些小失误，或者领导有时候比较急躁，这个时候可能会对你进行一些批评。不要长时间沉浸在委屈之中，要及时调节并且及时纠正错误。对于某些人威胁、恐吓、辱骂的不敢反抗，隐忍只会加剧事情的不可控程度，一定要向有关部门反映，维护自己的权益。

三、知情同意

作为大学生，在校从事勤工助学工作，既是对自己的锤炼，也是对家庭的挚爱，一方面学生本人应当事先了解岗位情况，方可申请与自己实际情况相符的岗位，不可盲目申请与自己不能胜任的岗位，另一方面作为学生的监护人，主要是父母有权利知晓岗位的性质，是否影响学习，有无危险，是否适合岗位，有无必要等方面情况，并取得监护人知情同意的情况下可申请勤工助学岗位，对于申请校外勤工助学岗位的学生，更应该

得到学校、老师和家庭的同意，不要私自在无保障的地方临时打工，以免上当受骗。

四、量力而行

按照学有余力、自愿申请、量力而行的原则，优先考虑为家庭经济困难学生安排岗位，在不影响正常教学秩序和学生正常学习的前提下开展，为学生和用人单位提供及时有效的服务，不可强行工作，以免引起其他问题，甚至影响身心健康，工作期间如有不适可提出调换岗位或终止勤工助学。

五、廉洁自律

在工作期间自觉遵守校规校纪和所在部门有关规定，不得利用职务之便，为他人谋取私利；不得无故缺岗，确需请假的需和所在部门沟通协调，也不得随意替岗，不得无故终止勤工助学、不得随意带领无关人员进出办公室。对违反勤工助学协议的学生，可按照协议停止勤工助学活动，并将有关情况报告给学校和二级学院，给予相应处分。对违反法律法规的学生，交予司法机关处理。

【实践活动】

活动一：新时代中医药院校大学生勤工助学岗位设置调查

1.活动目的　培养大学生思考能力，优化勤工助学岗位设置。

2.活动过程

（1）学院组织：根据《河南中医药大学关于全面加强新时代大学生劳动教育的实施方案（试行）》和《河南中医药大学勤工助学管理办法》有关要求，组织学生开展勤工助学岗位设置的调查，以满足新时代大学生资助育人需要。

（2）参加对象：参加勤工助学活动的全体本专科学生。

（3）活动时间：每年寒暑假学生离校之前，特殊情况也可随时进行。

（4）活动形式：问卷调查和交流座谈。

3.活动总结　对同学们的意见、建议进行汇总，提出可行性方案，供学校资助中心参考。

4.活动评价　对活动的结果进行评价，了解学生的新需求，推动学校在资助工作的新突破。

活动二：勤工助学岗位经验交流会

1.活动目的　了解学校各部门的工作性质，分享工作经验。

2.活动过程

（1）学院组织：在二级学院充分准备、合理安排、部门协调的基础上进行。

（2）参加对象：全体在校的本专科学生。

（3）活动时间：每年寒暑假期间或开学初进行。

（4）活动形式：勤工助学总结报告和现场工作汇报，以班级为单位汇报形式为主。

3. 活动总结　对勤工助学的学生报告和工作汇报进行总结，以达到全体学生了解学校各部门的目的。

4. 活动评价　活动后应对效果进行评价，可通过抽查或问卷调查的形式进行。

【思考题】

1. 参加勤工助学的人员、范围及要求是什么？
2. 学生和用人单位各自应当承担什么法律责任？
3. 你认为勤工助学过程中学到了什么？对你的职业生涯有什么指导意义？
4. 你认为学校在哪些方面需要改进或调整？
5. 对于参加所谓"熟人"介绍的高薪暑期工，你持何种态度？有哪些安全风险？

第八章　志愿服务 ▷▷▷

巩固 志愿服务的内涵和特征；志愿服务对社会和个人的意义；志愿服务需要注意的事项。

培养 组织志愿服务的能力及个人参加志愿服务的素质。

扩展 树立和践行志愿服务精神。

【案例导入】

2022 年 2 月 24 日，人民网发表了题目为"致敬北京冬奥会志愿者：平凡岗位上不平凡的贡献"的文章，报道内容如下。

在北京冬奥会期间，共有 1.8 万多名赛会志愿者和 20 余万人次城市志愿者参与服务。他们是赛会顺利运行的重要保障，默默奉献的同时积极传递正能量，共同用实际行动生动地诠释了志愿精神的实质内涵，并且作为文化、友谊、团结的使者，成为冬奥最温暖的光和"一起向未来"的重要力量。人民网采访了部分志愿者，他们在平凡的岗位上发光发热，为北京冬奥会的顺利举行作出了自己的贡献，向他们致敬！

杜昊昊是北京电影学院研二学生，她在国家体育场"鸟巢"做志愿服务，主要负责四场仪式（冬奥开闭幕式、冬残奥开闭幕式）的摄影记者运行协调工作。尽管身处"鸟巢"，但她大部分时间都在摄影工作间忙碌，仪式上的很多场景只能从电视转播中看到，但她并不觉得遗憾，她觉得能跟小伙伴们一起始终坚守岗位，顺利完成工作职责，内心获得感满满。她认为志愿者的工作是自发地奉献和服务，收获到的是精神上的满足和回馈，能服务于冬奥会这样的盛大赛事，而且志愿服务内容刚好和所学专业相关，对开阔眼界和拓展专业知识都大有裨益，对自己来说是一次宝贵的体验机会，将会铭记一生。

李退来自乌克兰，是中国传媒大学的研二学生，也是冬奥会主媒体中心唯一的外籍志愿者。她主要在主媒体中心的国际奥委会新闻服务台做志愿服务，各家媒体有采访需求或者有问题需咨询国际奥委会，她就进行沟通并登记相关信息，转给国际奥委会处理。李退会多门外语，并说着一口标准的普通话，她透露自己在中国生活 8 年了，2013 年为了学习中文，第一次来到中国，没想到一下子就被中国迷住了。所以她在成都读了本科后，继续努力考取了中国传媒大学的研究生。"为奥运会服务是每个志愿者的梦想，因为奥运会同时是志愿者的盛典。我要把自己一份小小的力量，贡献给北京冬奥会。"

谢壹添是北京林业大学水土保持与荒漠化防治专业的大三学生，他在主媒体中心负责交通引导志愿服务。他的上岗地点都在室外，赶上过北京两次下雪降温，但他并不觉得寒冷，他说组委会和场馆给他们提供了非常充足的防寒保暖物资，自己身体也特别硬实，从事志愿服务内心是火热的。虽然这个春节没能跟家人团聚有些遗憾，但谢壹添说家人都特别支持他。他认为能参与冬奥会志愿服务，近距离感受国家大事与个人命运的紧密联结，作为一名中国人，有着额外的动力，自己想尽最大努力做好志愿服务，在未来的学习和工作中，也要为国家和社会做出更多贡献。"正如那句话说的：功成不必在我，但功成必定有我。"

张瑞是中国人民大学政治学方向专业的一名硕士生，在主媒体中心访问卡办公室担任志愿者助理，主要负责为赛时有特定需要进出主媒体中心的访客发放访客卡。谈及对冬奥会志愿服务的理解，他认为，作为一名新时代的中国青年大学生，有责任、有义务，也有使命在冬奥场馆奉献自我。从事志愿服务以来，自己无论是服务技能还是对冬奥相关知识，都大大加深了了解。"志愿服务工作像水一样，填满了整个冬奥工作的骨架，我们要把每一件细微的工作做好。"他认为自己在志愿服务过程中，并没有什么高光时刻，很多志愿者都是在平凡的岗位上工作，自己也是平凡的一员。"能够给众多访客提供便捷、高效和及时的服务，让他们能够进入主媒体中心，帮助到他们，就已经是一件非常重要的事情。"

（资料来源：致敬北京冬奥会志愿者：平凡岗位上不平凡的贡献.人民网.）

问题：

1. 志愿服务对社会和个人有什么意义？
2. 志愿服务应该注意哪些事项？
3. 本案例给你什么启示？

第一节　志愿服务概述

一、志愿服务的含义

习近平总书记强调，志愿者事业要同"两个一百年"奋斗目标、同建设社会主义现代化国家同行。志愿服务是社会文明进步的重要标志，是广大志愿者奉献爱心的重要渠道。各级党委和政府要为志愿服务搭建更多平台，更好发挥志愿服务在社会治理中的积极作用。

（一）志愿服务

志愿服务是指个人或组织自愿参与社会公益事业，无偿提供时间、技能和资源来帮助他人、社区或环境的行为。它旨在促进社会发展、提高社会正义和促进社会团结。

国际上较为常见的对志愿服务的描述有以下几种：①联合国（United Nations）：志愿服务是指个人、群体和组织自愿无偿为了社会和社区的利益而执行的活动，且他们不会从中获得直接经济利益。②国际志愿者联合会（International Volunteer Association）：志愿服务是为了实现可持续发展目标以及社会、经济和环境的公平和平等，个人自愿以持续的方式为社区和社会作出贡献。③欧洲志愿服务联合会（European Volunteer Centre）：志愿服务是指自愿参与对他人、社区和环境有益的活动，并以无偿的方式为可持续发展和社会公益作出贡献。④亚太志愿者联合会（Asia-Pacific Volunteer Network）：志愿服务是自愿行动的一种形式，旨在提高个人、组织和社会的能力，以实现公正、包容和可持续的发展。

这些描述提供了对志愿服务不同层面的理解，指出了志愿服务的核心特征，即自愿、无偿和为了社会公益。这些描述是几种常见的解释，具体的定义和描述可能会因国家和组织之间的差异而有所不同。我国对志愿服务的描述是一种以个人自愿参与、无偿奉献、为社会福利和人民利益服务的行为。志愿服务是社会主义核心价值观的重要体现，是社会文明进步和社会主义道德建设的重要组成部分。

因此，志愿服务的含义可以从以下几个方面阐述。

1. 公益服务　志愿服务是为了社会公益而进行的服务行为，它关注社会问题，为了帮助他人、改善社区和环境等而努力。

2. 自愿参与　志愿服务是自愿的，没有任何强制要求或经济利益驱动。参与者基于内心的意愿和关注社会的责任感，自发选择参与志愿服务。

3. 无偿奉献　志愿服务是无偿的，参与者在服务过程中不追求个人物质利益，将自己的时间、精力、技能和资源奉献给他人和社会。

4. 有意义的行动　志愿服务为个人提供了实践社会责任、培养人际关系和发展个人技能的机会。通过帮助他人和社区，志愿者不仅有助于改善他人的生活，还可以发现自己的潜力和价值。

（二）志愿服务的发展历史

1. 国际志愿服务发展　志愿服务是一项具有悠久历史的活动，国际上可以追溯到古代社会互助的传统。在各个文化和宗教中，志愿服务被视为道德行为的一部分，并被用于帮助弱势群体、庇护所、教育机构等。随着宗教的兴起，志愿服务得到进一步推动。早期的教堂设立了一系列机构，如医院、孤儿院和救济中心，志愿者们通过提供食物、庇护和医疗来帮助弱势群体。

到了近代，志愿服务迎来了新的推动力量。18 世纪和 19 世纪的启蒙时代，理性和人权的观念促进了志愿服务的发展。博爱主义的理念强调个人义务和社会责任，激发了志愿者们为社会公益贡献力量。同时，工业化和城市化的进程加剧了社会问题，志愿者们开始为贫穷的工人、无家可归者和儿童提供支持和救助。

20 世纪，志愿服务迎来了更大的发展和组织化。社会运动如女权主义运动、反种族隔离运动和劳工权益运动等，推动了志愿服务活动的范围和目标的扩大；红十字会作为国际性的志愿者组织，为战争和自然灾害的受害者提供援助。同时，国际志愿服务组织的建立也为全球志愿服务的协调和合作提供了平台。

随着科技和全球化的发展，志愿服务进入了新的阶段。互联网和社交媒体的兴起为志愿者们提供了更多的机会和渠道，使志愿服务的匹配和组织更加便利。同时，国际性的志愿服务项目也得到了加强，志愿者们可以跨越国界开展活动，促进了文化交流和全球合作。

总的来说，从国际上看，志愿服务的历史背景凝聚了个人责任意识、宗教信仰、社会运动和全球合作。从古代的社区互助到现代的全球志愿服务，它以不同的形式和目标推动着社会变革和进步。

2. 我国志愿服务发展　我国的志愿服务发展有着悠久的历史和丰富的传统。从古代的道德伦理观念到近代的社会发展，志愿服务在我国的发展经历了不断演进和壮大。

中国古代的志愿服务可以追溯到道德观念和儒家思想的影响。在儒家文化中，关爱他人、乐善好施是被高度推崇的美德。孔子的思想倡导"仁爱"的观念，鼓励人们通过行善事来助人为乐。

中国近代的志愿服务经历了一系列社会变革和政策引导的过程。19世纪末20世纪初，以推翻封建社会和建立新中国为目标的革命运动崛起。许多仁人志士投身于反对帝国主义、封建主义和殖民主义的斗争中，为民族独立和社会进步作出了贡献。同时，在这一时期，出现了许多以救济为宗旨的慈善机构，为贫困人群提供帮助和救济。

1949年中华人民共和国的成立标志着中国现代志愿服务事业的发展。随后的几十年里，国家政策引导和社会组织的兴起为志愿服务提供了更广阔的平台。志愿服务组织得到鼓励和支持，形成了一套完整的组织体系，例如共青团、妇联和工会等。

改革开放以来，中国社会发生了深刻的变革，志愿服务也进入了新的发展阶段。宪法确认了公民的志愿服务权利，并鼓励人们为社会公益事业贡献力量。2008年北京奥运会的举办及其他大型活动的筹备和举办，推动了志愿服务的规范化和专业化。政府和社会组织共同推动志愿服务的普及和发展，并加强了对志愿者的培训和管理。

当前，中国的志愿服务已经成为一个多层次、多领域、多样化的活动模式。志愿者们在紧急救援、教育支持、环境保护、关注社会福利、社区服务、关注弱势群体等各个领域积极参与并发挥着重要的作用。

（三）志愿者

提供志愿服务的个人被称为志愿者。联合国将志愿者定义为"不以利益、金钱、扬名为目的，而是为了近邻乃至世界进行贡献的活动者"。根据中国的具体情况来说，志愿者是这样定义的：自愿参加相关团体组织，在自身条件许可的情况下，在不谋求任何物质、金钱及相关利益回报的前提下，合理运用社会现有的资源，自愿奉献个人可以奉献的东西，为帮助有一定需要的人士，开展力所能及的、切合实际的，具有一定专业性、技能性、长期性服务活动的人。

志愿者的贡献对社会有着积极影响，不仅帮助了需要帮助的群体，也促进了社区的凝聚力和社会的共同进步。志愿者的参与可以培养个人的责任感、团队协作能力和社会参与意识，进一步丰富和发展个人的人生经验和素养。

目前在中国高校及社区，有相当数量的组织、个人参与志愿者服务，他们通过无偿、自愿地为他人和社会进行公益性劳动，提升了个人道德情操，传播了人文关怀的精神。志愿者服务在很多发达国家已经成为社会生活不可或缺的组成部分，是其文化传承与社会体系构建的重要支撑。新的形势与时代的召唤，迫切需要不断推进志愿服务工作走上日常化、规范化的轨道，弘扬志愿精神，普及志愿服务理念，通过建立新型的社会动员机制，提高志愿服务的参与面，提高社会对志愿服务的认可度，为志愿服务活动提供内在的动力。

二、志愿服务活动范围与领域

志愿服务活动的范围与领域非常广泛，涵盖了社区建设与公益事业、教育支持与义务教育、环境保护与可持续发展、健康与医疗援助、灾害救援与紧急响应、扶贫与社会福利，以及文化遗产保护与推广等方面。以下将对这些领域进行详细描述。

（一）社区建设与公益事业

志愿服务活动可以在社区中开展，通过组织社区清洁、社区活动、社区资源整合等方式促进社区的建设和发展。志愿者可以参与社区环境美化、社区设施维护、文化活动组织等工作，提升社区生活质量，建立社区凝聚力和归属感。

（二）教育支持与义务教育

志愿服务活动在教育领域扮演着重要的角色。志愿者可以在学校或社区开展学习辅导、英语角、科普讲座等教育支持活动，帮助学生提高学习成绩和学习能力。此外，志愿者还可以关注教育资源不足的地区，通过设立图书馆、提供教材资助、设立奖学金等方式，支持贫困学生接受良好的教育。

（三）环境保护与可持续发展

志愿服务活动在环境保护和可持续发展方面发挥着重要作用。志愿者可以参与垃圾清理、植树造林、环保宣传等活动，推动环保意识的增强和环境保护行动的落实。此外，志愿者还可以参与推广可持续生活方式和绿色技术，促进可持续发展的理念和实践。

（四）健康与医疗援助

志愿服务活动也可以关注健康领域，通过开展健康宣教、医疗援助、医疗护理等活动，为需要帮助的人提供医疗支持和关怀。志愿者可以参与义诊活动、疫苗接种宣传、健康讲座等，提升社区居民的健康素养和医疗保健水平，改善健康服务不平等的问题。

（五）灾害救援与紧急响应

在面对自然灾害或突发事件时，志愿者起着至关重要的作用。志愿者可以参与灾害救援和紧急响应工作，如救援被困人员、分发救援物资、提供心理支持等。志愿者的参与可以提高灾害应对的效率和灵活性，为受灾群体提供及时帮助和支持。

（六）扶贫与社会福利

扶贫工作是志愿服务活动的重要组成部分。志愿者可以参与到扶贫项目中，通过义务劳动、技能培训、创业辅导等方式，帮助贫困地区的居民脱贫致富。此外，志愿者还可以关注社会弱势群体，提供救助和关爱，帮助他们改善生活和融入社会。

（七）文化遗产保护与推广

志愿服务活动也可以涉及文化领域，帮助保护和传承文化遗产。志愿者可以参与到古建筑修缮、文化保护区管理、文化传统传承等工作中，通过宣传、展览、讲座等方式推广传统文化，提高公众对文化遗产的认知和关注度。

志愿服务活动的范围与领域非常广泛，可以应用于各个方面的社会问题和需求。无论是社区建设、教育支持、环境保护还是健康援助，志愿者的参与都能够切实地改善和推动社会的发展。志愿服务的多样性和灵活性使得志愿者能够根据自己的兴趣和技能，个人可以选择合适的领域参与进去，为社会做出积极的贡献。

【名家名言】

志愿者是追求真善美的人，是辛勤的播种者和炽热的奉献者。

——中国志愿服务联合会主席　杨洪涛

第二节　志愿服务与志愿服务精神

志愿服务与志愿服务精神有着本质区别，主要体现在以下几个方面：首先，志愿服务是具体的行为，指个人自愿参与的社会公益活动，是具体的行动，包括参与社区活动、义务教育等；志愿服务精神则指个人在参与志愿服务时所体现出来的积极向上的精神状态和价值观，是志愿者在参与活动时所体现出来的态度和行为方式，包括积极参与、奉献精神等。其次，志愿服务可以涵盖各个领域和方面，包括教育、环保、社区服务等；志愿服务精神则是一种普适的精神状态，在不同的志愿服务活动中都可以体现出来。

志愿服务和志愿服务精神之间也有着密切的联系。一是志愿服务是志愿服务精神的具体体现和实践行动。在进行志愿服务的过程中，志愿者必须具备志愿服务精神，才能更好地履行义务，提供有效的帮助和服务。二是志愿服务精神是志愿者参与志愿服务活动的内在动力和推动力，激发志愿者的热情和积极性，使其更好地为社会作出贡献。三是志愿服务精神的培养和传承是促进志愿服务事业发展和持续推进的重要保证。

总之，志愿服务和志愿服务精神有着本质的区别，同时又是紧密联系、密不可分的，二者相辅相成。志愿者积极参与志愿服务活动的同时体现出志愿服务精神，以实际行动为社会作出贡献。

一、志愿服务的意义

志愿服务的意义主要体现在志愿服务对社会和对志愿者个人的影响两个方面。志愿服务作为一种积极的社会行为，不仅对社会的进步和发展具有深远影响，对志愿者个人的成长和发展也有着重要的意义。

（一）志愿服务的社会意义

志愿服务几乎是每个文明社会不可缺少的一部分，它是指任何人自愿贡献个人时间和精力，在不为物质报酬的前提下，为推动人类发展、社会进步和社会福利事业而提供服务的活动。这一概念既包括地方和国家范围内的志愿者行为，也包括国际的志愿者项目。志愿服务为发达国家和发展中国家福利的提高和社会进步做出了重要贡献。它是各国和联合国进行人道主义援助计划、技术合作、改善人权、促进民主与和平的重要组成部分。志愿服务突出地表现在非政府组织、专业协会、工会和其他民间组织的活动中。许多社会活动，比如探访老人、科普宣传、自然环境保护等领域，都很大程度依靠志愿者的帮助。

志愿服务对于促进社会和谐与可持续发展至关重要。志愿者通过提供社会服务、改善社会环境、支持弱势群体和推动社会公正等方面的努力，积极参与社会事务，为社会的稳定、和谐作出贡献。志愿服务可以参与各个领域的工作，例如教育、环境保护、医疗卫生、社区发展等。志愿者可以为教育资源匮乏的地区提供帮助，帮助提高教育的公平性和质量；可以积极参与环境保护活动，提高环保意识和可持续发展理念；可以为弱势群体提供支持与关爱，提高社会公正性和包容性。志愿服务通过凝聚社会力量、培养社会参与意识和形成社区凝聚力，推动了社会的可持续发展。

（二）志愿服务的个人意义

志愿服务是实现个人全面发展、促进个人成长为完整的人的社会化大课堂。马克思恩格斯指出："人以一种全面的方式，也就是说，作为一个完整的人，占有自己的全面的本质。"在志愿服务这一社会性服务学习过程中，个人通过与社会的良性互动来实现自我发展和社会发展，实现个人价值与社会价值的统一，从而"占有自己的全面的本质"。志愿服务是"为己"和"利他"的有机统一，是"索取"和"奉献"的有机统一，也是个人价值与社会价值的有机统一。个人在志愿服务过程中，在满足社会和他人的合理需求的同时，个人也获得他人和社会对其服务的认可和尊重，找寻到自己所提供服务的意义所在，实现自身素质的提升和全面发展。

志愿服务对于培养领导能力和个人成长有着重要的作用。通过志愿服务，个人能够锻炼和发展自己的领导才能。在志愿服务中，个人可能需要负责组织和策划活动，协调团队成员，做出决策等。这些经历可以帮助个人培养领导技能、组织能力和沟通能力。志愿服务还为个人提供了学习和成长的机会，通过与不同背景的志愿者和受益人交流，个人能够扩大视野、增加跨文化交流能力，并提升自我意识和自信心。通过参与志愿服务，个人能够在实践中不断学习、成长和改进，发展适应不同环境、解决问题的能力。志愿服务使个人能够面对挑战和困难，培养自我管理和应变能力，提升个人的综合素质和能力。志愿服务提供了一个积极向上、有益于个人成长的环境，个人可以在这里锻炼和发展自己的潜能。

二、弘扬志愿服务精神的意义

弘扬志愿服务精神不仅能促进社会道德和精神文明的发展，也能提升志愿者个人的精神境界和培养公民意识和社会责任感。

志愿服务精神坚定了促进社会和谐进步的道德理想。道德理想是人们对某种道德价值理想、目标和规范的尊崇和追求。道德理想确立于人的现实道德生活之中，但又超越现实，指向未来。道德理想的缺失是现代社会道德建设的一个难点，也是产生诸多社会道德问题的根源之所在。志愿者以一种乐观的态度和行为，通过广泛参与公益劳动、抢险救灾、社会服务、社区建设等活动，积极投身于社会建设，走出自身狭小的生活圈，了解更为广阔的社会和人生，对社会发展和变革进行深刻体验和了解，与社会发展同步，增强建设和谐美好社会的信念和信心。因为他们用自己的奉献精神创造着一个和谐、美好的社会，并通过对他人的关爱倡导人与人之间的互相关爱，共同促进社会的和谐进步。社会能够进步，社会也一定会实现和谐发展，志愿服务精神确立并坚定了这种道德理想，并为人们树立了这样的世界观、价值观、人生观，增强了人们对社会的认同感，使人们更好地融入社会、建设社会，排除了人生的怀疑、虚无和绝望，确定了生活的目的和意义。促进社会和谐进步的道德理想是志愿服务精神创造的结果，是其对社会建设和社会关系的合理性、应当性要求，它不仅为人的全面发展提供了有利的社会环境，也提升了人们的精神境界，对社会的发展具有积极意义。

志愿服务精神对培养公民意识和社会责任感具有重要意义。公民意识是对公民权益、社会贡献和社会参与的认识和意识。通过志愿服务，个人能够加强对社会的认同感，增强对社会问题和社会福祉的关注。志愿服务精神激发了个人的社会责任感，使其认识到自己在社会中的角色和影响力，从而主动参与到社会发展和公益事业中。志愿服务精神有助于培养人文关怀和团队合作精神。人文关怀是对他人需求的关注，表现为对他人的关心和关爱，愿意帮助他们提高生活质量。通过参与志愿服务，个人能够与不同背景、不同需求的人们接触，了解并关注他们的困境和需求，从而培养起对他人的关怀和同情心。志愿服务往往涉及团队合作，志愿者们需要协同合作、共同努力来实现共同的目标。通过与其他志愿者一起工作，个人能够学会倾听、沟通和合作，培养出良好的团队合作精神和协作能力。志愿服务通过鼓励人与人之间的互动和合作，促进了社会的凝聚力和团结合作，为社会构建了一个和谐、互助和支持的环境。

　　总之，弘扬志愿服务精神是提升社会公共道德的重要路径，也是全面培养志愿者个人的社会公民意识和社会责任感的人文环境。

　　【名家名言】

　　志愿服务是一种责任和义务，为他人的幸福和社会的进步贡献自己的力量。

——马克思

第三节　志愿服务活动实务

一、志愿服务项目规划与管理

　　志愿服务活动需要有组织者和志愿者参与。当然，也有很多组织者同时就是志愿者。作为志愿服务项目的组织者，要想组织好志愿服务项目，需要进行志愿服务项目的规划和管理。

（一）项目策划与目标设定

　　志愿服务项目需要先进行详细的策划和目标设定。项目策划包括确定项目的主题、范围、目标和所需资源等。志愿服务项目的目标应当明确、具体，并与社区或受益群体的需要相吻合。在此过程中，需考虑可行性、可操作性和可持续性等因素。

（二）志愿者招募与培训

　　在项目规划阶段，必须招募到足够数量和适合背景的志愿者。志愿者招募可以通过社交媒体、公告栏、志愿者组织等渠道进行。招募志愿者时，需明确项目的任务和要求，确保志愿者的能力和兴趣与项目需求匹配。

　　志愿者培训对于提高志愿者的技能和意识非常重要。培训应包括项目背景、目标、任务、安全须知等方面的知识，以及与特定任务相关的技能培训。此外，还可以提供沟通技巧、团队合作和问题解决等方面的培训，帮助志愿者更好地完成项目任务。

（三）项目执行与监督

　　在志愿服务项目的执行阶段，应保持良好的组织和协调。项目组织者应向志愿者提供明确的任务分配和工作计划，并协调各个环节的合作。项目执行过程中需要密切监督项目进展，及时解决问题和调整计划。同时，还需与志愿者保持沟通，了解他们的工作情况、需求和意见，及时解决问题并提供支持。

（四）项目评估与持续改进

　　志愿服务项目结束后，进行项目评估是必不可少的。评估可以通过定性和定量的方法进行，包括对项目目标的达成程度、志愿者满意度、受益群体反馈等方面的评估。评估结果有助于了解项目的效果和问题，并提供改进意见，为未来的项目做出指导。

持续改进是志愿服务项目管理的重要环节。通过评估结果和经验总结，项目管理者可以识别项目中存在的问题和不足之处，并提出相应的改进措施。这些改进措施可以包括优化项目规划和执行过程、改善志愿者培训和支持、加强与受益群体的合作等。持续改进有助于提高项目效果和志愿者参与度，确保志愿服务项目的成功实施。

（五）志愿服务记录和宣传

志愿服务组织要进行志愿服务的记录和统计，包括志愿者参与情况、服务项目的成果等。同时，通过宣传和分享志愿服务的经验和成果，提高公众对志愿服务的认识和参与度。

（六）志愿者保障和激励

志愿者的保障和激励是志愿服务活动中的重要方面。组织需要确保志愿者的安全和福利，并为他们提供必要的保险和补偿。另外，组织也可以通过表彰、奖励和证书等方式激励志愿者的积极参与和贡献。

志愿服务项目规划与管理对于确保项目的顺利进行和达到预期效果非常重要。通过细致的项目策划、招募和培训志愿者、有效的项目执行和监督，以及及时的项目评估和持续改进，可以提高志愿服务的效果和影响力，实现志愿服务活动的可持续发展。

二、志愿服务中的技能与素养

志愿服务中的技能与素养对于志愿者的参与和贡献至关重要。以下将详细描述志愿服务中的几个关键技能与素养。

（一）沟通与人际关系

在志愿服务中，沟通与人际关系是至关重要的技能。志愿者需要与受益人、合作伙伴和其他志愿者进行有效沟通。良好的沟通能力可以帮助志愿者理解和满足受益人的需求，协调团队成员之间的合作，以及与组织进行有效的协作。有效的沟通包括倾听能力、表达能力、非语言沟通等，有助于建立信任、解决问题和维护良好的人际关系。

（二）问题解决与决策能力

志愿者在项目执行过程中常常面临各种问题和挑战，因此问题解决和决策能力是必不可少的。志愿者需要具备分析问题的能力，快速识别问题的根源，并提供解决方案。此外，志愿者还需要具备决策能力，有能力在紧急情况下做出正确和明智的决策。这些能力需要综合运用逻辑思维、判断力和创造性解决问题的能力。

（三）时间管理与组织能力

在志愿服务中，时间管理和组织能力对于项目的顺利进行至关重要。志愿者需要根据项目要求和时间限制，合理安排任务和工作流程，确保任务按时完成。志愿者还需要能够优先处理紧急事务、合理规划工作时间，以及灵活适应可能出现的变化。良好的组织能力有助于志愿者高效地协调和完成任务，提高项目的执行效率。

（四）跨文化交流与尊重多样性

在跨文化环境中参与志愿服务时，跨文化交流和尊重多样性是非常重要的素养。志愿者需要关注和尊重不同文化背景和价值观，避免歧视和偏见的出现。他们需要具备跨文化沟通和理解的能力，善于处理不同观点和意见的冲突，并通过积极互动来促进交流和合作。尊重多样性有助于建立开放、包容的志愿服务环境，提升项目效果和社会影响力。

（五）自我认知与反思能力

自我认知和反思能力对于志愿者的成长和发展至关重要。志愿者需要不断反思自己的行为、态度和意识，了解自己的优势和不足，不断提升个人素质和技能。志愿者还需要对自己的动机和目标进行自我反思，确保自己的行动与志愿服务的价值和目标保持一致。借助自我认知和反思，志愿者可以不断改进自己的表现，提升志愿服务的质量和效果。

三、大学生参与志愿服务的途径

大学生参与志愿服务有许多途径，包括校内志愿组织与社团、社区志愿服务项目、国内外志愿服务项目，以及线上志愿服务平台。

（一）校内志愿组织与社团

大学校园通常设有专门的志愿服务组织或社团，例如学生会、社区服务组织、志愿者协会等。这些组织和社团常常会组织各种形式的志愿服务活动，例如开展社区服务、支教辅导、环保活动等。学生可以加入这些组织或社团，参与组织举办的志愿服务活动，积极参与社区建设与公益事业。

（二）社区志愿服务项目

学生可以与社区组织、非营利机构、社会福利机构等合作，参与社区居民或弱势群体的志愿服务项目。这些项目可能包括为老人提供陪伴、帮助孤寡老人解决生活问题，为儿童提供教育辅导，为残疾人提供关爱和支持等。学生可以通过与社区组织联系，了解并参与这些志愿服务项目，为社区的发展和居民的福祉作出贡献。

（三）国内外志愿服务项目

许多组织和机构为大学生提供国内外志愿服务项目的机会。这些项目可以涵盖教育支持、医疗援助、环境保护、灾难救援等各个领域。学生可以通过组织或机构提供的项目，前往国内外的贫困地区或受灾地区，参与志愿服务工作。这种参与可以帮助学生深入了解社会现实，培养跨文化交流和全球意识，并为受益地区提供实际的帮助和支持。

（四）线上志愿服务平台

随着互联网的发展，线上志愿服务平台成为一种参与志愿服务的便捷方式。这些平台可以连接志愿者与项目需求方，提供多种在线志愿服务机会。学生可以通过登录这些平台，了解各种志愿服务项目的详细信息，选择符合自己兴趣和时间的项目，并在线参与志愿服务工作。线上志愿服务平台为大学生提供了更灵活和全球化的志愿服务机会。

学生可以根据自身兴趣、时间和能力选择适合自己的志愿服务途径和机会。参与志愿服务不仅可以为社会做贡献，还可以拓宽视野、锻炼能力、建立人际关系，并为个人的成长和未来发展增添宝贵的经验和素材。无论选择哪种途径和机会，重要的是真心投入，积极参与，为自己和社会带来积极的影响。

第四节　志愿服务需要注意的问题

一、志愿服务组织者需要注意的问题

志愿服务是一个有意义而有挑战性的活动，作为志愿服务组织者和志愿者面临着不同的问题和挑战，都需要应对与解决。

作为志愿服务的组织者，需要注意的问题有以下几个方面。

（一）明确目标与任务

在规划志愿服务项目时，务必明确项目的目标和任务，确保志愿者明白他们的角色和责任。清晰的目标可以帮助志愿者全身心地投入，并确保任务的顺利完成。

（二）合理安排时间和资源

在确定志愿服务项目的时间和地点时，要充分考虑志愿者的可用性和资源的供应情况。避免安排过于紧张的时间表，以免给志愿者造成过大的负担，同时也要合理分配和利用资源，确保项目的可持续性。

（三）务实可行的计划与预算

制定志愿服务项目计划时，要根据实际情况制定可行的计划和预算。确保项目所需

的时间、人力、物资和资金等资源得到合理的安排和利用。

（四）志愿者培训和支持

对志愿者进行必要的培训，使他们了解项目的背景、目标和操作流程。同时，提供适当的支持和反馈，确保志愿者能够顺利履行义务，并从中获得满足感和成长。

（五）安全和保障

确保志愿者的安全和保障是志愿服务的重要方面。组织要制定安全措施，保障志愿者在服务过程中的身体和心理安全，并为志愿者提供必要的保险和补偿。

（六）持续监督和评估

对志愿服务项目进行持续的监督和评估，了解项目的进展和效果，并及时进行调整和改进。定期与志愿者沟通和交流，收集他们的反馈意见，以不断提高项目质量和志愿者满意度。

（七）合法合规的运作

在进行志愿服务时，要遵守相关法律法规和道德规范，确保项目的合法性和道德性。建立合适的合同和协议，明确志愿者和组织之间的权责关系，保护双方的权益。

（八）宣传与分享

宣传志愿服务的重要性和影响，吸引更多人参与其中。同时，分享志愿服务的成果和故事，展示社会贡献的价值，激励更多人积极参与志愿服务。

以上仅是部分需要注意的问题，具体的志愿服务还需要根据实际情况来制定相应的管理和执行方案。

二、志愿者需要注意的问题

作为志愿者，有一些问题是需要特别注意的。

（一）安全问题

志愿者应关注自身安全，在参与活动前了解相关的安全措施和风险，并遵守组织或项目的规定。在进行某些活动时，如救援、自然保护等，需要特别注意自身安全，避免不必要的风险和危险。

（二）保护个人隐私

志愿者在服务过程中接触到许多人员信息和敏感信息，要严格遵守隐私保护规定，不泄露他人的隐私和个人信息。

（三）尊重和包容性

志愿者要尊重和包容不同的文化、价值观和背景。在服务过程中，遵守不歧视、不偏见的原则，尊重每一个受助者的权利和尊严。

（四）责任感和承诺

志愿者在参与志愿服务活动时应具备责任感，认真履行自己的义务和承诺。要确保按照约定的时间和方式完成任务，并及时沟通和告知相关组织或责任人。

（五）沟通和团队合作

志愿者在服务过程中需要与其他志愿者、工作人员和受助者进行有效沟通和合作。要善于倾听和理解他人的需求，与他人建立良好的沟通关系和工作合作关系。

（六）自我保护和疲劳管理

志愿者应注意自己的身体和心理健康，避免过度疲劳和精神压力。要合理安排时间，适度休息和放松，寻求支持和帮助，避免自身的身心疲惫影响志愿服务质量和效果。

（七）持续学习和提升

志愿者应保持学习的态度，不断提升自己的专业知识和技能。通过培训课程、交流活动等方式，不断完善自己的服务能力和专业素养。

以上是一些志愿者需要注意的问题，通过关注这些问题，志愿者能够更好地履行自己的义务，为社会作出更大的贡献。

【实践活动】

践行志愿服务

1. 调研你所在学校有哪些志愿服务组织，了解他们的组织概况和发展历史、组织结构和管理、志愿服务项目等内容，并分析这些组织的社会意义和发展挑战。

2. 参加一项你所在城市的志愿活动，体验学校志愿组织同城市志愿组织的不同。

3. 为提高师生对环境保护的重视和参与度，培养节约资源和环保意识，请围绕下列活动组织一次或者系列环境保护行动。

（1）校园清洁行动 组织学校内的环境清洁行动，学生和教职工一起清理校园内的垃圾，美化环境。

（2）环保宣传展览 举办环保主题的展览活动，展示环保知识和案例，引导师生采取环保行为。

（3）节能宣讲和活动 邀请专家或者环保志愿者进行节能宣讲和能源使用培训，组织节能活动和比赛，鼓励校内师生实际行动起来。

（4）可持续发展讲座　组织可持续发展讲座，介绍环保技术和绿色生活方式，激发师生的环保意识。

（5）手工艺品创作　组织学生利用废旧材料创作手工艺品，提倡环保再利用，宣传环境保护。

4.根据本章的学习，组织一次医疗援助项目，为学校师生或社区提供医疗服务。并做好活动的规划与准备、实施、监督与评估、宣传和分享。

【思考题】

1.请从中国文化角度分析中国志愿服务的文化根源。

2.请分析志愿服务的发展同社会政治、经济、文化等因素的关系。

3.你参加过学校的哪些志愿服务组织？请谈谈你的感受。

4.论述志愿服务的社会意义。

5.分析志愿服务对于个人成长的促进。

6.思考如何弘扬志愿服务精神。

7.假如让你组织一次社区医疗志愿服务，你将如何实施？

8.如何提升个人志愿服务的技能和素养？

9.组织一场志愿服务，需要注意哪些问题？

10.作为一名志愿者，在提供志愿服务时应注意哪些问题？

11.在做志愿服务时，如何做到尊重受助方？

第九章　创新创业 ▷▷▷▷

【学习目标】

巩固　创新创业的含义与作用，创新创业的误区，创新创业的实施步骤与流程等主要知识点。

培养　创新创业的精神和能力。

扩展　开阔的视野，创新性的思维，开拓进取的精神，以及规划和发展职业生涯与人生发展的综合能力。

【案例导入】

刘志华，北京协和医学院理学博士，北京五和博澳药业股份有限公司医药创新研究院副院长。他多年来一直深耕于原创新药领域，甘做无畏的"探路者"。他投身的创新药领域，与仿制药大不相同，成果难以在短期内显现，每一个项目从启动到完成，往往需要数年甚至更长时间，充满了未知与挑战。然而，刘志华始终坚定地从患者的临床需求出发，凭借着顽强的毅力和不懈的努力，成功推动原创降糖天然药物"桑枝总生物碱及片剂"于 2020 年获批上市。这一成果意义非凡，它成为近 10 年来中国首个获批上市的降血糖中药新药，不仅亮相国家"十三五"科技创新成就展，还入选 2020 年度中国重要医学进展。在研发过程中，刘志华和团队面临着诸多难题。以质量把控环节为例，他们几乎做到了极致。桑枝总生物碱片物质基础明确，生物碱有效组分含量大于 50%，并对总定量 95% 以上成分进行了分析，这在中药领域极为罕见。为了锁定生物碱的组分，阐述其分子结构、组成比例和指纹特征，整个团队耗费了将近 3 个月时间。最终，他们发现 8 种生物碱不仅都有降糖活性，且效果特点各异，这一成果为药物提供了强大的底气，保证了每批次产品的一致性和疗效。

除了桑枝总生物碱片，刘志华还研发出"紫杉醇胆固醇结合型的肿瘤靶向脂质乳"。这是全球首个终端灭菌、可直接输注的紫杉醇纳米制剂，成功突破了纳米药物转化的国际性难题。目前该制剂已全面推进 I 期临床并取得重要进展，去除了过敏反应和激素脱敏，提高了耐受剂量，奠定了显著的临床优势。

新药研发是一项跨学科工作，离不开团队的通力协作。刘志华以自主创新为核心，精心打造了一支高素质、具备全面创新能力的研发团队。在 8 年时间里，团队从最初仅有的 2 人迅速扩展到 30 多人的规模，研究领域广泛涵盖中药学、制剂学、天然药化、制药工程、药理学和计算机分子模拟等方向，具备了快速开展跨学科、跨领域科研攻关的强大能力。他还通过组织定向化培训，不断提升团队成员的业务水平，拓宽其知识层面，进行模块化统筹，确保每个研发人员都能系统了解新药开发的全流程，有效提高了产品开发进度。刘志华在医药创新创业道路上的成功，彰显了创新精神、坚韧毅力、精准把控及团队协作的重要性，为后来者提供了宝贵的借鉴经验，激励着更多人在医药创新的征程中勇敢探索，砥砺前行。

（资料来源：刘志华：为研发新药拯救病患而生 . 首都文明网 . https://www.bjwmb.gov.cn/bjby/pxbd/bzbd/2024/07/15/10072442.html）

问题：

1. 刘志华的创业项目是否具有商业前景？
2. 刘志华的创业精神对当代大学生有哪些启示？

第一节 创新创业概述

一、创新的内涵与特征

（一）创新的内涵

创新是人类经济发展的根本动力。创新理论的开创鼻祖是美国经济学家熊彼特，他于 1912 年在《经济发展理论》中首次提出："创新是建立一种新的函数，也就是把一种从来没有过的关于生产要素和生产条件的组合引入生产系统。"这一定义认为创新主要是指技术层面的创新。

创新是一个具有多重含义的概念，且涵盖众多领域，通常都是突破常规和原有的思维定式的。当今世界正在经历百年未有之大变局，世界多极化、经济全球化、社会信息化、文化多样化深入发展，创新已成为决定国家命运的关键要素，也是个人事业获得成功的关键动力。在这种大背景下，创新的内涵可以理解为立足现实、标新立异，通过新思维、新方式、新举措等一系列实践活动实现新变革，不断推动社会可持续发展，不断满足人们在经济、政治、文化、社会、生态等方面日益增长的需要。

（二）创新的特征

1. 目的性 任何创新活动都有一定的目的。在创新启动时，为明确创新的战略方向，要求既要有问题导向，又要有战略性的前瞻思考。创新可以是技术上的变化，可以是一件实实在在的物品，也可以是一种无形的东西。不管是来源于哪个层面的创新，都是围绕解决某一问题而进行的，总是与完成某一任务相联系的。创新的目的性特征贯穿创新过程的始终。归根结底，创新就是要着力解决发展不平衡、不充分的问题，大力提升发展质量和效益，推动社会全面进步。

2. 新颖性 创新要敢于打破旧式束缚，提出新思想，确立新事物，或将原先没有的因素引入旧的体系，研究新概念、新工艺，开发新产品，在此基础上获得新发展和新突破。若创新具有一定的首创性，在纵向的历史和横向的地域中，创造了前所未有的新事物，称为绝对创新。而在当下或当地创造了未曾出现的新事物，则称为相对创新。另外，创新在某种程度上也可以理解为是对被替代物的创造性毁灭。因此，初创企业一定要正视创新的这一特征，不断增强企业适应力，在变化的市场浪潮中寻求生存与发展机会。

3. 现实性　创新不能脱离现实。创业者在开展创新活动时，必须牢牢把握社会主义初级阶段这个基本国情，牢牢立足社会主义初级阶段这个最大实际，牢牢坚持党的基本路线，既不落后于时代，也不能脱离实际。没有一项创新活动可以脱离社会实际而顺利发展。只有主体立足客观实际，准确认识把握事物的本质和规律并与主观愿望相结合，才能够达到改造客体的目的。当然，从某种意义上来讲，创新也是对现实存在的变革和超越，因此也不能完全局限于现实，如科学发现、技术革新等皆源于对社会需求的思考。创新能够满足一定的社会需求，会对促进经济社会的发展产生一定的效益。创新并不是少数人的专利，每个人都有创新灵感，创业者要深谙"集众智方可成大事"的道理，善于引导员工从消费者需求出发，激发其潜在的创新意识，培育出更多的创新成果，提升企业的经济效益和社会效益。

4. 可持续性　事物的发展规律决定了创新要常新，激烈的竞争环境也决定了创新要常新。习近平总书记曾多次强调"惟创新者进，惟创新者强，惟创新者胜"。创新是通过创造新知识、应用新知识并不断发展知识的实践过程，是通过不断尝试和探索，推动事物呈现螺旋上升的演进模式。创新只有进行时，没有完成时。在知识经济时代，创造知识和应用知识的能力与效率，将成为影响一个国家综合国力和国际竞争力的重要因素。我国科技要赶超国际先进水平，就必须在卡脖子的关键领域，集中力量，持续加大自主创新的研发力度，摆脱受制于人的窘境，这是值得每位创业者深思的问题。

（三）创新思维

创新思维是一切创新的前提。创新思维是指以新颖独创的方法解决问题的思维过程。我们通过这种思维能突破常规思维的界限，以超常规甚至反常规的方法和视角思考问题，提出与众不同的解决方案，从而产生新颖独到的、有实际意义的思维成果。简而言之，就是从多个角度看问题，不被传统的思维惯性所禁锢。它意味着一个人在解决问题的过程中，能站在与他人不同的角度去思考，提出与他人不同且能经受实践检验的新观点、新思路和新方案，或创造新事物。

（四）创新类型

按照不同分类标准，创新有不同的分类结果。综合现有研究成果，主要基于创新性质、创新对象、创新内容以及其他分类标准进行划分，其分类结果如下。

1. 基于创新性质的分类　英国苏塞克斯大学的科学政策研究所根据创新的重要性，

将技术创新分为渐进创新、根本性创新、技术系统的变革和技术—经济范式的变更。其中，渐进型创新是指渐进的、连续的小创新；根本性创新是指有重大技术突破的创新；技术系统的变革这类创新将产生具有深远意义的变革，通常出现技术上有关联的创新群；技术—经济范式的变更这类创新既包含很多根本性的创新群，也包含很多技术系统变更。

2. 基于创新对象的分类

（1）产品创新　产品创新是指在产品技术变化基础上进行的技术创新，包括在技术发生较大变化的基础上推出新产品，也包括对现在产品进行局部改进而推出新产品。

（2）工艺创新　工艺创新又称过程创新，是指生产（服务）过程中在技术变革基础上形成的技术创新。工艺创新包括在技术较大变化的基础上采用全新的工艺，也包括对原有工艺改进所形成的创新，指产品的生产技术的变革，包括新工艺、新设备和新的生产组织方式的采用，是技术创新汇总不可忽视的内容。

3. 基于创新内容的分类

（1）技术创新　技术创新也有广义与狭义之分，广义的技术创新等同于创新，包括组织管理创新。但是广义的技术创新并不符合人们一般的思考习惯，在实际中没有得到广泛应用。狭义的技术创新是指与新产品制造、新工艺过程或设备的首次商业应用有关的包括技术、设计、生产及商业的活动。技术创新一般涉及"硬技术"的变化，强调产品和生产过程的改变。技术创新并非只是一个技术问题，而是一个涉及技术、生产、管理、财务和市场等一系列环节的综合化的过程。

（2）组织管理创新　组织管理创新是指在企业中引入新的管理方式或方法，实现企业资源更有效的配置。在我国的研究中，组织创新与管理创新基本上相通，都侧重于企业中"软技术"的变化。组织管理创新与技术创新关系密切，特别是重大的技术创新，常常与组织管理创新同时进行。

4. 其他分类标准

（1）知识创新　知识创新是随着知识经济的讨论兴起而出现的新概念，最初由美国学者戴布拉·艾米顿于 1993 年提出，她将知识创新定义为通过创造、演进、交流和应用，将新的思想转化为可销售的产品和服务，以取得企业经营成功、国家经济振兴和社会全面繁荣。

我国学者认为，知识创新是通过科学研究获得新的基础科学和技术科学知识的过程。知识创新的目的是追求新发现、探索新规律、创立新学说、创造新方法和积累新知识。知识创新是技术创新的基础，是新技术和新发明的源泉，是促进科技进步和经济增长的革命性力量。知识创新是技术创新的起点和基础，技术创新是知识创新的延伸和落脚点。

（2）科技创新　"科技创新"一词主要是在我国使用。一般来讲，科技创新是指科技系统的革新或变革，而从这一概念的使用上看，它包含两方面的内容：一是科学技术的发明创造，二是科技体制、科技体系的改革。

（3）市场创新　市场创新是指在市场经济条件下作为市场主体的企业创新者，通过引入各种新市场要素并实现其商品化和市场化，开辟新的市场，促进企业生存与发展的新市场研究、开发、组织与管理等活动。市场创新通常是伴随技术创新和组织管理创新进行的，一般不将市场创新单独划分为创新的一种类型。

（4）制度创新　制度创新是指引入一项新的制度来代替原来的制度，以适应制度对象的新情况、新特性，并推动制度对象的发展。企业层面上的制度创新可以包括在组织管理创新之中，但企业层面上的制度创新仅是制度创新的一小部分内容。

（5）服务创新　服务创新是随着对服务性企业创新和服务活动创新研究的兴起而出现的，也是技术创新的一种。

二、创业的内涵、基本特征和分类

（一）创业的内涵

1. 狭义的创业　狭义的创业是指创建一个新企业的过程，包括从筹备到企业稳定成长的全过程，企业的创办必须符合法定程序。当前，很多大学生的自主创业基本上都属于狭义创业。创办新企业需要的关键要素包括机会、团队和资源，企业在共同目标的引领下，开展人力资源管理、财务管理、技术管理、营销管理等各项业务，创造出符合市场需求的新产品或新服务。

2. 广义的创业　广义的创业是指创造新的事业的过程。所有可以创造新事业的过程都是创业。广义的创业重在创业行动，可分为大业、事业和家业。大业是指创立基业，强调为国家作出重大贡献；事业是立足具体的工作岗位，用创新精神去创造性地发挥自身潜能，通常指在企业内部进行的再创业或二次创业等；家业通指狭义创业。

（二）创业的基本特征

1. 创新性　严格来讲，成功的创业离不开创新，创业一定是建立在创新的基础之上，并不断创新的过程。在竞争异常激烈的市场下，没有创新性或创造性的创业是难以存续与成长的。创业者必须有创新动机、创新意识和创新精神，才能带领团队开发出具有创新性的产品或服务，或是找到新的盈利模式，或是探索出新的管理方式，从而使企业焕发不断前进的活力。

2. 开拓性　创业是一个从无到有、从小到大、由简到繁、由旧到新的开拓过程，应不拘泥于当前资源约束，努力寻求商业机会，确定创业项目后，投入知识、技能、资金开办新企业，开创新事业。创业通常是处在摸着石头过河的状态，但创业者的主观能动性一般来说都高于其他人。古人云："古之立大事者，不惟有超世之才，亦必有坚忍不拔之志。"所以，创业者尽管在创业过程中会遇到重重阻碍，却始终能保持积极向上的心态，闯出属于自己的一片蓝海。

3. 挑战性　创业之路充满艰辛与风险，尤其是要经常面对很多不可控的风险，如政策风险、市场风险等。"预则立，不预则废。"创业者要对未来形势有一定的判断和预估能力，需要在可控或不可控的环境下，直面社会、直面客户，在提供新产品或新服务的过程中，承受住各种风险与挑战，才能成为笑到最后的创业者。

4.持久性　创业是一种多元化、广泛性的社会实践活动，一般都应具有可持久开发的潜力，并且能够为企业带来可持续发展的竞争优势，以确保企业可以稳健成长。创业的利益驱动点主要是增加财富，获利多少是人们衡量创业者成功与否的重要标志。同时，企业能持久地融入社会再生产的大循环中，不仅能推动企业快速发展，也能体现企业的社会价值之所在。

（三）创业的类型

创业活动涉及各行各业，创业者的创业动机千差万别、创业项目和领域多种多样，创业的类型也因此呈现多样化，我们可以从不同角度对其进行分类。

1.基于创业形式的分类　根据创业形式，可以将创业分为复制型创业、模仿型创业、安定型创业和冒险型创业。

（1）复制型创业　即在现有经营模式的基础上，简单复制原有公司的经营模式进行的创业。例如，某人原本在餐厅里担任厨师，后来辞职自行创立了一家与原服务餐厅类似的新餐厅。在现实社会中，初创企业中属于复制型创业的比例很高，且由于前期经验的累积，创业者创业的成功率较高。例如，牛根生（原伊利集团副总裁）从伊利集团离开后，带领手下几名干将启动了一场"复制一个伊利"的计划，创办了蒙牛乳业集团。

（2）模仿型创业　其创新成分也很少，与复制型创业的不同之处在于，其创业过程对于创业者而言具有很大风险。例如，某一制鞋公司的经理辞了工作，开设了一家当下流行的网络咖啡店。这种形式的创业具有较高的不确定性，学习过程长，犯错机会多，代价也较高昂。这种创业者如果具有合适的创业人格，经过系统的创业管理培训，掌握了正确的市场进入时机，还是有很大机会获得成功的。

（3）安定型创业　其虽然为市场创造了新的价值，但对创业者而言，无太大的改变，创业者做的也是比较熟悉的工作。这种类型的创业强调的是创业精神的体现，也就是创新的活动，而不是新组织的创造。企业内创业即属于这一类型。例如，研发单位的某小组在开发完成一个新产品后，继续在该企业部门开发另一个新产品。

（4）冒险型创业　是一种难度很高的创业活动，有较高的失败率，但一旦创业成功，投资回报也很高。这种类型的创业想要获得成功，对创业者能力、创业时机、创业精神发挥、创业策略研究拟定、商业模式创新、经营模式设计、创业过程管理等各方面都有很高的要求。

2.基于创业动机的分类　2001年，全球创业观察报告最先提出了生存型创业和机会型创业的概念，依据创业者的创业动机，可以将创业分成生存型创业和机会型创业。

（1）生存型创业　指创业者受生活所迫，由于没有其他更好的选择，不得不参与创业活动来解决其所面临的困难。这种类型的创业者，最初或许根本没有创业的概念或伟大的理想，只是出于生存的需要，在现有市场中捕捉机会，从事低成本、低门槛、低风险、低利润的创业。例如，我国20世纪80年代初期的创业者及下岗职工的创业行为大都属于这种类型。清华大学的一份调查报告指出，这一类型的创业者占我国创业者总数的90%。

生存型创业大多属于复制型创业和模仿型创业，创业项目多集中在餐饮、美容美发、商业零售、房地产中介等比较容易进入的生活服务业，创业企业一般规模较小，其面临的市场竞争比较激烈。生存型创业者要想做大做强，必须克服小富即安的惰性思想，要善抓机遇，走机会型创业的道路。

（2）机会型创业　指创业者基于实现自我价值的强烈展望，在发现或创造新的市场机会下进行的创业活动。他们具有明确的创业梦想，能识别和把握创业机会，属于有备而来。例如，李彦宏创办百度公司就是典型的机会型创业。他舍弃在美国的高薪岗位，毅然回国创业，其主要原因是他发现了互联网搜索引擎存在的巨大商机，同时期望实现自我人生的更大发展。相比生存型创业，机会型创业不仅能解决创业者自己的就业问题，而且能解决更多人的就业问题，有可能创造更大的经济效益和社会价值。所以，无论是从缓解就业压力的角度还是创造社会和经济价值的角度，政府和社会都应该更加关注机会型创业，大力倡导机会型创业。

3. 基于创业起点的分类　依据创业者的创业起点，可将创业分为创建新企业和企业内创业。

（1）创建新企业　指创业者或团体从无到有地创建全新的企业组织。这个过程充满机遇，创业者和团队的想象力、创造力可以得到最大限度的发挥，但创业的风险和难度较大，创业者会遇到缺乏资源经验和相关方支持的困境。

（2）企业内创业　指在企业内进行创新创造的过程，意指现有的企业为了适应市场环境的变化，开发新的产品或者服务，为了提升企业竞争力和盈利能力而开展的创业活动。

通常情况下，企业内创业是由有创意的员工发起的，其在企业的支持下进行企业内部新项目的创业，并与企业分享创业成果。

三、创新和创业的"双生"关系

创新与创业在内在含义、特征等方面虽有很大差异，但二者之间密切相关。从地位层面来看，创新是国家战略层面的存在，是上位的、根本的、统摄性的。创业是策略层面的手段，是下位的、可操作的，是创新在实践中的应用。从创新创业教育理论来看，创新和创业是"双生"关系，二者并不是被简单地叠加在一起。创新是创业的基础，创业是创新的载体。创新创业教育不仅包含创新教育，还包含创业教育。创新教育旨在培养与开发学生的创新思维，侧重为学生未来发展进行整体规划。而创业教育旨在培养学生的实践动手能力，侧重为学生未来自我价值实现途径进行总体规划。可以说，创业能否成功主要取决于创新的程度。所以，真正的创业教育必须以创新教育为基础，而创新教育往往以创业教育为载体和实现形式。只有创新教育和创业教育二者有机融合在一起，才能达到"双创"的教学效果。在高等教育中，大学生创新创业素质教育主要围绕创新创业品质人格、创新创业知识技能、创新创业能力展开。

【名家名言】

创新是科学房屋的生命力。

————阿西莫夫

【实践活动】

独立建立创新思维

1. 活动目的　建立自己的企业构思。

2. 活动过程　选择一种自己感兴趣或有所了解的产品，或者是自己考虑好即将创办企业的一种产品。首先确定产品名称，然后从销售线、服务线、制造线和副产品线4个方面思考，用头脑风暴法想出尽可能多的相关企业，建立自己的企业构思。销售线是与该产品的销售相关的企业；服务线是与该产品的服务相关的企业；制造线是与该产品的制造相关的企业；副产品线是与该产品的副产品相关的企业。例如产品是空调，销售线可以是商场、专卖店、宾馆等，服务线可以是清洁公司、培训机构等，制造线可以是塑料加工厂、电缆生产厂，副产品线可以是印刷厂、广告设计公司等。

3. 活动总结　通过对给定目标进行讨论，使同学们认识到掌握一定的技能固然重要，但更为重要的是，能够领悟创新的意义、体会到创新的价值，切实感受到创新让身心全面发展。

4. 活动评价　根据小组讨论和课堂展示情况进行小组成绩的给定。

【思考题】

1. 请你谈谈创新和创业的关系。

2. 在自己学习和生活的圈子中，你发现了哪些日常的创新事例？

3. 说明将其归为创新的原因（创新事例可以是学习方法创新，技术创新，组织创新，商业模式创新，营销方法创新等）。

第二节　创新创业与劳动

一、劳动的内涵与意义

（一）劳动的内涵

劳动是人类的本质活动，是人类社会生存和发展的基础。劳动有广义和狭义之分。广义的劳动是指除了生活和生活中的劳动外，还包括许多需要人们的智力参与的劳动，如脑力劳动、服务劳动等。狭义的劳动是指具有一定劳动知识和技能的人或人群使用劳动工具，以获取劳动成果为目的而对外部对象实施改造的活动，如修建房屋、种植农作物等。

　　"劳动是一切幸福的源泉。"习近平总书记在全国劳动模范和先进工作者表彰大会上指出，在长期实践中，我们培育形成了崇尚劳动、热爱劳动、辛勤劳动、诚实劳动的劳动精神。

（二）劳动的意义

　　劳动光荣、创造伟大，是马克思主义劳动观的基本观点，是对人类文明进步规律的重要诠释，也是深深植根于中华民族血脉的精神基因。"劳动是财富的源泉，也是幸福的源泉。人世间的美好梦想，只有通过诚实劳动才能实现；发展中的各种难题，只有通过诚实劳动才能破解；生命里的一切辉煌，只有通过诚实劳动才能铸就。劳动创造了中华民族，造就了中华民族的辉煌历史，也必将创造出中华民族的光明未来。"

　　投入劳动活动能锻炼大学生勤学苦练、深入钻研，勇于创新、敢为人先的品质，培育大学生崇尚劳动、热爱劳动、辛勤劳动、诚实劳动的劳动精神，发扬以爱国主义为核心的民族精神和以改革创新为核心的时代精神。习近平总书记在全国教育大会的讲话中强调了劳动的重要意义，指出"要努力构建德智体美劳全面培养的教育体系"，从哲学的视角提出"劳动是推动人类社会进步的根本力量"。进入21世纪，伴随全球科技创新的空前活跃，信息化时代和人工智能时代的来临，"劳动"被赋予新的内涵，探索真实和重视实践成为新时代劳动教育的重要特征。

二、创造性劳动

（一）创造性劳动的含义

　　创造的一般过程是劳动过程，创造力是劳动过程的一种功能表现。创造性劳动和创造是一种相互依存的关系。创造性劳动区别于重复性劳动，是辛勤劳动、诚实劳动的升华，更是人类社会发展进步的根本力量。创造性劳动在创新创业中有着至关重要的作用。

（二）创造性劳动应具备的条件

　　创造性劳动不是白手起家，它包含对前人劳动成果的继承、补充和发展。创新包括温故知新、补旧为新、推陈出新。任何创新都离不开想象，想象分为再造想象和创造想象。以创造想象为前提的创造性劳动要具备以下5个条件。

　　1.表象贮备　创造想象与再造想象一样，都需要原材料，这就要在日常生活中留心观察客观事物，不断积累感性材料，大量记忆各种形象，包括自然形象和人造形象，艺术形象和科学形象。贮备表象要深入了解生活实际，捕捉感性形象。

　　2.原型启发　受某些事物的启发，通过联想对原型进行加工改造，达到创新的目的。

　　3.思维活跃　创造性劳动只有通过积极、灵活的思维，才能突破旧模式，创造新产品。创造思维方法有顺思法、逆思法、转向法、移植法、顿悟法等。

4. 资料积累 只有平日多学习、多积累，才有可能进行高水平的创造。正如荀子所言："不积跬步，无以至千里；不积小流，无以成江海。"

5. 反复实践 大发现和大发明都是长期艰苦劳动的产物。爱迪生说过，天才是1%的灵感加上99%的汗水。这句话值得我们认真思考。

（三）培养创造性劳动的意识

当前大学生在创业或就业矛盾较为突出，一方面是由于我国高等教育从精英教育向大众化教育的过渡，本科毕业生井喷式增长，就业需求量大；另一方面是本科生进入工作岗位后实际操作和创新能力不足，对岗位的适应性不强就业能力不足；个人创业中本科生创新能力较低，创业早早夭折。大学生在实践方面过于被动，仅局限于学校安排时间、方式和内容，锻炼少、积淀少，在实习期无法展示让企业认可的劳动能力。因此，大学生要培养实践和创新能力，必须增强创造性劳动的意识。培养创造性劳动的意识可以从以下3点出发。

1. 提高质疑能力 质疑能力是大学生自主学习能力的重要组成部分，是大学生从"要我学"变成"我要学"的基础和关键。质疑过程是提升大学生专业能力和创新思维的有效途径，也是提升大学生辨别复杂社会环境能力的有效途径。

2. 培养观察力 观察的目的是发现优点、发现缺点、发现问题、发现别人发现不了的东西。观察的真谛是通过细致观察、认真比较，独立发现有价值的问题并提出来。只有长期观察，日积月累，随着观察问题能力的提高，才能从已知的现象中推测未来的发展变化，进而形成难得的洞察力。对大学生来说，必须通过主动实践来培养观察力，因为主动实践与被动实践的最大差别是让个体自己去发现问题，尽可能找到最本质的东西。

3. 提升协作能力 随着社会的发展，竞争日益激烈，合作与交流的作用也越来越重要。大学生的团队协作能力不仅关系到个人价值的实现，更关系到社会的发展和国家的未来。团队精神是协作精神、服务精神和大局意识这三者的集中表现，关系到能否将多位个体的创新能力进行有机整合，并充分发挥效用。团队协作能力培养可以从以下3个方面着手。

（1）参与任务驱动、项目引领式的教学 在完成任务的过程中，首先是基于现有的知识和能力去理解任务，然后制订计划、方案、预期结果及评估标准，最后通过组建团队，按照咨询、计划、决策、实施、检查和评估等步骤协作完成任务或项目。

（2）利用学生社团培养协作能力 进一步拓展学生社团的功能，将学生社团建设成为校企联合的新领域，深入社会实践、服务社会的新载体。

（3）利用社会实践活动锻炼团队协作能力 在社会实践管理过程中，可以采用项目化运作的新模式，以团队形式开展社会实践活动。通过开展项目调查研究和立项，实施项目管理，建立科学有效的项目评价体系，以及做好成果的总结宣传和推广应用，在社会实践活动中培养团队协作能力。

三、创新创业与劳动的关系

创造性劳动区别于重复性劳动，是辛勤劳动、诚实劳动的升华，更是人类社会发展进步的根本力量。创新创业与劳动相结合，其目的是提升学生的创造性劳动水平。劳动教育融入创新创业教育具有必然性，创新创业与劳动亦是必然和相互促进不可分割的。创新创业是体现智力劳动和复杂劳动的实践过程，这就要求高校创新创业教育在培养大学生的创新精神、创业意识的过程中，有必要融入强化劳动观念、劳动习惯和劳动技能的劳动教育，有必要大力弘扬劳模精神、工匠精神、劳动精神，让大学生在学校的创新创业学习和实践中热爱劳动、崇尚劳动、愿意参与劳动，增强劳动带来的获得感，树立劳动光荣、创造伟大的正确观念。从教育内容和教育目标来看，劳动教育和创新创业教育具有内在统一性，都是为培养综合素质全面发展的开创型人才进行的教育活动，将劳动教育融入创新创业教育，不仅能为大学生综合素质的提升提供一种实践途径，也为大学生树立正确劳动观、价值观提供方向保证和精神动力支撑。

【名家名言】

人在自己的劳动中创造自己并理解劳动的美。

——苏霍姆林斯基

【实践活动】

争当实习榜样

1. 活动目的　通过实习，完成教学计划所规定的学习任务，培养学生良好的职业道德和热爱劳动的品质，加深学生对已学专业理论知识的理解，使学生熟练掌握从事本专业必须具备的操作技能和技巧，让学生了解社会、了解生活、扩展知识领域，提高学生的认识能力与应变能力。

2. 活动过程

（1）认真参与实习单位组织的各种例会，较快地融入新团体，以便更好地开展工作。

（2）参加单位集训，培养团结合作精神，认真参与，有集体荣誉感。

（3）在实习中掌握待人处事的技巧，能很好地与同事交流，履行好自己的职责，努力完成每一项工作任务。将实际操作的情况反馈到专业知识中，完善所掌握的知识与技能。安排自己的每日工作日程，合理安排时间，做到按时、按质、按量完成任务。

（4）各班级定期组织实习汇报，将大家的实习过程、感受等汇总，取长补短，以便大家更顺利地完成实习。

3. 活动要求

（1）服从学校的推荐和实习单位的工作安排，听从老师、实习单位指导师傅和领导的指挥，不计较单位好差，不计较收入高低，不计较岗位差异。

（2）勤学好问，刻苦钻研，精益求精，一丝不苟，努力提高自己的专业知识、业务水平和动手能力，努力做到工作态度好、工作质量高。

（3）遵守学校制订的实习纪律和实习单位的规章制度，遵守国家有关的法律法规，乐于接受正确的批评和教育，有意见可向学校反映。

（4）尊敬师长和同事，虚心好学，讲究文明礼貌，注重仪容仪表。

（5）完成实习任务，按时写好总结。未经实习单位及学校同意，不得擅自离开实习岗或实习单位。

4. 活动总结　通过对给定目标进行讨论，使同学们认识到掌握一定的技能固然重要，但更为重要的是，能够领悟实习的意义、体会到实践的价值，切实让学生了解社会、了解生活、扩展知识领域，提高学生的认识能力与应变能力。

5. 活动评价　实习完成后，每位同学从学习态度、工作态度、人际关系情况、技能掌握情况、遵守规章制度情况和个人创造价值情况6个方面对自己的实习情况进行客观评价，并针对不足之处提出改善方案。

【思考题】

1. 社会劳动有哪些常见形式？
2. 参加社会劳动对大学生有什么积极意义？
3. 提升实训效果的关键因素有哪些？

第三节　创新创业活动的实践操作

创新创业是可以规划的，创新创业能力对个人职业生涯的发展起到重要的作用。

一、创新创业能力对职业生涯发展的重要意义

如今，创新创业已成为大学生职业生涯中的一种选择。创新创业是一个实践性很强的过程，不仅要拥有创业精神、创新意识，还要具备足够的创业能力。创业者的创业能力越强，创业成功率越高。大学生选择创业后，需要进行自我管理、自我决策、自我规划。因此，在选择创业时应进行创业实践训练，向成功的企业家学习，在实践中提高自己的组织管理能力、创新能力、关系协调能力、决策能力，以及发现问题与解决问题的能力等，然后再去创业，这样可以提高创业成功率。

二、大学生创新创业规划

大学生创新创业已成为大学毕业生流向社会的一种全新的就业方式。对于一个立志创业的人来说，职业生涯规划与创业规划在一定程度上是等同的。要制订一份好的创业规划，可参考以下几点。

1. 了解你自己　一份有效的创业规划，必须在充分且正确地认识自身的条件与相关环境的基础上进行。对自我及环境的了解透彻，才能做好规划，因为创业规划的目的不

只是协助创业者实现个人目标，更重要的是帮助其真正了解自己。了解自己在中医学、中药学哪个学科中更有优势，还是两者相结合。

2. 明确创业目标　创业者要善于观察和发现新的机遇、新的商机，用创新的思维设计自己的创业思路，找准自己的创业方向，站在成功创业者的肩膀之上，确立自己的目标。高尔基说："一个人追求的目标越高，他的才能发挥得就越快，对社会就越有益。"如果创业者自己都不知道要到哪儿去，那通常哪儿也去不了。一个人在明确自己想做什么、能做什么的同时，还应考虑社会的需求是什么。如果一个人所选择的创业领域既符合自己的兴趣又与自己的能力相一致，但不符合社会的需求，那么这种创业的前景也很黯淡。由于分析社会需求及其发展态势并非一件易事，因此在选择创业目标时，应该进行多方面的探索，以求得出客观而正确的判断。

3. 制订行动计划　大学生在确定了创业目标后，围绕创业目标，需要制订具有针对性、明确性与可行性的行动计划，特别是要详细制订大学期间和毕业后 3～5 年的行动计划。

4. 开始行动　一个人的创业规划不管多么好、多么严密，只要没有行动，创业规划就依然是一张废纸。立即行动，是实现目标和梦想的唯一途径。

总之，一份创业规划必须将个人理想与社会需求实际有机结合起来，从而设计出既合理又可行的创业发展目标。只有自身因素和社会条件最大限度地契合，创业规划才能在现实中发挥优势、避开劣势，具有可操作性。

三、了解大学生创新创业大赛

创新创业大赛为大学生提供了一个从计划到实践的训练平台，能够帮助大学生掌握创业需要的知识、技能，甚至获得重要资源。目前，我国为大学生提供的影响力较大的创新创业大赛主要有中国国际大学生创新大赛和中国青年创新创业交流营，其中中国国际大学生创新大赛的前身是著名的中国国际"互联网+"大学生创新创业大赛，中国青年创新创业交流营是由共青团中央于 2023 年将原有的"创青春"中国青年创新创业大赛（包含面向大学生的专项赛事）升级打造而成。这里以 2021 年度中国国际大学生创新大赛为例，介绍与大赛相关的信息。

1. 大赛简介

中国国际大学生创新大赛是目前中国高等教育领域覆盖面最广、影响力最大的顶级赛事之一，由教育部等十余个中央部委、省级人民政府联合主办，主要面向全球在校大学生（包括专科、本科、研究生，以及毕业 5 年内的学生）和符合条件的国际学生。中国国际大学生创新大赛通常围绕国家重大战略需求和经济社会发展热点设定年度主题，例如"我敢闯，我会创"曾是其经典主题。大赛更名后更加突出"创新"的核心地位，强调原始创新、关键核心技术突破、新质生产力培育等方向。其核心目标是深化高等教育综合改革，激发大学生的创新精神和创业意识，培养造就"大众创业、万众创新"的生力军；推动赛事成果转化，促进"产学研用"紧密结合；服务国家创新驱动发展战略和经济社会发展。

大赛的主要任务包含以下内容。

（1）以赛促教，探索人才培养新途径　全面推进高校课程思政建设，深化创新创业教育改革，引领各类学校人才培养范式的深刻变革，构建素质教育发展新格局，形成新的人才培养质量观和质量标准，切实培养学生的创新精神、创业意识和创新创业能力。

（2）以赛促学，培养创新创业学生主力军　服务构建新发展格局和高水平科技自立自强，激发学生的创造力，激励广大青年扎根我国大地了解国情民情，在创新创业中增长智慧才干，坚定执着追理想，实事求是闯新路，把激昂的青春梦融入伟大的中国梦，努力成长为德才兼备的有为人才。

（3）以赛促创，搭建产教融合新平台　把教育融入经济社会产业发展，推动互联网、大数据、人工智能等领域成果转化和产学研用融合，促进教育链、人才链与产业链、创新链有机衔接，以创新引领创业、以创业带动就业，努力形成高校毕业生更高质量地创业、就业的新局面。

2. 大赛内容及参赛组别　大赛包含以下赛事活动。

（1）主体赛事　包括高教主赛道、"青年红色筑梦之旅"赛道、职教赛道和萌芽赛道。高教主赛道，根据参赛项目所处的创业阶段、已获投资情况和项目特点，分为创意组、初创组、成长组、师生共创组。"青年红色筑梦之旅"赛道，根据项目性质和特点，分为公益组、商业组。职教赛道，根据参赛项目所处的创业阶段、已获投资情况和项目特点，分为创意组与创业组。以上 3 个赛道，均以团队为单位报名参赛，允许跨校组建团队，每个团队的参赛成员不少于 3 人，原则上不多于 15 人（含团队负责人），须为项目的实际核心成员。职教赛道的参赛人员为职业院校（包括职业教育各层次学历教育，不含在职教育）、国家开放大学学生（仅限学历教育）。萌芽赛道的参赛人员为普通高级中学在校学生。

（2）同期活动　包括"慧秀中外"国际大学生创新创业成果展、"慧智创业"中国民族品牌主理人面对面、"慧展华彩"历届大赛优秀项目对接巡展、"慧治创新"全球乡村振兴智慧化高端论坛、"慧云闪耀"全球数字化教育云上峰会、"慧聚未来"国际青年学者前沿思辨会。

3. 参赛要求　具体的参赛要求如下。

（1）参赛项目能够将移动互联网、云计算、大数据、人工智能、物联网、下一代通信技术、区块链等新一代信息技术与经济社会各领域紧密结合，服务新型基础设施建设，培育新产品、新服务、新业态、新模式；发挥互联网在促进产业升级以及信息化和工业化深度融合中的作用，促进制造业、农业、能源、环保等产业转型升级；发挥互联网在社会服务中的作用，创新网络化服务模式，促进互联网与教育、医疗、交通、金融、消费生活等深度融合。参赛项目的主要类型如下：①"互联网＋"现代农业，包括农林牧渔等。②"互联网＋"制造业，包括先进制造、智能硬件、工业自动化、生物医药、节能环保、新材料、军工等。③"互联网＋"信息技术服务，包括人工智能技术、物联网技术、网络空间安全技术、大数据、云计算、工具软件、社交网络、媒体门户、企业服务、下一代通信技术、区块链等。④"互联网＋"文化创意服务，包括广播影视、设计服务、文化艺术、旅游休闲、艺术品交易、广告会展、动漫娱乐、体育竞技等。⑤ "互联网＋" 社会服务，包括电子商务、消费生活、金融、财经法务、房产家居、高效物流，教育培训、医疗健康、交通、人力资源服务等。

（2）参赛项目须真实、健康、合法，无任何不良信息，项目立意应弘扬正能量，践行社会主义核心价值观。参赛项目不得侵犯他人知识产权；所涉及的发明创造、专利技术、资源等必须拥有清晰合法的知识产权或物权；抄袭盗用他人成果、提供虚假材料等违反相关法律法规的行为，一经发现，参赛人员即刻丧失与参赛相关的权利并自负一切法律责任。

（3）参赛项目涉及他人知识产权的，报名时须提交完整的具有法律效力的所有人书面授权许可书等；已在主管部门完成登记注册的创业项目，报名时须提交营业执照、登记证书、组织机构代码证等相关证件的扫描件、单位概况、法定代表人情况、股权结构等。在大赛通知发布前，已获投资 1000 万元及以上或在 2020 年及之前任意一个年度的收入达到 1000 万元以上的参赛项目，应在总决赛时提供投资协议、投资款证明等佐证材料。

（4）参赛项目不得含有任何违反《中华人民共和国宪法》及其他法律法规的内容，必须尊重中华文化，符合公序良俗。

（5）参赛项目根据各赛道相应的要求，只能选择一个符合要求的赛道报名参赛。已获本大赛往届总决赛各赛道金奖和银奖的项目，不可报名参加本届大赛。

（6）参赛人员（不含师生共创参赛项目成员中的教师）年龄不超过 35 岁。

4. 比赛赛制　大赛主要采用校级初赛、省级复赛、总决赛三级赛制（不含萌芽赛道及国际参赛项目）。校级初赛由各院校负责组织，省级复赛由各地负责组织，总决赛由各地按照大赛组委会确定的配额择优遴选推荐项目。大赛组委会将综合考虑各地报名团队数（含邀请国际参赛项目数）、参赛院校数和创新创业教育工作情况等因素分配总决赛名额。

大赛共产生 3200 个项目入围总决赛（港澳台地区参赛名额单列），其中高教主赛道 2000 个（国内项目 1500 个、国际项目 500 个）、"青年红色筑梦之旅" 赛道 500 个、职教赛道 500 个、萌芽赛道 200 个。

高教主赛道每所高校入选总决赛项目总数不超过 5 个，"青年红色筑梦之旅" 赛道、职教赛道和萌芽赛道每所院校入选总决赛项目均不超过 3 个。

5. 赛程安排　大赛分为参赛报名、初赛复赛和总决赛 3 个阶段，各个阶段的时间安排和要求如下。

（1）参赛报名（2021 年 4 月）　各省级教育行政部门及各有关学校负责审核参赛对象资格。参赛团队通过登录全国大学生创业服务网或微信公众号（名称为 "全国大学生创业服务网" 或 "中国'互联网＋'大学生创新创业大赛"）进行报名。在全国大学生创业服务网的资料板块可下载学生操作手册，在微信公众号可进行赛事咨询。

报名系统开放时间为 2021 年 4 月 15 日，报名截止时间由各地根据复赛安排自行决定，但不得晚于 8 月 15 日。国际参赛项目通过全球青年创新领袖共同体促进会官网报名，具体安排另行通知。

（2）初赛复赛（2021 年 6 ～ 8 月） 各地各学校登录全国大学生创业服务网进行大赛管理和信息查看。省级管理用户使用大赛组委会统一分配的账号登录，校级账号由各省级管理用户管理。初赛复赛的比赛环节、评审方式等由各校、各地自行决定，赛事组织须符合本地常态化疫情防控要求并制定应急预案。各地应在 8 月 31 日前完成省级复赛，并完成入围总决赛的项目遴选工作（推荐项目应有名次排序，供总决赛参考）。

（3）总决赛（2021 年 10 月下旬） 大赛设金奖、银奖、铜奖和各类单项奖；另设高校集体奖、省市组织奖和优秀导师奖等。请登录全国大学生创业服务网查看评审规则。大赛专家委员会对入围总决赛的项目进行网上评审，择优选拔项目进行总决赛现场比赛，决出各类奖项。

大赛组委会通过全国大学生创业服务网为参赛团队提供项目展示、创业指导、投资对接、人才招聘等服务，各项目团队可登录上述网站查看相关信息，各地可利用网站提供的资源，为参赛团队做好服务。华为技术有限公司将为参赛团队提供多种资源支持。

6. 评审内容 无论报名哪一个参赛组别，参赛团队都应该从项目的"市场""产品""技术""团队""效益""未来的发展" 6 个方面进行思考和自查，并明确项目的短板。同时，结合参赛组别的评审规则，进行项目的完善和优化。针对不同的组别，评审规则有所差别，分为创新维度、团队维度、商业维度、就业维度和引领教育维度等多个方面。

【名家名言】

同是不满于现状，但打破现状的手段却不同：一是革新，一是复古。

——鲁迅

【实践活动】

携梦起航只等你来

1. 活动目的 培养学生的自主创业能力和创新精神。

2. 活动对象 在校本科生、研究生。

3. 活动过程 开展就业创业指导讲座、就业创业服务、走近基层主题活动、就业创业经验分享等。

（1）各学院要高度重视，充分认识此项活动的重要意义，结合本学院实际，制定切实可行的具体活动计划，确保就业创业服务月活动取得实效。

（2）要精心组织，紧密结合新的就业形势和学院专业特点认真做好活动的计划、组织和动员工作，鼓励全体同学积极参加相关活动，创新工作思路，行之有效地开展活动。

（3）做好宣传工作。通过校园网、广播、手机短信、微博、微信、学院网站等媒体大力宣传就业创业服务月活动情况。提高学生对活动的知晓度，努力营造积极向上的就业创业良好氛围。

（4）积极总结经验。认真总结活动开展情况、取得的成绩和经验，为今后大学生就业创业工作的完善提供经验参考。

4.活动总结 通过对给定目标进行讨论，使同学们认识到掌握一定的劳动技能固然重要，但更为重要的是，能够领悟劳动教育的意义、体会到劳动的价值，切实感受到劳动光荣、劳动让人幸福、劳动让身心全面发展。

5.活动评价 根据小组讨论和课堂展示情况进行小组成绩的给定。

【思考题】

1. 在日常生活中我们还能发现哪些创新事例？
2. 我们应该如何去实施创新创业的规划？

第四节 创新创业需要注意的问题

面对当前大学生就业压力越来越大，社会上对大学生早就有一种声音：就业不如创业。特别是在当前电子商务迅速发展的环境下，商机无处不在，创新创业敢想就敢做。但是，我们在提倡大学生创新创业时，是鼓励一部分有条件、准备好了的大学生可以开展创业，并不是建议人人去创新创业。在创新创业时需注意以下 6 个问题。

一、理论知识不等于创新创业能力

有些人认为，大学生在大学期间接受了 3～5 年系统的正规教育，有着专业的知识，而且遇到问题时可以及时向专业教师请教去解决问题；大学生在上学期间还学习了"创新创业基础""创新创业实务"等课程，听过许多成功人士的讲座；学校对大学生创新创业支持力度逐年增加，并设有创新创业基金作为辅助，有了这些作为基础，大学生创业应该没有问题。显而易见，有这种想法的人犯了一个根本性的错误，就是把专业知识能力等同于创新创业能力。但它们其实完全是两码事，创新创业不能只有书本上的理论知识。

二、不是所有人都适合创业

根据教育部的要求，我国高等教育本科生在大学期间要开设"创新创业基础"或"创新创业实务"课程，说明国家已经意识到大学生创业的必要性和可行性。但是，开设创新创业课程并不是鼓励大学生全都去创业。客观来讲，创业者中成功的并不很多，不是每个人都具备条件创业。

三、创业不能靠一时热情

当前，社会各界都在关注大学生创新创业这个热门话题，人们的就业观念随着社会经济的变化而发生转变。然而，初涉社会的青年，无论是阅历、见识，还是资金积累，都难以占有优势。因此，如何发挥自身优势，找到创业捷径，创出精彩事业与财富人生，就成为众多青年关注与认真思考的问题。大学生在听到成功创业的讲座时很容易受到感染，创业热情暴涨；但当行动起来后业务不见起色，又只能放弃。对于创业，大学生应该对行业充分了解，紧密联系自身专业和特长，发挥自身优势。

四、认清行业发展的形势，甄别行业兴衰

在众多行业中选择出具有长期经济效益的项目是创业成功的关键。高收入行业的一般特征是垄断性强、新兴附加值大以及资本、知识密集度高；低层次收入行业的一般特征是市场竞争性强、传统型色彩浓以及劳动密集度高。可以根据国家政策了解行业发展前景，如党的十九大报告里提出"贯彻新发展理念，建设现代化经济体系"，在"深化供给侧结构性改革"方面，强调要加快建设制造强国，加快发展先进制造业，推动互联网、大数据、人工智能和实体经济深度融合，在中高端消费、创新引领、绿色低碳、共享经济、现代供应链、人力资本服务等领域培育新增长点、形成新动能。对于创新创业者来说，要善于甄别行业的兴衰，避免入错行导致创业的失败。

五、密切联系市场，加强科技创新创造

在医疗健康领域，科技创新的生命力不仅在于技术突破，更在于与市场需求的深度契合。基层医疗作为保障群众健康的重要阵地，长期面临诊疗设备适配性不足的难题，而针对性的创新实践，正为破解这一困境提供了生动答案。例如，某地医疗领域团队密切关注基层医疗机构对低成本诊疗设备的需求，针对偏远地区缺乏精准检测仪器的痛点，加强科技创新。他们深入调研乡镇卫生院实际场景，发现现有设备存在操作复杂、维护成本高的问题，便聚焦"便携化、低成本、易操作"方向开展研发。团队结合临床需求优化技术路径，突破传统设备的体积与成本瓶颈，成功研发出适合基层的快速检测设备。该成果因精准对接市场需求，不仅获政策支持加速转化，还快速进入基层医疗市场，既解决了实际诊疗难题，也实现了技术成果的市场化落地，印证了密切联系市场、强化科技创新对成果转化的关键作用。他们的成功，归功于团队根据市场需求，不断进行科技创新创造，从而成长为同行业中的佼佼者。

六、弄懂政策优惠

党的二十大强调创新在现代化建设全局的核心地位，为创新创业铺就坚实政策之路。党的二十大报告指出，要强化企业科技创新主体地位，营造有利于科技型中小微企业成长的良好环境，激发创新活力。这些为大学生创新创业带来诸多政策利好。在税收上，毕业年度内持《就业创业证》的高校毕业生从事个体经营，3年内按每户每年24000元限额，依次扣减多项税费；在融资方面，个人创业可申请最高30万元创业担保贷款，合伙创业最高400万元，且利息由财政贴息50%；场地支持上，政府投资创业载体安排30%场地免费供大学生使用。这些政策激发创新活力，助力创业者逐梦前行，为经济高质量发展注入强劲动力。我国虽有优厚的创新创业政策，但不少政策的实

施对象存在特定范围。若同学们不深入了解这些政策细节，想当然地认为能"一视同仁"，就容易仓促启动项目。这种对政策的懵懂认知，会导致在竞争中缺乏针对性准备，最终可能因未能充分利用适配政策、错失支持而创业失败。因此，只有弄懂政策优惠的适用范围和具体要求，才能避免因盲目行动陷入被动，为创新创业筑牢基础。

【名家名言】

科学到了最后阶段，便遇上了想象。

——雨果

【实践活动】

有了知识就可以创新创业吗？

1. 活动目的　了解哪些条件是创新创业必备的。

2. 活动过程　以小组为单位开展模拟创新创业，具体安排如下。

（1）以 10～12 人为一组，各组选出组长 1 人、副组长 2 人，组长与副组长全权负责各组。

（2）各组分别选择 1～2 项与创新创业相关的任务。

（3）教师使用或购买创业产品或服务。

3. 活动总结　通过对给定目标进行讨论，使同学们认识到了解创新创业知识不是成功创业的唯一条件。

4. 活动评价　完成任务后，每位同学根据自己认知，客观评价。

【思考题】

1. 你觉得成为一名成功的创业者需要具备哪些条件？

2. 在创业时如果碰到困难你会如何解决？

下篇　安全教育

第十章　劳动安全　▷▷▷▷

【学习目标】

巩固　学习必要的劳动知识和技能，树立正确的劳动观念和劳动安全意识。

培养　培育吃苦耐劳的精神，促使学生形成健全的人格和良好的思想道德品质，加强劳动安全防护意识。掌握劳动技能，养成良好的劳动习惯和安全防护知识，提高动手能力，增强自我教育、自我管理、自我服务的能力全面发展。

拓展　充分发挥劳动育人功能，以劳树德、以劳增智、以劳强体、以劳育美、以劳创新，拓展学生综合素质，促进学生德智体美劳全面发展。

【案例导入】

事故情况：2016 年 9 月 21 日上午 10 点 30 分左右，东华大学松江校区化学化工与生物工程学院 3 名研究生在进行化学实验时实验室发生爆炸。事故导致两名正对实验装置的学生受重伤（研二学生双目失明，一名研一学生有失明可能），另一名背对着实验装置的研一学生受轻伤。

事故原因：该实验室三名研究生（一名研二，两名研一）进行氧化石墨烯的实验，三人均未穿实验服且未戴护目镜，由研二学生进行实验教学示范，在一个敞口大锥形瓶中放入了 750mL 的浓硫酸，并与石墨烯混合，接下来放入了一勺高锰酸钾（未称量）。在放入之前，研二同学还告诫其他人，放入可能有爆炸危险，但不幸的是，话音刚落，爆炸就发生了。

分析：实验之前应先阅读化学品的安全技术说明书，了解化学品的危险性，采取必要的防护措施；严格按实验规程进行操作，在能够达到实验目的前提下，尽量少用，或用危险性低的物质替代危险性高的物质；实验人员应戴防护眼镜、穿着合身的棉质白色工作服及采取其他防护措施，并保持工作环境通风良好。

问题：
1. 实验室还有哪些安全隐患？
2. 实验实训安全有哪些注意事项？

第一节　劳动安全概述

近年来，我国经济高速增长，取得了世人瞩目的成就。但是，在经济快速增长的背后也面临着许多问题与挑战，如生态环境恶化、自然资源枯竭等，其中也包括一些严重的劳动安全问题。

一、劳动安全的含义

劳动安全，又称职业安全，是劳动者享有的在职业劳动中人身安全获得保障、免受职业伤害的权利。在工作场所中，为了预防和减少劳动者因工作而发生人身伤害、疾病和死亡等意外事故，采取预防和控制措施。

二、劳动安全的特点

（一）综合性

劳动安全是一个综合性的概念，它包括了预防事故、减少事故损失、保护劳动者的生命安全和身体健康等方面的内容。

（二）预防性

劳动安全的核心是预防，通过采取各种安全措施和技术手段，预防事故的发生。

（三）全员性

劳动安全不仅是企业或单位的责任，而是全员的责任，包括企业管理层、生产工人、技术人员等所有与生产相关的人员。

（四）持续性

劳动安全是一项长期的工作，需要不断地进行安全教育和培训，提高员工的安全意识，加强安全管理，确保安全生产的稳定运行。

（五）动态性

劳动安全是一个动态的概念，随着科技的不断进步和生产环境的变化，需要不断地更新和改进安全措施，以适应新的生产环境和工作方式。

三、劳动安全保障

劳动安全问题，一方面受到生产技术手段制约；另一方面，可以通过适当的制度规范和经济投入有效减少其危害性。劳动者在生产活动中能否保障自身安全，多数时候很难依靠企业的自觉或自发调节来实现。由于外部性、信息不对称等因素的普遍存在，必须运用有效的手段加以保障。

1. 公司为员工提供安全的工作环境及必要的劳动保护。

2. 劳动者有了解生产作业场所和工作岗位存在的不安全因素和职业危害的权利。用人单位有义务将劳动者生产作业场所和工作岗位中存在的可能导致生产安全事故或者职业病的危害因素如实、全面地告知劳动者。

3. 劳动者发现直接危及人身安全的紧急情况时，有进行紧急避险的权利，即可以停止作业或者采取可能的应急措施后撤离作业场所。

4. 保管公司财产的员工，接到预警信号后，在确保生命安全的前提下，应立即采取有效措施保护公司财产安全。

5. 劳动者有权了解和掌握生产安全事故、职业病的防范措施和应急处理措施，并对本单位的劳动安全卫生工作提出意见、建议。用人单位有义务将生产安全事故和职业病的防范措施和应急处理措施告知劳动者。

6. 劳动者有对用人单位劳动安全卫生工作中存在的问题提出批评、检举和控告的权利，有权拒绝违章指挥、强令冒险作业。用人单位不得因劳动者对本单位劳动安全卫生工作提出批评、检举、控告或者拒绝违章指挥、强令冒险作业而降低劳动者的工资、福利等待遇或者解除与劳动者签订的劳动合同。

四、劳动安全注意事项

1. 参加集体劳动，一定要遵守纪律、服从管理、听从指挥，不要随意行动。

2. 要穿着适合劳动的服装，服装以透气、舒适为宜。

3. 要熟悉劳动工具的正确使用方法，避免因方法不当而对自己或他人造成伤害。

4. 准备中最重要的一项，就是要了解该项劳动的安全常识，避免劳动中危险情况的发生。

5. 劳动时应远离没有防护装置的传送带、砂轮、电锯等危险劳动工具，以免发生意外。

6. 劳动时不要接触有害物质，如硫酸、农药等，不随便触摸、玩弄电器及电源开关等。

7. 劳动之后要及时清洁，尤其是在劳动中接触农药等有害物质的，要及时洗手，避免不小心导致农药中毒。

五、劳动安全的重要性

（一）保障人的生命安全和身体健康

劳动安全工作的核心是保障人的生命安全和身体健康。工作过程中存在的各种危险和风险，都可能危及人的生命安全。例如，在中药制药行业，各种有毒、有害、爆炸和易燃物质都可能引起生命危险和财产损失。涉及很多中药加工设备的工作需要特别注意，如果管理不当或业务操作不得当，就会出现重大事故。因此，必须落实劳动安全工作，采取有效的预防措施，确保安全生产。

（二）提高工作效率，降低工伤率

劳动安全工作的另一个关键是提高工作效率，降低工伤率。在安全生产环境下，员工更集中、更高效地工作，减少了劳动损伤和事故的发生，进一步提高了生产效率。同时，劳动安全工作也能提高员工的职业满意度及忠诚度，使员工在工作岗位上胜任更高的工作，从而增加企业的竞争力。

（三）加强企业形象和社会责任

劳动安全工作是企业的社会责任之一。加强劳动安全工作能够反映企业在生产经营过程中的道德规范和社会责任感。同时，在劳动安全方面表现出色的企业，不仅能够获得社会认可，还能提高企业的品牌价值和形象。

（四）符合法律法规

为了保护劳动者的合法权益，国家制定了一系列的安全生产法规、标准及相关的执法体系。所有与生产活动有关的行业都必须遵守法律法规的规定，采取安全生产措施，为劳动者提供安全的工作环境。否则，相关单位和个人将被追究法律责任。

综上所述，劳动安全工作非常重要，在任何的工作场所都要注意安全问题，为员工提供安全的工作环境和保障，使生产活动和体力活动可以和谐、有序地发展。只有这样，才能实现劳动安全工作的最终目标，从而使企业健康发展和可持续发展。

【名家名言】

安全生产必须警钟长鸣、常抓不懈，丝毫放松不得，否则就会给国家和人民带来不可挽回的损失。

——习近平

第二节　劳动安全教育

劳动安全事关经济安全和社会安全，更加关系到政治安全。培养合格的社会主义建设者和接班人，就必须把劳动安全教育作为重要的内容之一。既要让大学生充分认识到劳动安全的重要性，又要让他们掌握提高劳动安全意识的方法，这就需要在大学教育中把劳动安全教育纳入教育体系，全方位开展劳动安全教育。

党的二十大报告强调，必须坚定不移贯彻总体国家安全观，把维护国家安全贯穿党和国家工作各方面全过程，确保国家安全和社会稳定。要坚持以人民安全为宗旨、以政治安全为根本、以经济安全为基础、以军事科技文化社会安全为保障、以促进国际安全为依托，推进安全生产风险专项整治，加强重点行业、重点领域安全监管。劳动安全是社会安全和经济安全的基础，更加关系到政治安全。加强大学生的劳动安全教育，培养劳动安全意识，是完成立德树人、培养社会主义建设者和接班人这一根本任务的重要内容之一。

一、劳动安全教育的重要意义

对于劳动者来讲，劳动安全保护是个人美好生活的基础和条件；对于企业来讲，劳动安全是经营效益的保障和最大化；对于社会来讲，劳动安全是人民幸福、社会和谐的前提。全社会都要动员起来，切实做好劳动安全工作，让我们的社会成为一个普遍安全的社会，让每一个人都能享受社会发展的福利。新时代大学生是党的事业接力者、民族复兴生力军，是落实总体国家安全观的核心力量，所以加强对大学生劳动安全教育有着十分重要的意义。

（一）劳动安全是马克思主义劳动观的重要内容

马克思主义认为，劳动创造了人本身。劳动是人类为了生存的必然选择，安全是劳动的最终目的。劳动安全是马克思主义劳动观的人民性特征的具体体现，劳动是为了人类、为了人民。离开了安全谈劳动，也就失去了劳动的意义和价值。劳动安全是劳动的本质要求。简而言之，人类劳动的目的就是获得生存的安全。生存权是人类的第一人权，安全是人类的第一需求，劳动安全卫生保护是对生命的尊重。劳动者通过劳动不断构建更为安全的物质环境，实现安全感。健康是美好生活的基本内容，离开了健康，幸福也就无从谈起，所以劳动要保证安全和健康。

（二）劳动安全是人类社会文明进步的重要标志

生命权是第一人权，是人类的自然属性。人类社会不断进步的标志就是生命权不断得到保障，人类的寿命不断延长。保障劳动者的生命、健康，是社会文明进步的标志。在生产力水平较低的历史时期，人类缺少应对各种风险的能力和经验，劳动安全卫生条件低下，劳动者的安全和健康得不到应有保障，劳动安全卫生事故频发。例如渔业生产中，过去渔民出海经常发生船舶倾覆等各种事故，所以有很多禁忌，还会祈求神的保护，以求能够实现生产的安全。从原始社会到奴隶社会、封建社会、资本主义社会、社会主义社会，劳动者权益的不断提高。新中国成立以后，消灭了剥削和压迫，劳动者的权益保障达到了前所未有的高度。

中国特色社会主义进入新时代，保障劳动者的生命权是社会生产的第一任务，也是劳动者的第一需求、人民幸福的第一需求。随着社会进步，生产力水平和科学技术水平提高，劳动安全保护的水平也相应提高。劳动者的劳动安全水平已经成为衡量一个国家、社会治理能力和水平的重要指标。习近平总书记指出："把人民生命安全和身体健康放在第一位，人民至上、生命至上，保护人民生命安全和身体健康可以不惜一切代价。"

（三）劳动安全是实现美好生活的内在要求

劳动安全是人民安全的一项重要内容，也是人民获得感、幸福感的重要源泉。每一名劳动者都希望通过自己的劳动，实现自己美好生活愿望，有稳定的收入、健康的身体、幸福的家庭。离开了安全，所有的期盼都会化为乌有。人是财富的拥有和使用者，没有了人，财富是没有任何价值的。安全就是效益，离开安全谈效益就是水月镜花。离开了效益，企业也就失去了生命。

《中华人民共和国安全生产法》第十七条明确规定："生产经营单位应当具备本法和有关法律、行政法规和国家标准或者行业标准规定的安全生产条件；不具备安全生产条件的，不得从事生产经营活动。"离开了安全，企业无法存在，一次重大的安全生产事故就可能让企业彻底消失。

（四）劳动安全是社会稳定的保障

做好安全生产工作，对于社会的稳定和建设中国特色社会主义现代化国家具有现实和长远的意义。从现实来看，任何一起事故，造成的不仅仅是人员的伤亡、经济的损失，更重要的是社会资源的极大浪费和人们心里的恐慌和不安，以及各种不稳定因素的增加。从长远来看，中国特色社会主义现代化国家的重要标志之一就是国家富强、人民幸福，所以安全生产是社会稳定的重要保障。

二、劳动安全教育的核心内容

安全意识，是人们头脑中建立起来的生产必须安全的观念，是人们在生产活动中对各种各样可能对自己或他人造成伤害的外在环境条件的一种戒备和警觉的心理状态。在生产和生活中，确保安全的因素包括安全设施、安全知识、安全意识等，其中安全意识是有决定性作用的。据统计，98%的事故是人为原因引起的。在人的因素中，安全意识薄弱占到90%以上。在各类事故的通报中，不难发现同类事故多次发生的例子很多。所以，培养劳动安全意识是劳动教育的核心内容。

作为即将走向工作岗位的大学生，必须在生活、学习中培养劳动安全意识，提高防风险能力，成为一名遵规守法的合格劳动者。只有拥有强烈的劳动安全意识，才能实现通过劳动获得幸福的目的。培养劳动安全意识，就是要在思想上真正把安全放在第一位，在行动上把安全放在最前面，在学习中把安全作为第一章节。

三、劳动安全教育的主要途径

习近平总书记指出，我国教育的根本任务就是立德树人，培养社会主义建设者和接班人。高等教育作为我国教育体系中的最后一个环节，直接承担着培养合格劳动者的任务。在人才培养过程中，突出和强化安全教育是高等学校责无旁贷的责任。把劳动安全教育落到实处，一般通过以下几个途径。

（一）把劳动安全教育纳入人才培养方案

严格按照教育部的要求，开设《劳动教育》这门课程，作为大学生的必修课程，切实把培养合格的社会主义建设者和接班人这一根本任务落到实处。在这门课程中，引导大学生全面学习劳动保护方面的法律知识，掌握在劳动中相应的法律法规，学习劳动安全的基本常识、基本知识和基本理论，使之成为一个有充分安全知识储备的社会主义建设者。

（二）把劳动安全教育和思想政治教育结合起来

要使大学生真正认识到劳动安全的重要性，就必须把马克思主义劳动观、总体国家安全观教育常抓不懈，让大学生思想上真正做到入脑入心，把劳动安全意识与新时代中国特色社会主义紧密融合在一起，把人民的幸福和自己的未来紧密结合起来，逐步形成良好的劳动安全意识和保护意识，有效地保护自己在未来职业生涯中合法的劳动权益，更好地投入生产劳动中，做一名合格的社会主义建设者。

（三）把劳动安全教育和日常管理结合起来

要在日常管理当中把劳动安全教育结合起来，探索劳动安全教育的新模式。在宿舍管理、教学管理过程中，培养学生的劳动安全意识，引导学生积极参与到服务中来。建立起宿舍卫生值日制度、宿舍安全责任制度、教室卫生服务制度、实验室安全责任制度等，让大学生不再是校园劳动和安全的享受者，而是成为参与者、维护者。积极引进"网格化"管理模式的经验，探索建立大学生安全网格化管理模式，实现人人安全、处处安全、时时安全。

（四）积极开展大学生安全实践教育

要积极参加社会实践和企业实习，在实习、实践中学习劳动安全，感受劳动安全保护的意义。同时，可以建立大学生平安校园志愿服务组织，让大学生在平安校园建设中发挥自己的作用，在安全生产"啄木鸟"行动中协助学校排查安全隐患，得到锻炼，不断提升自己的安全保护能力。

要想保证工作场所的安全，需要应用各种方法、技术和手段辨识工作场所中的各种安全隐患（危险源），评价职场的危险性，并采取控制措施使其危险性最小，使事故的发生减少到最低程度，从而使职场达到最佳的安全状态。

四、安全标志识别

安全标志，是工作场所中最常见、最明显的安全提示信息，是规范作业、安全作业的基本要求。职场中常见的安全标志一般有以下几种。

（一）安全色

安全色是传递禁止、警告、指令、提示等安全信息含义的颜色，包括红、黄、蓝、绿4种颜色。安全色用途广泛，主要用于安全标牌、交通标志牌、防护栏杆及设备关键部位等。

（二）安全线

安全线是为维持秩序、保证安全而画出或拉起的禁止越过的线。

（三）安全标志

安全标志是用以表达特定安全信息的标志，由图形符号、安全色、几何形状（边框）或文字构成，如图10-1所示。具体可以查阅《安全标志及其使用导则》（CB 2894-2008）。

（四）文字辅助标志

安全标志下方的文字辅助标志，包括横写和竖写两种形式。

禁止堆放
No stocking

（a）禁止标志

当心触电
Warning electric shock

（b）警告标志

必须拔出插头
Must disconnect mains plug
from electrical outlet

（c）指示标志

紧急出口
Emergent exit

（d）提示标志

图10-1　各种安全标志

五、危险源识别

危险源是指一个系统中具有潜在能量和物质释放危险的、可造成人员伤害、在一定的触发因素作用下可转化为事故的部位、区域、场所、空间、岗位、设备及其位置。危险源识别是指将生产过程中常见危险源，通过正确的方法，准确、及时地识别，进而对其实施管理和控制，避免事故的发生。

第三节 实验实训安全教育

近年来，高校实验室数量逐年增加，开放需求不断扩大，大学生投身实验的热情高涨，实验室人员的数量也日趋增长。然而，高校实验室的安全状况值得高度重视。对实验抱有强烈的热情无疑是好事，但是如果对实验安全置之不顾，不仅实验不成功，更有可能面临危险。实验室中的任何一个隐患，任何一个小小的疏忽，都有可能酿成大的事故，造成难以估量的损失。海因里希法则认为，一次重大事故，背后有 29 次小事故、300 次未遂先兆和 1000 次的事故隐患。据不完全统计，从 2006 年至今中国高校实验室造成人员不同程度伤亡的重大安全事故就超过 10 起，造成多人不同程度受伤，更有人当场死亡。

安全意识淡薄是导致实验室安全事故发生的重要原因，通常个人不安全行为和失误导致的事故占据较大比重。在教学实验中，经常使用各种化学药品和仪器设备，以及水、电、煤气，还会经常遇到高温、低温、高压、真空、高电压、高频和带有辐射源的实验条件和仪器，若缺乏必要的安全防护知识，会造成生命和财产的巨大损失。因此，实验室必须按"四防"（防火、防盗、防破坏、防治安灾害事故）的要求，建立健全以实验室主要负责人为主的各级安全责任人的安全责任制和各种安全制度，加强安全管理。

（一）制定安全规定

1. 实验室工作人员及学生在进行实验操作前，要提前接受实验室安全教育。在进行安全教育时，要对不按操作规程操作所造成的后果进行警示。实验室工作人员及学生要严格按照仪器设备和实验操作规程进行实验操作。

2. 对进行受压容器、强电、驾驶、易燃、易爆、剧毒等实验的实验室，应按照国家和学校有关规定，制定该实验室的安全工作细则。对从事上述实验的人员必须进行安全技术培训，经考核合格后方可独立操作。

3. 实验室要做好劳动保护工作，针对高温、低温、辐射、病菌、噪声、毒性、激光、粉尘、超净等对人体有害的环境，要切实加强实验室环境的监管和劳动保护工作。

（二）穿着规定

1. 进入实验室，必须按规定穿戴必要的实验服。

2. 进行危害物质、挥发性有机溶剂、特定化学物质或其他机构列管毒性化学物质等化学药品的操作实验或研究，必须穿戴防护用具（防护口罩、防护手套、防护眼镜）。

3. 实验过程中，严禁戴隐形眼镜（防止化学药剂溅入眼镜而腐蚀眼睛）。

4. 需将长发及松散衣服妥善固定，且在处理药品的所有过程中均不能穿拖鞋。

5. 操作高温试验，必须戴防高温手套。

（三）药品领用、存储及操作相关规定

1. 操作危险性化学药品请务必遵守操作守则或遵照老师操作流程进行实验，勿自行更改实验流程。

2. 各级各类实验室所用的化学药品必须由单位统一组织购置，任何实验室和个人不得私自购置。购置剧毒类和易制毒类药品需经公安部门许可，持许可证方可购置。

3. 危险化学药品容器应有清晰的标识或标签。遇火、遇潮容易燃烧、爆炸或产生有毒气体的危险化学药品，不得在露天、潮湿、漏雨和低洼容易积水的地点存放；受阳光照射易燃烧、易爆炸或产生有毒气体的危险化学药品应当在阴凉通风地点存放。危险化学药品的存放区域应设置醒目的安全标志。

4. 剧毒物品必须存放在专门的剧毒品库内，库房必须符合相关安全要求，必须做到"双人双锁"妥善保管。领用剧毒物品必须经学校保卫处批准，应根据使用情况领取最少数量，做到"双人"领取、"双人"使用，同时要做到并且做好使用登记和消耗记录，须严格按管理规定。

5. 领取药品时，请确认容器上标示的中文名称是否为需要的实验用药品。

6. 领取药品时，请看清楚药品危害标示和图样是否有危害。

7. 使用挥发性有机溶剂、强酸强碱性、高腐蚀性、有毒性的药品，务必在特殊排烟柜及桌上型抽烟管下进行操作。

8. 有机溶剂、固体化学药品、酸碱化合物均需分开存放，挥发性的化学药品更要放置于带抽气装置的药品柜内。

9. 高挥发性或易于氧化的化学药品必须存放于冰箱或冰柜之中。

10. 避免独自一人在实验室做危险实验。

11. 若须进行无人监督的实验，其实验装置对于防火、防爆、防水灾都须有相当的考虑，且让实验室灯开着，并在门上留下紧急处理时联络人电话及可能造成的灾害。

12. 做危险性实验时必须经实验室主任批准，有两人以上在场才可进行，节假日和夜间严禁做危险性实验。

13. 做有危害性气体的实验必须在通风橱里进行。

14. 做放射性、激光等对人体危害较重的实验，应制定严格安全措施，做好个人防护。

15. 各实验室产生的废弃药液或过期药液或废弃物必须依照分类标示清楚，药品使用后的废液废物不得随意丢弃，随意排入地面、地下管道以及任何水源，应倒入专用收集容器中回收，防止污染环境。

（四）防火安全规定

1. 实验室内必须放有消防器材，消防器材也必须放在便于取用的明显位置，指定专人进行管理，全体人员要爱护消防器材，并且按要求定期检查更换。

2. 实验室内存放的一切易燃、易爆物品（如氢气、氮气、氧气等）必须与火源、电源等保持一定距离，不得随意堆放。使用和储存易燃、易爆物品的实验室，严禁烟火。

3. 不得乱接乱拉电线，不得超负荷用电，实验室内不得有裸露的电线头，严禁用金属丝代替保险丝，电源开关箱内不得堆放物品。

4. 电气设备和线路、插头插座应经常检查，保持完好状态，发现可能引起火花、短路、发热和绝缘破损、老化等情况必须通知电工进行修理。电加热器、电烤箱等设备应做到人走电断。

5. 使用电烙铁要放在非燃隔热的支架上，周围不应堆放可燃物，用后立即拔下电源插头。

6. 可燃性气体钢瓶与助燃气体钢瓶不得混合放置，各种钢瓶不得靠近热源、明火，要有防晒措施，禁止碰撞与敲击，保持油漆标志完好，专瓶专用。

7. 实验室内未经批准、备案，不得使用大功率用电设备，以免超出用电负荷。

8. 严禁在楼内走廊上堆放物品，保证消防通道畅通。

（五）生物安全规定

1. 实验室生物安全涉及人类生存环境的安全，国家对实验室生物安全的管理高度重视，各有关实验室也必须高度重视实验室生物安全，必须有效监控和预防实验室生物污染，要定期检查和自查，发现安全隐患要及时报告并处理解决。

2. 实验室应当定期对工作人员进行培训，保证其掌握实验室技术规范、操作规程、生物安全防护知识和实际操作技能，并进行考核。工作人员经考核合格的，方可上岗。未经学习培训者，不得从事相关工作。

3. 实验室安全管理人员要根据本实验室具体情况，制定实验室生物安全操作规程，并对进入实验室的学生进行生物安全知识教育和培训。

4. 生物类实验室废弃物（包括动物残体等）应用专用容器收集，进行高温高压灭菌后处理。生物实验中的一次性手套及沾染 EB 致癌物质的物品应统一收集和处理，不得丢弃在普通垃圾箱内。

（六）防辐射安全规定

1. 各涉源单位开展相关工作前必须向上级主管部门申领许可证和环评，通过环评和取得许可证后方可开展相关工作。

2. 从事放射性工作的人员必须遵守放射防护法规和规章制度，接受职业健康监护和个人剂量监测管理，并掌握放射防护知识和有关法规，经有资质单位举办的辐射安全培训，考核合格后方可上岗。同时，放射工作人员必须持培训合格证、个人计量检测数据、健康体检结果参加上级卫生主管部门的定期审查。

3. 辐射工作场所必须安装防盗、防火、防泄漏设施，保证放射性同位素和射线装置的使用安全。同位素的包装容器、含放射性同位素的设备、射线装置、辐射工作场所的入口处必须放置辐射警示标志和工作信号。

4.各涉源单位应配备必要的防护用品和监测仪器，建立健全安全检查制度，定期对各实验室使用的放射性同位素、射线装置和辐射工作场所进行安全检查，并做好记录。相关实验室应经常性检查辐射表面污染状况，并做好记录。检测记录要妥善保存，接受学校实验室安全管理部门和上级部门的检查监督。

5.购买放射源、同位素试剂和射线装置时，应首先向单位提出申请，经审核并报保卫处备案同意后，向政府环境主管部门办理"准购证"，方能委托采购部门进行采购。

6.各涉源单位要建立健全放射性同位素保管、领用和消耗的登记制度，做到账物相符。实验过程必须小心谨慎，严格按照操作规程进行，做好安全保护工作。

（七）大型仪器设备使用规定

1.每台大型仪器设备必须有专人负责管理，每台大型仪器设备配有一本《大型精密仪器设备使用记录》，要如实记录使用情况。

2.要根据大型仪器设备的性能要求，提供安装使用仪器设备的场所，做好水、电供应，并应根据仪器设备的不同情况落实防火、防潮、防热、防冻、防尘、防震、防磁、防腐蚀、防辐射等技术措施。

3.必须制定大型仪器设备安全操作规程，使用大型仪器设备的人员必须经过培训，考核合格后方可操作。

4.注意仪器设备的接地、电磁辐射、网络等安全事项，避免事故发生。

第四节　实习安全教育

校园生活是学生进入社会开始独立人生的第一站。随着我国教育的迅速发展，学校办学规模不断扩大，校园社会化现象日趋明显，但由此引发的治安案件、危及学生人身财产案件也值得重视。通过对学生中一些常见案件分析可以得知，学生与其他社会群体相比，社会经验不足，缺乏安全防范意识，法治观念意识淡薄，从而导致一些案件的发生。由于学生自我保护意识较差，极易受到伤害。当前，学生面临的安全问题主要有以下几类：人身安全、财产安全、消防安全、交通安全、饮食安全、心理健康等。

安全需要伴随人类历史发展的全过程，安全是社会发展的前提，是人类个体生存和发展的保障，是人们历来关注的重点。学校中的学生也难免面对各种危险：或是潜在的，或是明显的；或是因无知造成的，或是由于明知故犯带来的……同学们对于安全教育不能不重视，学习和掌握一些安全知识将会使同学们终身受益。

学生要通过多种形式学习安全知识，增强安全防范意识，要学法懂法，能依法保护自己的合法权益，使国家财产和自己的人身、财产不受侵害。同时，要全面培养自身法治思维，增强法治观念，自觉遵纪守法，不去侵犯国家、集体的财产和他人的人身、财产安全，不危害社会，不参与违法犯罪活动。

一、实习安全教育分类

（一）生产岗位安全

1.明确生产实习任务，遵守安全操作规程，注意保密工作，严格遵守劳动纪律和操作流程，严格执行交接班制度，禁止脱岗，禁止做与生产无关的一切活动。要认真执行《岗位安全操作细则》，防止刀伤、碰伤、砸伤、烫伤、踩踏跌倒及身体被卷入转动设备等人身事故和设备事故的发生。

2.实习效果好坏很大程度上取决于每个学生的工作态度，学生应在短时间内与自己的实习指导老师建立起良好的师生关系，服从实习指导人的工作安排；面对重大问题时，应先向实习指导人反映，共同协商解决。

3.严格遵守设备管理制度，作业前必须全面检查设备有无异常、安全保护设施是否完好，如发现异常情况，应立即检查原因，及时响应。在紧急情况下，要按照有关规程果断采取措施或立即停止，并挂上故障牌。

4.按章作业，做好岗位安全文明生产，发现隐患（特别是对因泄漏而易引起火灾的危险部位）应及时处理并上报，及时清理杂物、油污及物料，切实做到安全消防通道畅通无阻。

（二）消防安全

1.进入一个新的环境，必须了解和熟悉距离最近的逃生路线。

2.注意用电安全，不违规用电，不乱拉乱接电线电源。

3.选用合格电器产品，严禁使用劣质电器、电源插销及插座。

4.宿舍中不可存放汽油、酒精等易燃易爆物品，不擅自使用煤炉、液化炉、酒精炉等灶具。

5.爱护楼内消防设施和灭火器材。

6.发现安全隐患，及时向管理人员或有关部门报告。

（三）人身和财产安全

1.要有预防意识，保持良好的防护习惯。

2.用法律维护自己的人身财产安全。

3.发生案件、发现危险要快速、准确、实事求是地报警求助。

4.留心观察身边的人和事，谨慎防范抢劫、滋扰、性侵害等不法行为，确保人身安全。

（四）防盗

1.宿舍选址要安全，谨慎交友；安装防盗门窗；及时修复损坏的防盗设施；锁好门、关好窗；保管好钥匙；贵重物品不要放在明处；不留宿外来人员；防范形迹可疑人员。

2. 现金存入银行，日常生活费用贴身携带；银行卡设置一个安全性较高的密码，如被盗或丢失需及时报警并到银行挂失。

3. 发现财产被盗时要迅速报警，保护被盗现场，切勿出入和翻动现场物品，积极配合公安机关调查取证。

（五）现场管理

现场管理是指用科学的标准和方法对生产现场各生产要素，包括人（工人和管理人员）、设备（工具、工位器具）、料（原材料）、法（加工、检测方法）、环（环境）、信（信息）等进行合理有效的计划、组织、协调、控制和检测，使其处于良好的结合状态，以达到优质、高效、低耗、均衡、安全、文明生产的目的。

二、实习安全教育的三重防护

"学生是高校的主体，学校不仅要维护好校园内学生的利益，也要维护好在校外参加实习学生的利益。"因此，作为学生实习安全教育，不能只是讲大道理、喊口号，必须针对实际，细化教育内容，积极探索实习学生的安全教育和管理的新思路，找出解决问题的新办法。

首先，思想安全教育是基石。实习的效果如何很大程度上取决于每个学生的实习态度，把安全教育的时间前置，从学生在校学习时就开始，提前介入安全教育，有针对性地开展安全生产法律、法规的教育活动，让其认识和了解企业的安全生产要求和措施，做到春风细雨，潜移默化，使其逐渐形成安全生产意识，增强安全生产自觉性，使学生自己主动认识到安全生产在职业生涯中的重要意义，认识到安全生产是事业成功的基础。只有不断提高在实习中的安全生产意识和安全素质，积极开展"三不伤害"教育（不伤害自己、不伤害别人、不被别人伤害），才能为实习学生的安全教育和管理奠定坚实的思想基础。

其次，操作规范教育是关键。通过案例教育，强化实习中安全生产事故的预防意识，树立安全第一、预防为主的观念，组织学生认真学习企业的安全生产规程和技术操作规范。针对学生的顶岗实习的实际，重点学习与安全实习的相关制度，如安全用电制度、安全生产制度、产品的安全包装制度等，要求学生提高劳动纪律观念，操作过程中要步调一致，不得随便拆卸机械零件或点击不熟悉的按键。要遵守安全操作规程，防止刀伤、碰伤、撞伤、砸伤、烫伤、踩空跌倒及身体被卷入转动设备等人身事故和设备事故的发生。要服从实习指导师傅的工作安排，对重大问题应事先向实习指导师傅反映，共同协商解决，学生不得擅自处理。只有具有广博扎实的专业知识和良好的心理素质，才是安全防范无差错的有效途径。

最后，自我防范与心理教育是保障。社会环境纷繁复杂，顶岗实习学生刚刚踏入社会，涉世不深，社会经验不足，容易上当受骗。教育广大实习学生要有防范意识，保持良好的防护习惯，学会用法律维护自己的人身财产安全。

【实践活动】

安全事故推演

1. 活动目标　引导学生掌握劳动生产中的相关风险。

2. 活动时间　建议 20 分钟。

3. 活动流程

（1）教师按照 4～6 人一组将学生划分小组，通过小组内部讨论形成小组观点。

（2）每组分析 1 个真实事故案例（如化学灼伤、机械绞伤、触电），绘制"事故链"思维导图，标注 3 个可干预节点，并提出预防方案。

（3）每个小组选出一名代表陈述本组观点，其他小组可以对其进行提问，小组内其他成员也可以回答问题，通过问题交流将每一个需要研讨的问题都弄清楚。

4. 活动总结　教师进行分析、归纳、总结。

5. 活动评价　教师根据各组在研讨过程中的表现，给予点评并打分。

【思考题】

1. 如何确保劳动安全？
2. 劳动安全的重要性。
3. 生活中有哪些安全常识？
4. 劳动者应如何做到安全生产？
5. 实验实训结束后需要做什么？
6. 实验区域行为规定有哪些？
7. 使用仪器设备时需要注意什么？
8. 实习中有哪些安全问题需要注意？

第十一章 劳动法规 ▷▷▷▷

【学习目标】

巩固 运用法律手段应对、解决劳动者在职场中所要面对的相关法律问题。

培养 了解《劳动法》和《劳动合同法》中保护个人权益的基本内容；可完成劳动合同签订，并规避各种风险；可解决常见的各类就业陷阱和类推职场中劳动争议处理措施。

拓展 学习相关法律法规知识和良好的职业道德、借鉴劳动争议处理中的措施，从而保护个人权益、增强职场安全意识，积极构建自身应对安全能力以便为他人提供帮助。

【案例导入】

2019 年 6 月，17 周岁的小军刚刚参加完省里统一组织的招生考试，一想到离 9 月份正式进入校园还有很长一段时间，于是去某宾馆应聘，希望勤工俭学一段时间，为家里减轻一些负担。他的工作岗位是锅炉房司炉，之后被这家宾馆录用了（该宾馆在此之前向所在地的劳动行政部门办理了用工登记）。因为小军的身份还是学生，在宾馆岗位上究竟能做多长时间自己也不确定，于是宾馆方面就把他划入了临时工的行列，也没有签订相应的劳动合同，但约定每天工作 8 小时，工资按月结算，并对其安排了健康体检。体检合格后，小军正式步入了工作岗位。上班后的前几个星期，小军发现工作比较清闲，对这份工作很满意。但过了一段时间，宾馆迎来旅游旺季，宾馆对热水的需求增加，小军的工作量也开始大增，每天烧锅炉需要自己一个人用推车推运十几车煤，工作一天下来感觉浑身酸疼，身体渐渐吃不消了。

于是，小军向宾馆有关领导要求增加人手或给自己调换工作岗位，而宾馆的有关负责人却以招聘启事中明确约定了小军的工作岗位为由拒绝了小军的要求，因此双方产生了争议。到了 7 月份，小军实在难以忍受如此高强度的劳动，向宾馆提出辞职，并要求结算相应的工资，但宾馆却以工作不满一个月为由拒绝给小军结算工资，小军该怎么办呢？

问题：

1. 迄今为止，你了解哪些关于劳动的法律法规？

2. 如果你是小军，你会怎么处理这件事情？

3. 该如何维护自身的权益？

第一节　《劳动法》和《劳动合同法》

在市场经济条件下，任何专业的学生都应该了解我国的劳动法律法规体系并掌握一门基本的法律知识，而《劳动法》是以劳动关系及与劳动关系密切联系的关系为调整对象，它的基本理念是为了维护劳动者的合法权益，所以任何专业的学生毕业后就业，成为一名普通劳动者，或者是用人单位的一名管理者，不管工作岗位如何，都应当熟悉劳动法律法规，能够运用劳动法专业知识解决劳动关系中的实际问题，明确在劳动关系中自身的权利与义务，能运用劳动法律知识维护自身的权利，做一个知法、守法、懂法的好公民。

一、《劳动法》概述

法律是社会的基本行为准则，遵守法律也是社会中每个人应尽的义务。我们在劳动和生活中都应该筑牢守法意识，树立正确的法治观念，依法约束自己的言行，让法律成为校准人生轨迹的重要准绳。

《劳动法》是调整劳动关系及与劳动关系密切联系的社会关系的法律规范的总称。这些法律条文规管工会、雇主及雇员的关系，并保障各方面的权利及义务，于 1995 年 1 月 1 日起施行并分别于 2009 年和 2018 年进行了修订。《劳动法》包括总则、促进就业、劳动合同和集体合同、工作时间和休息休假、工资、劳动安全卫生、女职工和未成年工特殊保护、职业培训、社会保险和福利、劳动争议、监督检查、法律责任、附则。

其内容主要包括劳动者的主要权利和义务；劳动就业方针政策及录用职工的规定；劳动合同的订立、变更与解除程序的规定；集体合同的签订与执行办法；工作时间与休息时间制度；劳动报酬制度；劳动卫生和安全技术规程；女职工与未成年工的特殊保护办法；职业培训制度；社会保险与福利制度；劳动争议的解决程序；对执行《劳动法》的监督、检查制度，以及违反《劳动法》的法律责任等。此外，还包括工会参加协调劳动关系的职权的规定。以上内容，在有些国家是以各种单行法规的形式出现的，在有些国家是以劳动法典的形式颁布的。劳动法在整个法律体系中占据着重要地位。

我国《劳动法》的基本准则如下。

（一）劳动既是权利又是义务的原则

1. 劳动是公民的权利　每一个有劳动能力的公民都有从事劳动的同等的权利，主要体现在以下几点：①有就业权和择业权在内的劳动权。②有权依法选择适合自己特点的职业和用工单位。③有权利用国家和社会所提供的各种就业保障条件，以提高就业能力和增加就业机会。对企业来说，意味着平等地录用符合条件的职工，加强提供失业保险、就业服务、职业培训等方面的职责。对国家来说，应当为公民实现劳动权提供必要的保障。

2. 劳动是公民的义务　劳动者一旦与用人单位发生劳动关系，就必须履行其应尽的义务，其中最主要的义务就是完成劳动生产任务。这是劳动关系范围内的法定的义务，同时也是强制性义务。

（二）保护劳动者合法权益的原则

1. 偏重保护和优先保护　《劳动法》在对劳动关系双方都给予保护的同时，偏重于保护处于相对弱势地位的劳动者，适当体现劳动者的权利标准和用人单位的义务标准，《劳动法》优先保护劳动者利益。

2. 平等保护　全体劳动者的合法权益都平等地受到《劳动法》的保护、各类劳动者的平等保护、特殊劳动者群体的特殊保护。

3. 全面保护　劳动者的合法权益，无论它存在于劳动关系的缔结前、缔结后或终结后都应纳入保护范围之内。

4. 基本保护　劳动者的最低限度保护，也就是对劳动者基本权益的保护。

（三）各类就业歧视

反对就业歧视是我国的《劳动法》立法原则。但从实际情况来看，我国劳动者在就业过程中遇到的歧视，主要表现在以下几个方面。

1. 户籍歧视　户籍歧视是指根据求职者的户籍所在地不同给予区别对待，来限制、排斥外来务工人员，或者给其增加不合理的负担。

2. 性别歧视　在就业男女平等、保障妇女权益方面，我国出台了一系列法律法规，包括《劳动法》《妇女权益保障法》等，但是就业领域内仍存在一定程度的性别歧视。

3. 年龄歧视　年龄歧视是指招录员工时设置年龄上的限制，一般下限不予考虑，而上限则大多在 35 周岁以下。近几年个别行业有降低的趋势，许多单位将年龄限制在 30 周岁以下。

4. 身高歧视　有的用人单位往往在招聘公告上对求职者的身高做出硬性规定，身高未"达标"的求职者，连面试机会都被剥夺。

5. 学历、非名校歧视　有的单位要求只聘用全日制的学生，将成人高考和自考生排除在外；有的用人单位在选择余地较大的情况下优先选用博士、硕士，中、高职毕业生甚至连面试都进入不了。

6. 相貌歧视　有的用人单位在招聘时会要求"相貌姣好"。

7. 其他歧视　如经验歧视、姓氏歧视、星座歧视、属相歧视等。

二、《劳动合同法》概述

《劳动合同法》是调整中华人民共和国境内的企业、个体经济组织、民办非企业单位等组织与劳动者建立劳动关系，订立履行、变更、解除或者终止劳动合同的法律规范的总称，自 2008 年 1 月 1 日起施行。

《劳动合同法》是规范劳动关系的一部重要法律，在中国特色社会主义法律体系中属于社会法。劳动合同在明确劳动合同双方当事人的权利和义务的前提下，重在对劳动者合法权益的保护，被誉为劳动者的"保护伞"。

三、《劳动法》和《劳动合同法》的关系

《劳动法》和《劳动合同法》的区别在于，《劳动法》是大法，《劳动合同法》是专门规范用人单位与劳动者建立劳动关系，即订立、履行、变更、解除、终止劳动合同的法律法规。

《劳动法》与《劳动合同法》，是前法与后法、旧法与新法的关系，按照《立法法》"新法优于旧法"的原则，若有《劳动法》与《劳动合同法》不一致的地方，《劳动合同法》对劳动者的权利保护更加明确和具体，对用人单位的管理和约束也更加严格，以《劳动合同法》为准；《劳动合同法》没有规定而《劳动法》有规定的，则适用《劳动法》的相关规定。《劳动法》是劳动保障立法体系中的基准法，是《劳动合同法》的立法根据。《劳动法》可以说是《劳动合同法》的母法。在实践中，用人单位和劳动者应当同时遵守《劳动法》和《劳动合同法》的规定。

【知识拓展】

岗前培训的工资如何发

2019 年 6 月，小王从山西省某职业院校毕业后经过笔试和面试被现在的公司录用。小王拿到了正式的录取通知书后按照通知书规定的日期报到时，被人力资源部通知，要求所有的新人都必须参加 1 个月的岗前培训。

考虑到自己已经毕业不应该再跟父母要生活费了，所以小王壮胆问了一下人力资源部经理，岗前培训这 1 个月的工资能发放多少。人力资源部经理回复他说："因为这 1 个月是培训期，不算正式工作，但公司会给予每个人七百元的生活补贴。"小王觉得太少了，所以对人力资源部经理说："经理，现在物价这么高，七百元怎么活呀？"经理直接对他说："你参加培训没有创造价值，哪来的工资，公司给予补贴已经很好了。"听到经理这么说，小王虽不满意，也觉得不合理，但不知该如何保护自己的权益。

分析：按照《劳动合同法》规定，用人单位用工之日起即与劳动者建立劳动关系，就已经受用人单位管理，岗前培训属于用人单位安排；同时，岗前培训既是劳动者的权利，也是用人单位的义务，劳动者已经提供了用工，所以岗前培训 1 个月，公司应按照试用期薪资发放。小王因为对《劳动合同法》中的试用期规定不甚了解，所以自己的权益受到损害时却无力保护。

思考：

1. 对于试用期，你听说过或了解过哪些不合法现象？

2. 你认为应该如何捍卫自己的合法权益？

【名家名言】

法律的制订是为了保证每一个人自由发挥自己的才能，而不是为了束缚他的才能。

——罗伯斯庇尔

第二节　实习权益保护

实习权益保护是指为实习生提供的法律保障和相关措施，以确保他们在实习期间受到合理的待遇和保护。实习权益保护通常包括以下方面。

1. 实习合同　实习生与用人单位应签订实习合同，明确双方权利和义务，包括实习期限、工作内容、薪酬待遇、保险福利等。

2. 薪酬待遇　实习生应获得合理的薪酬待遇，不得低于当地最低工资标准或用人单位规定的标准。

3. 工作时间和休息制度　实习生应按照法律规定的工作时间和休息制度工作，不得超过法定工时。

4. 安全保障　实习生在工作中应得到必要的安全保障，如安全培训、劳动保护、紧急救援等。

5. 社会保险　实习生应参加社会保险，如养老保险、医疗保险、工伤保险、失业保险、生育保险等。

6. 合法权益　实习生应享有合法权益，如平等就业机会、工资报酬、社会保险等。

7. 纠纷解决　实习生和用人单位发生纠纷时，可以通过调解、仲裁或诉讼等途径解决。

总之，实习权益保护是保障实习生权益、促进实习生健康成长的重要措施。实习单位和实习生都应该认真履行相关责任和义务，共同维护实习权益。

一、实习形式

（一）认识实习

对于学生而言，实习是巩固知识、掌握技术最为关键的时期，是生产实习的起始阶段。在学习主要专业课之前，通过参观等活动进行实习，旨在使学生对未来工作情景有所了解，获得感性认识，增进理论与实际的联系，为学习专业课做准备。

（二）跟岗实习

跟岗实习是指实习生在实习期间跟随单位某个岗位的工作人员进行学习，了解该岗位的工作流程和技能要求。中医药专业具有极强的实践性，学生在课堂中所积累的理论知识务必要利用实验操作的形式进行论证与运用，从而真正做到融会贯通、学以致用，成为一名专业人士。而为了实现这一目标，安排学生进行跟岗实习的优点是可以让实习生更全面地了解，学习更多的实践经验和技能。在实习的过程中，学生能够培养自身的创新与实践能力，并且通过实习，也可以将课堂中学习的专业知识进行实践操作，提升自身实验水平。与此同时，学生在带教老师的教导下，也培养了独立思考的习惯，通过独立设计实验方案与路线，加强对中医药专业知识的理解，并开发科研构思与科研设计思维，以此促进思维的创新。但是，由于跟岗实习对实习生的工作要求相对较低，因此实习生的实践机会和工作成果也相对较少。

（三）顶岗实习

顶岗实习是指实习生在实习期间直接担任单位某职位的工作，承担一定的责任和义务。顶岗实习的优点是可以让实习生更深入地了解单位的业务和流程，更快地融入单位文化，并且在实践中锻炼自己的专业技能和管理能力。但是，由于顶岗实习需要实习生独立承担工作职责，因此对实习生的能力和素质有一定的要求，同时也需要实习生具备较高的工作责任感和职业道德。所以，安排学生在专业相关单位进行实习，是培养社会、市场与企业所需实用型与复合型人才的必备环节。通过顶岗实习可以提升学生专业素质，也为学生接触社会创造了条件，真正培养了学生发现并解决问题的能力，并进一步加强了学生的科学研究以及人际交往的能力，为今后学生步入社会奠定了良好的基础。

二、实习组织

（一）职责分工

教育行政部门负责统筹指导学校学生实习工作；学校主管部门负责实习的监督管理；学校应将学生跟岗实习、顶岗实习情况报主管部门备案。

（二）单位要求

一是选择的实习单位必须是合法经营、管理规范、实习设备完备、符合安全生产法律法规要求的企事业单位；二是必须进行实地考察评估并形成书面报告，其内容应包括单位资质、诚信状况、管理水平、实习岗位性质和内容、工作时间、工作环境、生活环境、健康保障及安全防护措施等。

（三）组织实施"五要"与"五不要"

要制定实习计划并开展培训；职业学校和实习单位要分别选派实习指导教师和专门人员全程指导，共同管理学生实习；实习岗位要符合专业培养目标要求，与学生所学专业对口或相近；对自行选择顶岗实习单位的学生要做好服务、跟踪和了解；顶岗实习时长一般为6个月。

学生不得自行选择认识实习、跟岗实习；顶岗实习学生的人数不超过实习单位在岗职工总数的10%；在具体岗位顶岗实习的学生人数不高于同类岗位在岗职工总人数的20%；任何单位或部门不得干预学校正常安排和实施实习计划；不得强制学校安排学生到指定单位实习。

三、实习管理

1. 管理制度　包括学生实习工作具体管理办法和安全管理规定，实习学生安全及突发事件应急预案。

2. 实习协议　包括签订主体；实习的时间、地点、内容、要求与条件保障；实习期间的食宿和休假安排；实习期间劳动保护和劳动安全、卫生、职业病危害防护条件；责任保险与伤亡事故处理办法，对不属于保险赔付范围或超出保险赔付制度部分的约定责任；实习考核方式；违约责任；实习报酬及支付方式；其他事项。

3. 管理要求　未满 18 周岁的学生参加跟岗实习、顶岗实习，应取得学生监护人签字的知情同意书；学校和实习单位要依法保障实习学生的基本权利；实习单位应遵守国家关于工作时间和休息休假的规定；实习学生应遵守学校的实习要求和实习单位的规章制度，完成规定的实习任务，撰写实习日志，提交实习报告；建立学生实习信息通报制度；加强学生实习期间的业务指导和日常巡视工作；外地实习应当安排学生统一住宿；鼓励学校依法组织学生到国（境）外实习；鼓励各地学校主管部门建立学生实习综合服务平台；合理确定顶岗实习报酬，原则上不低于本单位相同岗位试用期工资标准的 80%，并按照实习协议约定，以货币形式及时、足额支付给学生；学校和实习单位不得向学生收取实习押金、顶岗实习报酬提成、管理费或其他形式的实习费用；不得扣押学生的居民身份证；不得要求学生提供担保或以其他名义收取学生财物。

学校和实习单位要依法保障实习学生的基本权利，不得安排、接收一年级在校学生顶岗实习；不得安排实习的女学生从事《女职工劳动保护特别规定》中禁忌从事的劳动；不得安排学生到酒吧、夜总会、歌厅、洗浴中心等营业性娱乐场所实习；不得通过中介机构或有偿代理组织安排和管理学生实习工作。

除相关专业和实习岗位有特殊要求，并报上级主管部门备案的实习安排外，学生跟岗和顶岗实习期间，实习单位应遵守国家关于工作时间和休息休假的规定，不得安排学生从事高空、井下、放射性、有毒、易燃易爆，以及其他具有较高安全风险的实习；不得安排学生在法定节假日实习；不得安排学生加白班和夜班。

对违反规定组织学生实习的学校，由学校主管部门责令改正。拒不改正的，对直接负责的主管人员和其他直接责任人依照有关规定给予处分。因工作失误造成重大事故的，应依法依规对相关责任人追究责任。

对违反规定中相关条款和违反实习协议的实习单位，学校可根据情况调整实习安排，并根据实习协议要求实习单位承担相关责任。

对违反规定安排、介绍或接收未满 16 周岁学生跟岗实习、顶岗实习的，由人力资源和社会保障行政部门按照《禁止使用童工规定》进行查处；构成犯罪的，依法追究刑事责任。

四、实习考核

跟岗实习和顶岗实习的考核结果应当记入实习学生学业成绩，考核结果分优秀、良好、合格和不合格 4 个等次；考核合格以上等次的学生获得学分，并纳入学籍档案；实习考核不合格者不予毕业。

学校应当会同实习单位对违反规章制度、实习纪律及实习协议的学生，进行批评教育；违规情节严重的，经双方研究后，由学校给予纪律处分；给实习单位造成财产损失的，应当依法予以赔偿。

实习材料包括实习协议、实习计划、实习报告、实习考核结果、实习日志、实习检查记录、实习总结等。

五、安全职责

严格执行国家及地方安全生产和职业卫生有关规定；实习单位应当健全本单位生产安全责任制；加强安全培训与考核，未经教育培训和未通过考核的学生不得参加实习。建立学生实习强制保险制度，学校支付的，可从学校学费中列支；实习单位支付的，可从实习单位成本（费用）中列支。责任保险范围应覆盖实习活动的全过程，包括学生实习期间遭受意外事故及由于被保险人疏忽或过失导致的学生人身伤亡，被保险人依法应承担的责任，以及相关法律费用等；不属于保险赔付范围或者超出保险赔付额度的部分，由实习单位、学校及学生按照实习协议约定承担责任。

如出现意外事故，学校和实习单位应当妥善做好救治和善后工作。

【知识拓展】

该不该签订劳动合同?

2009 年 5 月，河南某大学与某市某企业签订了实习协议，双方约定：该大学向这家企业提供实习学生 58 名，企业对实习学生进行实习教学，实习期限为 2009 年 5 月 8 日至 11 月 7 日。当年 5 月，郑某等 3 人被学校委派到该企业实习，从事技术员工作。7 月 1 日，3 位学生在学校正常领取了大学毕业证书。随后 3 人提出，他们已经属于毕业生，而不再是学校委派的实习生，企业应当给予他们正常劳动者的待遇，但此要求遭到企业拒绝。学校和企业都认为只有实习期满才能获得正式员工的待遇。9 月 24 日，3 位毕业生决定离开该企业，但该企业坚持不向 3 人发放 9 月份工资，双方为工资给付等问题产生了劳动争议。此后，3 位毕业生向该市劳动争议仲裁委员会申请仲裁，该委员会认为此案不属于其受理范围，于 10 月 23 日发出不予受理通知书。10 月 26 日，3 人向该市人民法院提起诉讼。受理案件后，办案法官最终使双方达成调解协议。12 月 27 日，郑某等 3 位毕业生拿到了应得的工资。1995 年原劳动部颁发的《关于贯彻执行〈中华人民共和国劳动法〉若干问题的意见》第十二条规定："在校生利用业余时间勤工助学，不视为就业，未建立劳动关系，可以不签订劳动合同。"这一条文实际上明确否认了实习生的劳动者地位，因此在我国，实习生不享受正式劳动者地位、一般没有工资也就成了大家默认的一条"潜规则"。本案中，3 名大学生从 2009 年 5 月到 2009 年 6 月 30 日属于实习生，企业不按正式员工为其发放工资并不违法。但自 2009 年 7 月 1 日 3 名大学生拿到毕业证之日起，他们就属于毕业生，不再是学校委派的实习生，如果他们继续为该企业工作，那企业就必须给予他们正常劳动者的待遇。

分析：合同是缔约主体的无声代言，合同是经办人员的风格再现，合同是团结执行力的集中体现，合同是风险控制的关键钥匙。《劳动合同法》第七条规定："用人单位自用工之日起即与劳动者建立劳动关系。"《劳动合同法》第十条规定："建立劳动关系，应当签订书面劳动合同，已建立劳动关系，未同时签订劳动合同的，应当自用工之日起一个月内订立书面劳动合同。"这一规定改变了以往以签订劳动合同作为建立劳动关系的标志，而以用工事实发生作为劳动关系的起始时间。因此，只要企业用工开始，即认为劳动者与企业已经确定了劳动关系，不管双方是否签订书面劳动合同，劳动者都应享受正式员工的待遇。

在校大学生毕业实习主要指的是大学生在毕业前的最后一学年进行的实习，大学生主要是在实习的相关企业进行工作，由单位的管理人员进行管理和指导，有一定的实习岗位名称，或是辅助单位内已有的岗位进行工作。但无论采用何种工作方式，大学生在毕业实习中都有明确的工作任务和实习目的。

实习是培养学生专业技能和职业素养的必要阶段。2016 年 4 月，教育部根据《中华人民共和国教育法》《中华人民共和国职业教育法》《中华人民共和国劳动法》《中华人民共和国安全生产法》《中华人民共和国未成年人保护法》《中华人民共和国职业病防治法》等相关法律法规，联合财政部、人力资源和社会保障部、国家安全生产监督管理总局、中国保监会等五部门印发的《职业学校学生实习管理规定》，对学生实习做出了明确要求。一旦在实习过程中出现法律纠纷，非法律专业的学生缺乏相应的法律知识，很难通过法律武器维护自身权益。对在校大学生而言，除了提高个人法律意识，积极学习法律知识以外，在进行毕业实习之前，学生应当主动要求用人单位与自己签订相应的协议，并认真阅读相应的协议内容。要重视这份协议，切不可草率进行签字确认。

第三节　就业权益保护

大学生就业竞争日趋激烈，就业压力日益增大，一些不良的招聘单位、中介机构或个人，利用大学生社会经验不足、自我保护意识差、求职心切等弱点，以提供就业机会为诱饵，采用违背道德甚至违反法律的手段，使大学生的合法权益受到侵害。因此，广大毕业生在求职过程中应当学会识别和规避各种就业陷阱，增强自我保护意识，了解和掌握维权求助的途径，最终实现自己的权益保护。大学生作为一个特殊群体，在就业过程中除享有普通劳动者所享有的劳动报酬权、休息休假权、劳动保护权等一般权利外，还享有许多其他权利，如就业信息知情权、接受就业指导权、被推荐权、平等就业权、就业选择自主权、择业知情权、违约求偿权、户口档案保存权等。

就业权益保护是指政府和社会各界为保障劳动者的就业权益而采取的一系列措施和政策。这些措施和政策包括但不限于以下几方面：①加强就业信息服务，提高就业信息的准确性和时效性，帮助劳动者更好地了解就业市场和就业机会。②加强就业培训和职业教育，提高劳动者的就业技能和素质，增强其就业竞争力。③加强劳动法律法规的制定和执行，保障劳动者的合法权益，维护劳动者的合法权益。④建立健全社会保障体系，包括社会保险、医疗保险、住房公积金等，为劳动者提供基本的社会保障。⑤加强对劳动争议的调解和仲裁，维护劳动者的合法权益，促进劳动关系和谐稳定。

总之，就业权益保护是一个综合性的系统工程，需要政府、企业和社会各界共同努力，为劳动者创造良好的就业环境和条件，促进社会和谐稳定发展。

一、识别和规避就业陷阱

（一）费用陷阱

一些不良用人单位在招聘中向毕业生收取各种名目繁多的费用，如风险抵押金、报名费、培训费、考试费、资料费、登记费、服装费等。这种做法加重了毕业生的负担，甚至有些就是骗取钱财。

我国《劳动力市场管理规定》第十条规定：禁止用人单位招用人员时有下列行为：向求职者收取招聘费用；向被录用人员收取保证金或抵押金；扣押被录用人员的身份证等证件；以招用人员为名牟取不正当利益或进行其他违法活动。

（二）高薪陷阱

在求职过程中，部分大学生被优厚待遇或高额工资所吸引，但等到正式工作时才发现，不良用人单位以各种借口不兑现招聘时作出的承诺。针对这种情况，大学生在求职时要对用人单位做深入了解，不要盲目签约。

（三）试用期陷阱

试用期陷阱主要有以下几种形式：试用期间只试用不录用，毕业生辛辛苦苦熬到试用期满时，用人单位随意找个理由就把毕业生辞退了；或是试用期不签订劳动合同，试用合格后才签劳动合同。法律规定，劳动合同可以约定试用期，试用期应当包含在劳动合同期限内。因此，毕业生在被用人单位录用后就应该订立劳动合同，双方在法律法规允许的范围内约定试用期。

要注意区分试用期与实习期、见习期的概念。试用期是劳动者和用人单位在建立劳动关系时，依照法律规定，在平等自愿、协商一致基础上，在劳动合同期限内特别约定的一个供双方当事人互相考察的期间。实习期是在校大学生到单位进行实践活动的时间，属于教学过程的一部分。见习期是对应届毕业生进行业务适应及考核的一种制度，不是劳动合同制度下的概念，而是人事制度下的做法。

（四）合同陷阱

合同陷阱一般有以下几种形式：口头合同，用人单位与毕业生就责、权、利达成口头约定，不签订书面正式文本；单方合同，用人单位在劳动合同里只约定毕业生的义务和用人单位的权利，而对毕业生的权利和用人单位的义务却很少提及；真假两份合同，假合同内容按照劳动部门的要求签订，以应付有关部门的检查，真合同是只保证用人单位利益的违法合同；格式合同，聘用合同的具体文字表述不清，甚至可以有多种解释。

除以上陷阱外，还有遭遇非法中介，被不良用人单位无故克扣工资、不缴纳社会保险、被骗取劳动成果，甚至陷入传销骗局等诸多陷阱，都在提醒着毕业生求职路上一定要提高警惕，擦亮眼睛，绕过陷阱，最终实现顺利就业。

二、毕业生学会自我保护

毕业生就业权益保护的一个重要方面就是毕业生自我保护，主要体现在以下几个方面。

（一）增强自我保护意识

首先，要端正求职心态，防止急躁情绪。激烈的就业竞争往往会使毕业生产生盲目、焦急和浮躁等不良心态，这就给了一些不法单位和机构可乘之机，诱骗没有经验的毕业生。因此，毕业生要调整情绪，保持平稳心态，在求职前做好心理准备，防止因轻信而上当受骗。其次，对用人单位进行全面深入地了解，未雨绸缪。毕业生对用人单位有择业知情权，在签约前，毕业生应通过多种途径多方了解用人单位的各方面情况，最好能够实地考察一下，以做到心中有数。最后，慎签就业协议和劳动合同，不可盲目草率。仔细阅读协议和合同的各项条款，明确双方的权利和义务，不留漏洞，以免日后产生纠纷。

（二）增强法律意识

毕业生要用法律手段维护自己的权益，就必须学习掌握与就业有关的法律法规，增强法律意识，当自己的权益遭受侵害时，能够积极运用法律的武器，维护自己的合法权益。尤其是在签订就业协议、订立劳动合同和试用期等容易产生争议或纠纷的环节上，切记要按法律程序进行。

（三）树立契约意识

毕业生与用人单位签订的就业协议是确立双方当事人之间劳动关系的一种契约，具有法律效力。毕业生在签约时要具备契约意识，一方面通过协议保护自己的合法权益，另一方面必须严格遵守就业协议，积极履行协议内容，未经对方同意是不得擅自毁约、违约的，否则要承担法律责任。

（四）增强维权意识

毕业生不但要明确自己在就业过程中享有哪些权利，还要具有强烈的维权意识，当权益受侵犯时，要敢于拿起法律武器据理力争，而不是选择忍气吞声，不了了之。只有这样，才能真正使自己处在与用人单位平等的地位，自己的合法权益才能得到切实的保障。

三、维权求助的途径

毕业生在自己权益受到侵犯时，不要惊慌失措，更不要冲动蛮干，要懂得通过合法途径维护自己的权益。

（一）依靠学校

求职当中毕业生遇到问题、权益遭受侵犯时，应首先向学校的毕业生就业主管部门寻求帮助，学校有责任和义务维护学生的利益，学校对学生的保护最为直接。学校可以制定各项措施来规范用人单位的招聘行为，还有权抵制用人单位在招聘活动中不公正甚至违法的行为。毕业生的就业协议需三方同意才生效，对不符合规定的就业协议，学校有权不同意。对于可以协商解决的问题，由学校与用人单位进行沟通，这将有助于问题的顺利解决。

（二）依靠国家行政机关

当毕业生权益受到侵犯时，毕业生可向各级行政主管部门举报、投诉，主要有毕业生就业主管部门、劳动局所属的劳动监察部门、物价局所属的物价监察部门、技术监督局所属的技术监督部门、工商行政管理局等。这些部门会依法对侵犯毕业生合法权益的行为进行抵制和处理。

（三）借助新闻媒体

毕业生可以借助报纸、电视、网络等新闻媒体的力量，对自己遭受的权益受侵行为进行披露、报道，能够引起社会的关注和相关部门的重视，充分发挥新闻媒体的舆论监督作用，从而促进问题的快速、有效解决。

（四）寻求法律援助

法律援助是指由政府设立的法律援助机构组织法律援助人员，为经济困难或特殊案件的人员给予减免收费提供法律服务的一项法律保障制度。法律援助是一项扶助贫弱、保障社会弱势群体合法权益的社会公益事业，毕业生遇到就业问题时也可以到当地的法律援助中心寻求法律帮助，主要形式有刑事辩护和刑事代理，民事、行政诉讼代理，非诉讼法律事务代理，公证证明，法律咨询、代拟法律文书及其他形式的法律服务等。

（五）依靠司法机关

我国的《民法典》《民事诉讼法》《劳动法》《行政诉讼法》《刑事诉讼法》《治安管

理处罚条例》等法律法规明确规定，被害人有权对侵犯其人身、财产权利的犯罪事实或犯罪嫌疑人，向公安机关、人民检察院或人民法院报案或提起诉讼。毕业生可在切身利益受到侵犯时，依靠司法机关维护自己的合法权益。

第四节　违约责任与劳动争议解决

一、违约责任

违约责任，又称违反合同的民事责任，是指合同当事人因违反合同债务所应承担的责任。作为保障债权实现及债务履行重要措施的违约责任制度与合同债务联系密切。一方面，违约责任是债务不履行所导致的结果，是以债务存在为前提的；另一方面，违约责任是在债务人不履行债务时，国家强制债务人履行债务和承担责任的法律表现。因此，违约责任和合同债务的关系可以归结为债务是责任发生的前提，责任是债务不履行的结果。

一般认为，成立违约责任需要满足以下条件：第一，要求合同义务有效存在。不以合同义务的存在为前提所产生的民事责任，不是违约责任。这使违约责任与侵权责任、缔约过失责任区分开，后两者都不以合同义务的存在为前提。第二，要求债务人不履行合同义务或者履行合同义务不符合约定。这包括了履行不能、履行迟延和不完全履行等，还包括瑕疵担保、违反附随义务和债权人受领迟延等可能与合同不履行发生关联的制度。第三，不存在法定或者约定的免责事由。如上文所述，尽管《民法典》在违约责任的归属上采取了无过错责任原则；但是，为了妥当地平衡行为人的行为自由和受害人的权益保护这两个价值，避免违约方绝对承担违约责任所导致的风险不合理分配，《民法典》依然规定了一些免责事由，例如《民法典》第590条第1款规定的不可抗力免责的情形。另外，合同当事人可就免责事由进行约定，当约定的免责事由发生之时，当事人并不承担违约责任。

具体的违约责任包括以下几方面。

1. 赔偿损失　劳动者应当按照合同约定承担违约金，或者用人单位有权要求劳动者赔偿因违约所造成的经济损失。

2. 解除合同　如果劳动者的违约行为严重影响了用人单位的正常生产经营活动，用人单位可以解除劳动合同并要求劳动者承担相应的违约责任。

3. 其他违约责任　根据劳动合同的约定，劳动者还可能需要承担其他违约责任，例如承担违约金、承担违约金利息等。

总之，劳动者应当严格遵守劳动合同的约定，履行自己的义务，否则将承担相应的违约责任。同时，应当在签订劳动合同时明确约定用人单位的违约责任，并在必要时采取法律手段维护自己的合法权益。

二、劳动争议解决

(一) 劳动争议概述

劳动争议，又称劳动纠纷，是指劳动关系的当事人之间因执行劳动法律法规和履行劳动合同而发生的纠纷，即劳动者与所在单位之间因劳动关系中的权利义务而发生的纠纷。其中有的属于既定权力的争议，即适用于《劳动法》和劳动合同、集体合同的既定内容而发生的争议；有的属于要求新的权利而出现的争议，是因制订或变更劳动条件而发生的争议。

(二) 劳动争议处理范围

根据《中华人民共和国劳动争议调节仲裁法》(以下简称《劳动争议调解仲裁法》)第二条的规定，争议涉及的权利义务的具体内容，可将其分为以下几类。

1. 因确认劳动关系发生的争议。
2. 因订立、履行、变更、解除和终止劳动合同发生的争议。
3. 因除名、辞退和辞职、离职发生的争议。
4. 因工作时间、休息休假、社会保险、福利、培训以及劳动保护发生的争议。
5. 因劳动报酬、工伤医疗费、经济补偿或者赔偿金等发生的争议。
6. 法律法规规定的其他劳动争议。

(三) 劳动争议处理方式

劳动争议的解决方式有协商、调解、仲裁、诉讼 4 种方式。

1. 协商　《劳动争议调解仲裁法》第 4 条规定："发生劳动争议，劳动者可以与用人单位协商，也可以请工会或者第三方共同与用人单位协商，达成和解协议。"

2. 调解　调解是处理企业劳动争议的基本办法或途径之一。《劳动争议调解仲裁法》第 5 条规定："发生劳动争议，当事人不愿协商、协商不成或者达成和解协议后不履行的，可以向调解组织申请调解；不愿调解、调解不成或者达成调解协议后不履行的，可以向劳动争议仲裁委员会申请仲裁；对仲裁裁决不服的，除本法另有规定的外，可以向人民法院提起诉讼。"

3. 仲裁　仲裁也称公断。劳动争议仲裁是劳动争议仲裁机构根据劳动争议当事人一方或双方的申请，依法就劳动争议的事实和当事人应承担的责任作出判断和裁决的活动。仲裁一般要经历这样几个阶段：案件受理阶段、调查取证阶段、调解阶段、裁决阶段、调解或裁决的执行阶段。

4. 诉讼　劳动争议诉讼是劳动争议当事人对劳动争议仲裁结果不满意，而在规定时间内（自收到裁决书之日起 15 天内）向人民法院起诉的行为。劳动争议诉讼是人民法院按照民事诉讼法规的程序，以劳动法规为依据，对劳动争议案件进行审理的活动，使劳动纠纷及时、正确地加以解决。在我国现行的法律体系中，劳动争议实行先裁后审制度，即劳动争议仲裁是劳动争议诉讼的前置程序，对于未经过仲裁的劳动争议申诉案件，人民法院不予受理。

【知识拓展】

公司算不算违法解除劳动关系？

王某为广州某物业管理公司（以下简称"物业公司"）员工。2018 年 5 月 19 日，物业公司以王某私下制作手指模，让其他同事代其打卡，严重违反了公司规章制度为由，解除与王某的劳动关系。王某以物业公司违法解除为由，提起劳动仲裁。劳动仲裁委以物业公司未能提供充分证据证实其解除劳动关系的合法性为由，支持了王某的主张。

物业公司提起一审诉讼。诉讼中，物业公司提交了员工手册、保证书、员工个人行为责任保证书、指纹打卡记录、视频光盘、证人证言等。指纹打卡记录显示王某 2018 年 5 月 8 日、9 日、10 日均有打卡记录，但是监控视频中对应的时间点未显示王某出现，而是显示他人进行指纹打卡。二审时，物业公司提交了王某 2018 年 5 月 8 日至 5 月 10 日的微信朋友圈截图，该段时间内王某朋友圈内容为某旅游景点的视频及图片，地点定位为上述地址。经当庭核对王某手机，公司所提交的截图与王某朋友圈记录一致。

一审判决为物业公司向王某支付经济赔偿金 83758.32 元。二审判决是物业公司无需向王某支付经济赔偿金。

分析：最高人民法院《关于审理劳动争议案件适用法律若干问题的解释》第十三条规定，因用人单位做出的开除、除名、辞退、解除劳动合同、减少劳动报酬、计算劳动者工作年限等决定而发生的劳动争议，用人单位负举证责任。鉴于用人单位因劳动者的过错而解除劳动关系，系用人管理过程中最严厉的处罚手段，且用人单位与劳动者存在管理与被管理的关系，用人单位在获得证据的能力方面较劳动者更占优势，故在司法实践中，对用人单位因解除劳动关系所提交的证据一般从严把握。

本案中，用人单位之所以在仲裁、一审中均败诉，主要是因为证据不足而承担举证不能的不利后果。经过用人单位在诉讼过程中不断补充证据，二审法院最终认定用人单位所提交的证据达到了高度必然性的标准，从而采纳了用人单位的主张，对本案予以改判。王某在提供劳动过程中违反了诚实守信原则，虚构了考勤等事实，所以只能自己承担不利的后果。

问题：

1. 在工作中可能会遇到哪些法律纠纷？
2. 如何利用自己学过的法律知识合理合法维权？

【实践活动】

劳动合同的相关知识

1. 活动目标　引导学生掌握劳动合同的相关知识。

2. 活动时间　建议 15 分钟。

3. 活动流程

（1）教师出示以下阅读材料，并提问："你认为该案件应当如何判决？"

劳动合同中的竞业禁止

苗某于 2016 年 10 月 9 日与某电脑公司签订劳动合同，被聘为技术员，聘期两年。双方当事人在劳动合同中约定了竞业禁止：合同解除或终止后，苗某三年内不得在本地区从事与该公司相同性质的工作；如违约，苗某须一次性赔偿电脑公司经济损失 10 万元。

因电脑公司拖欠苗某 2017 年 9 月、10 月两个月的工资，2017 年 11 月 15 日，苗某向区劳动争议仲裁委员会申请仲裁，要求解除劳动合同，补发两个月工资，给付经济补偿金，确认劳动合同中的竞业禁止约定条款无效。

（2）教师按照 4 ～ 6 人一组将学生划分小组，通过小组内部讨论形成小组观点。

（3）每个小组选出 1 名代表陈述本组观点，其他小组可以对其进行提问，小组内其他成员也可以回答提出的问题；通过问题交流，将每个需要研讨的问题都讨论清楚。

4. 活动总结 教师进行分析、归纳、总结。

5. 活动评价 教师根据各组在研讨过程中的表现，给予点评并赋分。

【思考题】

1. 《劳动法》和《劳动合同法》法条不一致如何适用？

2. 在《劳动法》和《劳动合同法》中，关于员工离职的规定有哪些？

3. 实习期间权益如何保障？

4. 如何维护毕业生的就业权益？

5. 服务期内辞职，劳动者是否需要承担违约责任？

6. 劳动争议中工资如何解决？

主要参考书目 ▷▷▷▷

1. 周兴国，辛治洋. 大学生劳动教育［M］. 合肥：安徽大学出版社，2021.

2. 李效东. 大学生劳动教育概论［M］. 北京：清华大学出版社，2021.

3. 王薇，江敏，陈兆刚. 大学生劳动教育读本［M］. 青岛：中国海洋大学出版社，2020.

4. 刘铁芳. 学校教育学［M］. 北京：教育科学出版社，2011.

5. 赵荣辉. 劳动教育及其合理性研究［M］. 北京：中央民族大学出版社，2012.

6. 池州学院教学工作委员会. 大学生劳动素养［M］. 合肥：安徽大学出版社，2014.

7. 何卫华. 大学生劳动教育理论与实践教程［M］. 厦门：厦门大学出版社，2019.

8. 萧枫，姜忠喆. 学生劳动素质教育［M］. 长春：吉林出版集团有限责任公司，2012.

9. 郭海龙. 研究生劳动价值观教育研究［M］. 成都：西南交通大学出版社，2018.

10. 褚敏. 大学生劳动教程［M］. 上海：华东师范大学出版社，2021.

11. 潘维琴，王忠诚. 劳动教育与实践［M］. 北京：机械工业出版社，2021.

12. 中共中央马克思恩格斯列宁斯大林著作编译局. 马克思恩格斯选集（第三卷）［M］. 北京：人民出版社，2012.

13. 习近平. 高举中国特色社会主义伟大旗帜为全面建设社会主义现代化国家而团结奋斗——在中国共产党第二十次全国代表大会上的报告（2022 年 10 月 16 日）［M］. 北京：人民出版社，2022.

14. 郑耿忠，袁德辉，冯健文. 大学生劳动教育与实践［M］. 北京：清华大学出版社，2022.

15. 顾明远. 教育大辞典：第三卷［M］. 上海：上海教育出版社，1991.

16. 苏霍姆林斯基. 给教师的一百条建议［M］. 北京：教育科学出版社，1984.

17. 朱文彬，赵淑文. 高等教育心理学［M］. 北京：首都师范大学出版社，2018.

18. 陈飞. 新时代大学生职业生涯规划［M］. 厦门：厦门大学出版社，2021.

19. 杨璐，陆千里. 志愿者管理实务［M］. 北京：社会科学文献出版社，2017.

20. 陈敏. 志愿服务组织与管理研究［M］. 北京：经济科学出版社，2015 年.

21. 孔洁. 志愿服务组织理论与实践［M］. 北京：北京航空航天大学出版社，2013.

22. 兰小毅，苏兵. 创新创业学［M］. 北京：清华大学出版社，2019.

23. 魏国江. 大学生创新创业基础［M］. 北京：清华大学出版社，2019.

24. 邓文达. 大学生创新创业［M］. 北京：人民邮电出版社，2023.

25. 于华龙，杨洪涛. 创新创业教育基础［M］. 开封：河南大学出版社，2021.